21世纪经济管理精品教材·金融学系列

股权投资

最佳实践与案例

张金鑫 编著

清华大学出版社
北京

内容简介

本书结合实践，系统介绍了股权投资的相关知识和应用。全书共 9 章：第 1 章和第 2 章分别介绍股权投资概论、股权投资简史，让读者对股权投资有概况性认识。第 3 章和第 4 章分别介绍股权投资基金的设立和业绩评价方法，使读者了解基金管理人如何设立基金以及基金投资人如何评价基金。第 5 章至第 8 章介绍股权投资基金的业务活动，包括基金的募资、投资、投后管理以及投资退出，也就是业界常提的募、投、管、退。第 9 章介绍日益壮大的母基金投资。

本书的特点在于实务性、实践性和实用性，适合大学本科高年级、硕士研究生以及初涉投资界的专业人士使用。

本书封面贴有清华大学出版社防伪标签，无标签者不得销售。
版权所有，侵权必究。举报：010-62782989，beiqinquan@tup.tsinghua.edu.cn。

图书在版编目(CIP)数据

股权投资：最佳实践与案例/张金鑫编著．—北京：清华大学出版社，2020.1(2023.2重印)
21 世纪经济管理精品教材．金融学系列
ISBN 978-7-302-54742-6

Ⅰ．①股… Ⅱ．①张… Ⅲ．①股权－投资基金－案例－教材 Ⅳ．①F830.59

中国版本图书馆 CIP 数据核字(2020)第 001304 号

责任编辑：高晓蔚
封面设计：李召霞
责任校对：宋玉莲
责任印制：沈　露

出版发行：清华大学出版社
网　　址：http://www.tup.com.cn，http://www.wqbook.com
地　　址：北京清华大学学研大厦 A 座　　　　邮　　编：100084
社 总 机：010-83470000　　　　　　　　　　邮　　购：010-62786544
投稿与读者服务：010-62776969，c-service@tup.tsinghua.edu.cn
质量反馈：010-62772015，zhiliang@tup.tsinghua.edu.cn
印 装 者：保定市中画美凯印刷有限公司
经　　销：全国新华书店
开　　本：185mm×260mm　　印　张：15.5　　字　数：329 千字
版　　次：2020 年 4 月第 1 版　　　　　　　　印　次：2023 年 2 月第 3 次印刷
定　　价：49.00 元

产品编号：082617-01

前言

2019年年底中国股权投资市场资本管理规模近10万亿元(中国证券投资基金业协会数据),包括创业投资(VC)、私募股权投资(PE)、母基金等具体形式的股权投资已成为促进创新创业和推动产业结构调整的不可或缺的力量。然而,中国股权投资的实践虽然发展得比较快,但对中国实践经验的提炼和总结却相对滞后。本书作者基于长年研究和工作实践撰写此书,希望能对中国股权投资实践的总结有所裨益。

本书共9章。第1章和第2章分别介绍股权投资概论、股权投资简史,让读者对股权投资有一个概况性的认识。第3章和第4章分别介绍股权投资基金的设立和业绩评价方法,使读者可以了解基金管理人如何设立基金以及基金投资人如何评价基金。第5章至第8章介绍股权投资基金的业务活动,包括基金的募资、投资、投后管理以及投资退出,也就是业界常提的募、投、管、退。第9章介绍日益壮大的母基金(PE-FOFs)投资。

本书的特点在于:

第一,实务性。本书的内容着眼于怎么做,即着重介绍业界的最佳实践。这样的安排是希望帮助新手快速入门,或者帮助已有一些投资经验的人士较系统地梳理股权投资的专业知识而实现进阶。

第二,实践性。本书已经在本科和研究生教学中试用了7年,未能付梓的原因在于作者对于本书所讨论的内容的准确性还不能有确定性的把握。适逢作者于2017年年初有机会到国内规模最大的股权基金任职,得以亲身经历投资实践,对本书中所涉及的实践性内容不断验证,直至确信本书的内容基本准确地反映了中国股权投资的实践。这些对于实践的认知显然是以往在象牙塔中难以完成的,因此本书对于希望了解真实的股权投资实践的学习者来说可能更有意义。

第三,实用性。本书的内容尽量做到详略得当,对投资实务中的难点努力介绍得更清楚一些,对一般性的内容则点到为止。对于学习内容的总结尝试以思维导图的形式提炼出来,尽量方便学习者的使用。另外,本书也为教师配备了教学使用的PPT。

本书能够付梓,清华大学出版社编辑给予了大力的支持和帮助,在此深表感谢!

本书虽然数易其稿,力求严谨,但仍可能有错漏之处,恳请读者在发现问题后能不吝指正。

编著者

2020 年 1 月

目 录

1 股权投资概论 ·· 1

学习目标 ·· 1
引导案例:中信联姻麦当劳 ·· 1
1.1 股权投资的概念 ··· 2
1.2 股权投资的特点 ··· 3
   1.2.1 资金特点 ·· 3
   1.2.2 运营特点 ·· 4
   1.2.3 组织特点 ·· 4
1.3 股权投资的类型 ··· 4
   1.3.1 创业资本 ·· 4
   1.3.2 成长资本 ·· 5
   1.3.3 并购基金 ·· 6
   1.3.4 夹层资本 ·· 7
   1.3.5 PIPE 投资 ·· 8
   1.3.6 重振资本 ·· 8
1.4 股权投资的流程 ··· 9
1.5 股权投资的策略 ··· 10
   1.5.1 平台投资 ·· 10
   1.5.2 后续投资 ·· 11
   1.5.3 分阶段投资 ·· 13
   1.5.4 联合投资 ·· 13
1.6 股权投资的价值 ··· 13
   1.6.1 企业为何需要股权投资? ··· 13
   1.6.2 股权投资对企业的贡献有证据吗? ··································· 15
本章小结 ·· 16
关键术语 ·· 17

练习思考题 ·· 17
案例分析：弘毅投资先声药业 ·· 18
参考文献 ·· 19

2 股权投资简史 ·· 20

学习目标 ·· 20
2.1 萌芽阶段 ·· 21
2.2 发展阶段 ·· 21
2.3 加速阶段 ·· 22
2.4 成熟阶段 ·· 24
  2.4.1 总体状况 ·· 24
  2.4.2 新的趋势 ·· 26
2.5 股权投资在中国 ·· 27
  2.5.1 萌芽阶段（1985—1997年） ······································ 27
  2.5.2 调整阶段（1998—2003年） ······································ 29
  2.5.3 加速阶段（2004—2012年） ······································ 31
  2.5.4 转型阶段（2013年至今） ·· 33
本章小结 ·· 38
关键术语 ·· 39
练习思考题 ·· 39
案例分析：KKR的业务模式 ·· 39
参考文献 ·· 41

3 基金的设立 ·· 43

学习目标 ·· 43
3.1 基金的组织形式 ·· 43
  3.1.1 公司制基金 ·· 43
  3.1.2 有限合伙制基金 ·· 44
  3.1.3 信托制基金 ·· 46
  3.1.4 三类基金的比较 ·· 48
3.2 基金的设立流程 ·· 49
  3.2.1 公司制基金的设立与备案 ·· 49
  3.2.2 有限合伙制基金的设立与备案 ································ 50

	3.2.3 信托制基金的设立与备案	50
3.3	基金的治理结构	51
3.4	基金的纳税	53
	3.4.1 增值税	53
	3.4.2 所得税	54
	3.4.3 代扣代缴	55
	3.4.4 税收优惠	56

本章小结 … 56
关键术语 … 57
练习思考题 … 57
案例分析：三个基金设立案例 … 58
参考文献 … 60

4 基金业绩评价 … 62

学习目标 … 62

4.1	基金的收益	62
	4.1.1 基金收益来源	62
	4.1.2 基金收益特征	62
	4.1.3 行业平均收益	63
4.2	基金管理人的收益	65
	4.2.1 基金管理费	65
	4.2.2 基金运营的业绩报酬	67
	4.2.3 专业服务收入	69
4.3	基金收益分配	70
	4.3.1 收益分配模式	70
	4.3.2 收益分配模式图解	72
	4.3.3 收益分配计算示例	73
4.4	基金业绩评价方法	75
	4.4.1 行业收益评价	75
	4.4.2 基金收益指标	78
	4.4.3 基金风险指标	82
	4.4.4 基金风险调整后的收益指标	84
4.5	基金业绩评价的挑战	85

本章小结	87
关键术语	87
练习思考题	87
案例分析：鼎晖投资的投资收益	88
参考文献	89

5 募资 … 91

学习目标	91
5.1 募资准备	91
5.1.1 募集方式	91
5.1.2 募集机构	92
5.1.3 募资规划	92
5.1.4 撰写私募备忘录	93
5.1.5 募资操作原则	93
5.2 募资对象	94
5.2.1 全国社会保障基金	94
5.2.2 保险公司	95
5.2.3 证券公司	95
5.2.4 母基金	96
5.2.5 政府引导基金	96
5.2.6 企业	98
5.2.7 高校教育基金会	98
5.2.8 高净值个人投资者	99
5.3 募资流程	100
5.3.1 公开宣传及特定对象确定	100
5.3.2 投资者适当性匹配	101
5.3.3 基金推介	102
5.3.4 基金风险揭示	103
5.3.5 合格投资者确认	104
5.3.6 签署基金合同	106
5.3.7 投资冷静期和回访	107
5.3.8 缴款	108
本章小结	109

关键术语 ………………………………………………………………………… 110
练习思考题 ……………………………………………………………………… 110
案例分析：凯雷的募资 ………………………………………………………… 110
参考文献 ………………………………………………………………………… 111

6 投资 ………………………………………………………………………… 112

学习目标 ………………………………………………………………………… 112
6.1 投资流程 ………………………………………………………………… 112
6.2 项目筛选 ………………………………………………………………… 113
6.2.1 项目开发 …………………………………………………………… 113
6.2.2 前期调研 …………………………………………………………… 114
6.3 尽职调查 ………………………………………………………………… 116
6.3.1 常规尽职调查 ……………………………………………………… 117
6.3.2 特别尽职调查 ……………………………………………………… 118
6.4 估值 ……………………………………………………………………… 120
6.4.1 相对估值法 ………………………………………………………… 120
6.4.2 绝对估值法 ………………………………………………………… 126
6.4.3 重置成本法 ………………………………………………………… 127
6.4.4 估值方法比较 ……………………………………………………… 127
6.5 交易结构设计 …………………………………………………………… 129
6.5.1 交易标的 …………………………………………………………… 130
6.5.2 支付方式 …………………………………………………………… 131
6.5.3 控制结构 …………………………………………………………… 132
6.5.4 融资结构 …………………………………………………………… 139
6.5.5 权益结构 …………………………………………………………… 139
6.6 投资风险管理 …………………………………………………………… 140
6.6.1 宏观风险类别 ……………………………………………………… 140
6.6.2 微观风险类别 ……………………………………………………… 141
6.6.3 投资风险控制 ……………………………………………………… 142
6.7 权益保护条款 …………………………………………………………… 143
6.7.1 优先权条款 ………………………………………………………… 143
6.7.2 特殊权利条款 ……………………………………………………… 147

本章小结 ………………………………………………………………………… 150

关键术语 ··· 152
练习思考题 ·· 152
案例分析：软银亚洲投资盛大网络 ································ 152
参考文献 ··· 155

7 投后管理 ·· 156

学习目标 ··· 156
7.1 投后管理概述 ·· 156
7.1.1 投后管理的内容 ·· 156
7.1.2 投后管理的目标 ·· 160
7.1.3 投后管理的必要性 ···································· 160
7.1.4 投后管理的策略 ·· 161
7.1.5 投后管理的模式 ·· 162
7.1.6 投后管理的特点 ·· 162
7.2 增值服务 ··· 163
7.2.1 增值服务的内容 ·· 163
7.2.2 增值服务的组织模式 ································· 165
7.3 经营监督 ··· 166
7.3.1 经营监督的内容 ·· 166
7.3.2 经营监督的方式 ·· 168
7.4 整合管理 ··· 170
7.4.1 战略整合 ··· 170
7.4.2 组织整合 ··· 171
7.4.3 业务整合 ··· 172
7.4.4 人力整合 ··· 176
7.4.5 财务整合 ··· 177
7.5 投后管理组织方式 ··· 178
7.5.1 投后管理的组织体系 ································· 178
7.5.2 投后管理的绩效评价 ································· 179
7.6 中国的投后管理 ··· 180
7.6.1 投后管理现状 ·· 180
7.6.2 投后管理改善建议 ···································· 182
本章小结 ··· 184

关键术语	185
练习思考题	185
案例分析：欧瑞投资的投后管理	185
参考文献	186

8 投资退出 … 188

学习目标	188
8.1 退出的动因与过程	188
8.1.1 退出动因	188
8.1.2 退出过程	189
8.2 退出策略	190
8.2.1 退出策略概述	190
8.2.2 退出策略比较	194
8.3 退出决策	196
8.3.1 退出时机	196
8.3.2 退出程度	197
本章小结	197
关键术语	198
练习思考题	199
案例分析：IDG 退出腾讯	199
参考文献	201

9 母基金 … 202

学习目标	202
9.1 母基金的优势	202
9.1.1 私募股权母基金的概念	202
9.1.2 私募股权母基金的起源	202
9.1.3 私募股权母基金的优势	203
9.2 母基金的投资策略	206
9.2.1 一级投资	206
9.2.2 二级投资	206
9.2.3 跟进投资	210
9.2.4 FSD 投资	213
9.3 母基金的投资组合配置	214
9.3.1 配置策略的构建方法	214

  9.3.2 配置的原则 ……………………………………………………………… 216
  9.3.3 配置的结构 ……………………………………………………………… 217
 9.4 基金管理人筛选标准 …………………………………………………………… 220
  9.4.1 团队 ……………………………………………………………………… 220
  9.4.2 机制 ……………………………………………………………………… 224
  9.4.3 业绩 ……………………………………………………………………… 228
  9.4.4 策略 ……………………………………………………………………… 231
本章小结 ………………………………………………………………………………… 232
关键术语 ………………………………………………………………………………… 232
练习思考题 ……………………………………………………………………………… 233
案例分析：Adams Street 的资产配置框架 …………………………………………… 233
参考文献 ………………………………………………………………………………… 233

1

股权投资概论

学习目标

- 掌握股权投资广义和狭义的定义
- 了解股权投资的特点
- 了解股权投资的类型
- 理解募、投、管、退的含义
- 掌握平台投资和后续投资的含义
- 了解股权投资对受资企业的价值

引导案例：中信联姻麦当劳

2016年3月，麦当劳宣布"引进战略投资者"的计划，并宣布计划售出包括中国内地、中国香港在内的2 800家分店。而麦当劳挑选战略投资者的标准是：高度诚信、财务稳健、深入了解中国市场，可助其在中国快速发展。与此同时，包括北京首旅集团、三胞集团、华润、贝恩、格林豪泰、华彬等多家中国企业都对麦当劳中国内地和香港的门店表现出非常浓厚的兴趣。然而麦当劳最后将"绣球"抛给了中信。

2017年1月9日，中信股份、中信资本控股、凯雷投资集团和麦当劳联合宣布达成战略合作并成立新公司，新公司将成为麦当劳未来20年在中国内地和香港的主特许经营商。

8月8日，麦当劳中国新公司正式成立，同时宣布中信资本、凯雷投资战略入股麦当劳。新公司以20.8亿美元总对价收购麦当劳在中国内地和香港的业务。其中，中信系持有52%的控股权，凯雷和麦当劳分别持有28%和20%的股权。这意味着中信成为麦当劳（中国）的股权最大持有者。

收购之时，麦当劳店铺数在全球排名第一，然而在中国的店铺数量仅为肯德基的一半左右。麦当劳在中国无法快速扩张的原因有二：首先，麦当劳曾表示在国内的业务也以汉堡为主；另一个很大的原因就是其对供应链的高标准要求。

例如，麦当劳要求供应商先于餐厅进入市场，然而完成相关准备工作，需耗时3年至5年不等。同时，在供应商进驻中国之后，因长距离运输需要，还要辅助建立相应的冷链系统。在下沉到三四线城市的时候，对冷链运输的要求极高，这在一定程度上也限制了麦当劳的扩张速度。

而与其他竞争者相比，中信无疑是最好的选择。首先，中信资本所投资的顺丰物流可与麦当劳在物流冷链方面合作，优化和拓展物流体系。其次，中信泰富的商业地产可为麦当劳店面选址带来便利。此外，中信方面承诺，将依托现有管理层，以"让专业的人做专业的事"为理念，让新公司继续保持较大的运营独立性。这无疑也是最吸引麦当劳的重要原因之一。

麦当劳曾公布，在与中信和凯雷展开合作后，计划在未来五年推动两位数的销售增长。并预计到2022年年底，中国内地麦当劳餐厅将从2 500家增加至4 500家，开设新餐厅的速度将从2017年的每年约250家逐步提升至2022年每年约500家，成为除美国外的最大市场。

这些或许意味着，麦当劳终于在"求变"的路途中遇上拐点，其在华的扩张将要全力加速。

中信与凯雷的投资方式属于哪种类型？股权投资企业的投资是怎样操作的？学习完本章你将能回答这些问题。

1.1　股权投资的概念

股权投资即对非公开交易企业股权的直接投资。就其资金来源而言，股权投资的资金主要是通过私募（或称非公开募集）方式筹集而来的，所以股权投资经常被称为私募股权投资（private equity，PE）。但国外有一些股权投资企业（如英国的3i、美国的黑石和KKR等）都已成为上市公司，其资金来源不限于私募。

相对于上市公司的公众股权（public equity），非上市公司股权是私人股权（private equity）或非公开交易的股权。对非公开交易股权的投资反映了PE最初的含义，或者说股权投资实质的含义是从投资角度而非融资角度定义的。

从商业模式上看，股权投资一般是指投资人购买未上市企业的股权或上市公司非公开发行的股票以获得预期的经济利益。这种经济利益可以通过从受资企业分取利润、股利或利息来获取[①]，但更主要的是通过获得资本利得方式取得，即通过上市后股票出售、股权转让或回购等方式获得高于投资成本的收益而获利。

股权投资具有广义和狭义的解释。广义的股权投资（图1-1）既包括企业首次公开发行（即IPO）前各阶段的权益投资，即对处于种子期（seed）、初创期（start-up）、发展期（growth）、扩张期（expantion）、成熟期等各个时期的企业所进行的投资，相关资本按照投

---

① 股权投资中有时也会使用夹层投资的方式，即以可转债为工具而不是直接投资于股权，因此在转换成股权前股权投资人持有的是债权，股权投资人因此也可能获得利息。

资标的发展阶段可划分为天使资本(angel investment)、创业资本(venture capital,常简称 VC)、成长资本(growth capital)、并购基金(buyout fund)、Pre-IPO 资本(如 bridge finance)、上市公司私募投资(private investment in public equity,即 PIPE,国内也常称其为定增资本),又包括其他形式的投资,如夹层资本(mezzanine capital)、重振资本(turnaround capital)、不良债权投资(distressed debt)、不动产投资(real estate)、母基金(fund of funds)等(以上所述的概念也有重合的部分)。本书中除非特殊说明,股权投资取其广义的含义。

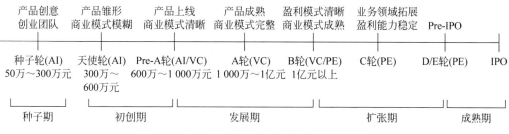

图 1-1　企业生命周期与广义股权投资的轮次

狭义的股权投资则主要指对已经形成一定规模并产生较稳定现金流的发展期至成熟期企业的权益性投资,而这其中成长资本、并购基金和夹层资本是主要形式。在实务中有时会将 PE 与 VC 并称,这时的 PE 即指狭义的股权投资。

1.2　股权投资的特点

1.2.1　资金特点

股权投资的资金特点包括以下三点。

首先,资金的流动性差。没有交易活跃的市场供非上市公司的股权出让方与购买方随时直接达成交易,通常只能通过私下对接产权市场挂牌交易或 IPO 后才能获利退出投资。因流动性差,股权投资被视为中长期投资(一般可达 3～5 年或更长),所以投资者对股权投资会要求高于公开市场的回报。

其次,资金的来源多元化。股权投资所募集的资金可能来自富有的个人、财富管理公司、母基金、捐赠基金、大型企业、养老基金、保险公司等。

最后,资金的附加值高。投资人投入的资金通常可支持受资企业开发新技术与新产品、补充流动资金、实施并购以及降低过高的负债率等。但股权投资给受资企业带来的可能不只是资金,还可能给受资企业带来管理、技术、市场和其他制约企业发展的资源。

1.2.2 运营特点

股权投资的运营特点包括以下三点：

第一，在资金募集上，股权投资企业主要通过非公开方式面向少数机构投资者或高净值个人募集，它的销售和赎回都是基金管理人通过私下与投资者协商进行的，因此一般无须披露交易细节。

第二，在资金投放上，一般投资于非上市企业的股权或上市公司非公开发行的股权。

第三，在资金回收上，股权投资退出渠道多样化，有首次公开发行（IPO）、股权转让、回购、清算等。

1.2.3 组织特点

股权投资基金的组织形式多采取有限合伙制，投资人与基金管理人适当分开，并给基金管理人以适当激励以期为投资人创造最大回报，这种企业组织形式有较好的投资管理效率，并可避免对投资人双重征税的问题。当然，股权投资基金也有少数采取更为传统的公司制或信托制。

1.3 股权投资的类型

根据投资标的所处的发展阶段不同，股权投资基金可分为六种类型，分别是创业资本、成长资本、并购基金、夹层资本、PIPE投资、重振资本等，这六种投资最主要的区别是受资企业所处的发展阶段，大体上对应着公司从初创期到上市以及作为上市公司所经历的各个阶段。另一方面，从投资人角度看，每一种投资类型要求投资人关注的重点也各不相同。

相对于上述这些由专业投资机构管理的基金，天使资本是由投资人个人管理的资本，它主要投资于种子期和初创期的企业。天使资本的募、投、管、退与专业机构管理的基金运作有较大区别，本书未涵盖对它的讨论。

1.3.1 创业资本

创业资本（venture capital，VC），也常被称为创投或风险资本，是投资于创意阶段、研发阶段、原型阶段或产业化早期阶段企业的资本形态。

实务链接：达晨创投

达晨创业投资有限公司（简称"达晨创投"）成立于 2000 年 4 月，是第一批按市场化运作设立的本土创业投资机构，聚焦于 TMT、消费服务、医疗健康、节能环保领域以及军工、智能制造、机器人等特色细分行业。截至 2018 年年底，达晨创投共管理 20 期基金，管理基金总规模 300 亿元；投资企业近 500 家，成功退出 126 家，其中 76 家企业上市，50 家企业通过并购或回购退出。同时，累计 92 家企业在新三板挂牌。目前，达晨创投的投资策略已由早期的创业基金转变为全阶段投资。

1.3.2　成长资本

成长资本（growth capital）是投资于产业化成功后的企业扩张阶段的资本形态。如英联投资、TPG（德太投资）等。

成长资本针对的大多是处于高速成长期的企业，投资阶段一般较创业资本更偏后期。成长期公司在上市前想要进一步发展壮大，往往需要外界投资者为其提供较大规模的资本，因此成长资本单笔投资通常都高于创业资本。

投资者在投资时就要综合考虑多方面因素来对融资企业给予评价。专注于成长期的股权投资人的投资偏好突出表现在以下五个方面。一是企业成长迅速，成长速度决定现金流产生的速度和规模。二是管理团队专业，只有优秀的团队才能创造出好的商业价值。三是商业模式独特，商业模式决定企业是否能赚钱以及是否能持久赚钱。四是财务状况可塑，融资企业应有明确的战略规划，清楚投资人的资金到位后如何有效运作并使企业增值。五是市场规模广阔，对行业的遴选是投资的原则问题，只有足够大的市场才能培育出伟大的企业。

实务链接：IDG 资本

IDG 资本成立之初获得了国际数据集团（IDG）和 ACCEL Partners 的支持，拥有广泛的海外市场资源及强大的网络支持。它重点关注消费品、连锁服务、互联网及无线应用、新媒体、教育、医疗健康、新能源、先进制造等领域的拥有一流品牌的领先企业，覆盖初创期、成长期、成熟期、Pre-IPO 各个阶段，投资规模从上百万美元到上千万美元不等。作为最早进入中国市场的国际投资机构之一，IDG 资本自 1992 年开始已投资了包括百度、搜狐、腾讯、搜房、携程、汉庭、如家、金蝶、物美、康辉、九安等 300 多家优秀企业，并已有超过 70 家企业在美国、中国香港、中国 A 股证券市场上市，或通过 M&A 成功退出。

1.3.3 并购基金

并购基金(buy-out fund)通过收购目标企业股权,获得目标企业的控制权并实施适当的整合,待企业增值后,通过上市或转让等方式出售股权以获利。

符合并购基金的投资标的通常是处于成熟期的企业,这些企业通常可以提供连续三年以上的反映盈利能力或潜力的财务报表。并购基金通过企业内部整合或行业整合来帮助被收购企业提升市场价值。

并购基金与成长资本构成狭义PE的两种形态,二者的不同表现在,并购基金意在获得目标企业的控制权,但成长资本一股是少数股权投资而对企业控制权无兴趣。

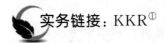

实务链接:KKR[①]

美国KKR公司是杠杆收购的先驱,它建立了一套成熟的、可复制的收购操作规程和手法,奠定了收购基金的基本盈利模式。这一基本模式主要包括四大要点。

(1) 收购有足够现金流而绩效不佳的成熟企业。KKR收购的目标企业通常具有三个特点:有足够现金流能够满足杠杆融资后的偿债要求;绩效不佳而有改善的余地,但还没有陷入严重困境而需要重整;处在较为成熟的市场,面临较小的行业风险。

这一收购选择背后的投资理念其实就是价值投资。因为这类企业的市场价格必然被低估。一旦运营状况得到改善,企业的潜在价值得以挖掘,市场价格必然上升。

(2) 高杠杆的债务融资。KKR理想中的交易结构是10%~20%的股权融资加80%~90%的债务融资。尽管KKR常宣称杠杆融资只是一种金融技术,但债务融资在收购中的意义远不止是解决资金来源那么简单。它还有三个重要作用:一是高杠杆债务融资使投资者能以少量资本(在偿还债务后)获得杠杆收益;二是在管理层激励方面,高杠杆债务融资带来的目标公司高债务比率和低股权比率的资本结构,使管理层可以购买得起股权中的较大份额;三是偿债压力迫使KKR和管理层通过各种途径改善运营,提高绩效。

(3) 多渠道改善运营、提高绩效。高杠杆债务融资形成强大的债务约束,为了按期偿还债务,目标公司必须节省开支、降低成本、改善运营、提高效率,并积极拓展业务。

同时,KKR通过改组目标公司董事会改善公司治理,并密切监控目标公司的运营绩效。为了监控目标公司,KKR和其他杠杆收购者创造了一种被称为"杠杆收购协会(LBO Association)"的新型商业组织,由具有丰富经验的收购专家建立共同监管体制。进入董事会的KKR合伙人会根据其他股东、债权人等的要求预先制定业绩目标和偿债时间表,严密监控公司的运营和绩效。KKR在收购后还通过董事会与目标公司进行大

---

① 节选自:王燕辉.收购基金盈利模式[J].新财富,2009,(3).

量的频繁交流,即所谓"持续沟通",或通过为目标公司引入外部专家等形式为其提供各种增值服务。

(4) 耐心持有,追求长期目标。KKR 控制的目标公司董事会追求长期目标,目标公司的资本支出、研发费用一般都能维持收购前的水平或略有增加,KKR 也鼓励目标公司参加慈善捐赠和其他社区活动。《新金融资本家》的作者称 KKR 的收购投资为"耐心股权"(patient equity)。事实上,其 38 宗交易样本的平均持有期为 7.6 年,中位数是 6.2 年。只有 4 宗交易的持有期少于 4 年。

总之,收购基金的基本盈利模式,是通过改善运营效率,提高财务绩效来提升目标企业的价值。它不是表面看上去的那样,是纯粹资本结构方面的"金融工程"游戏,而是实实在在的价值创造过程。

1.3.4 夹层资本

夹层资本(mezzanine capital)通常以债权形式投资处于成熟期的企业,并保留将债权转成股权的权利。夹层资本是收益和风险介于企业债务资本和股权资本之间的资本形态,本质是长期无担保的债权类风险资本。当企业进行破产清算时,优先债务提供者首先得到清偿,其次是夹层资本提供者,最后是公司的股东。因此,对投资者来说,夹层资本的风险介于优先债务和股本之间,是从属债务(subordinate debt)中的一类。常见的夹层资本形式包括含转股权的次级债、可转换债和可赎回优先股。

夹层资本通常用于那些接受后续风险资本的公司,或者在杠杆收购时银行的高级贷款不能提供收购所需的全部资金的情况下使用。夹层资本也可提供大额成长资本。当一家成长中的企业无法从银行得到所需的全部资金时,它往往要向夹层贷款人求助。因此夹层贷款人索取的回报比银行高得多,但比创业资本和并购基金低得多。

夹层债务与优先债务一样,要求融资方按期还本付息,但通常要求比优先债务更高的利率水平,其收益通常包含现金收益(指利息或优先股股息)和股权收益两部分。典型的夹层债务提供者可以选择将融资金额的一部分转换为融资方的股权,如转股期权、认股权证或是股权投资参与权等权利,从而有机会通过资本升值获利[①]。

实务链接:东南宾州夹层基金

美国东南宾州夹层基金(The Penn SE Mezzanine Fund)是一个小型的夹层贷款基金,基金资金提供者为费城地区的几家银行和一家名为"本·富兰克林技术"的企业。基金的投资目标是中小型企业,企业的销售额在 100 万~2 500 万美元。基金为 4 种交易提

---

① 孙景安.夹层融资——企业融资方法创新.证券市场报,2005,(11).

供贷款：管理层收购(MBO)、企业重组、企业收购、企业扩张融资。

该基金提供贷款资金的关键是企业要拥有足以偿还债务的现金流。基金不为初创型企业(start-up)融资，也不提供所谓的种子资本(seed capital)。基金侧重于成长阶段后期的企业，这样的企业已经拥有成功的历史。在该基金参与的MBO交易中，目标公司的银行和其他金融机构不能提供全部的融资资金，大部分情况是因为企业不能提供足够的抵押担保。此时该基金为MBO交易提供差额资金，在一个企业的投资资金位于10万~75万美元。

该夹层基金发放贷款的标准侧重在企业的现金流而不是抵押物上，发放贷款的三个核心标准是企业的现金流、投资项目和管理团队。基金提供的贷款期限一般为5年，在此期间可以有一段只付息不还本的时期(比如前两年)。基金的贷款利率根据美国联邦资金市场利率加上3%~5%。另外，基金还要求一个"成功费"(success fee)，这笔费用按照企业销售额的一定比例提取。该基金根据每笔MBO交易的风险确定基金的内部收益率，一般一笔MBO贷款的内部收益率为18%~25%。

1.3.5 PIPE投资

PIPE(private investment in public equity)是指投资于已上市公司非公开发行股份的股权投资，它通常以市场价格的一定折价购买上市公司股份并扩大上市公司资本，在国内也被称为定增基金。

PIPE投资分为传统型和结构型两种形式，传统型PIPE由发行人以设定价格向PIPE投资人发行优先股或普通股，结构型PIPE则是发行可转换为普通股或者优先股的可转债。

相对于资本市场再融资(如配股、公开增发)等传统的融资手段，PIPE融资对于融资企业来说融资成本较低而融资效率相对较高。PIPE比较适合一些快速成长为中型企业的上市公司，他们往往没有时间和精力应付传统股权融资复杂程序。相对于非上市公司，股权投资基金投资上市公司在财务尽职调查方面要简单很多，因为上市公司信息透明，接受监管较多而较为规范。同时，在股市低迷之时，股权投资基金作为大机构资金进入资本市场，且多为财务投资，亦是管理层欢迎的。在欧美，股权投资基金就成为救市计划中的一个重要力量[1]。

1.3.6 重振资本

重振资本(turnaround capital)是指向陷入财务危机的企业提供财务拯救改善企业经

---

[1] 月冰清.关注"PIPE"趋势[J].中国科技投资，2013,(31).

营状况的资本形态,这种类型的投资也被称为秃鹫式收购(vulture acquiring)。这类项目企业一般处于传统行业,出现财务危机或者处于重组当中,但仍具有长期的市场生存能力。

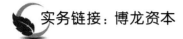

实务链接:博龙资本

博龙资本(Cerberus Capital)成立于1992年,是全球领先的股权投资公司,它特别擅长为客户提供金融资源和专业运营知识以帮助那些被低估、业绩不佳甚至濒临倒闭的企业重振雄风。比如,它曾收购陷入困境的美国三大汽车公司之一的克莱斯勒80.1%的股份(2007年),还曾投资于最大的汽车融资公司通用汽车金融服务公司(GMAC)、美国最大的电信公司之一的世通电信公司(MCI World Com)、加拿大航空公司、全球最大的独立飞机融资租赁公司 AerCap、日本青空银行(原日本信贷银行)、韩国第一银行等。

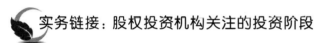

实务链接:股权投资机构关注的投资阶段

请扫二维码阅读。

拓展阅读　全球十大 PE

1.4　股权投资的流程

股权投资基金的管理机构称为基金管理人,一般是基金管理人先设立一个有限责任公司,然后以基金管理人的管理团队的背景及前期所储备的项目为资源,向投资人推介拟设立的股权投资基金,以募集资金为开端,展开股权投资基金业务运营的募、投、管、退全流程的工作。

(1)募资。不同投资策略的基金所需要募集的规模是不同的,基金管理人在募资前要设定基金的规模以及首期募集的规模,通过一系列正式或非正式的路演去打动投资人向基金出资。

(2)投资。如果顺利地募集到所需首期资金,就进入正式的投资阶段,把筹集到的资金通过一定的方式(联合投资、分阶段投资、匹配投资、组合投资等)投资到符合投资标准的投资项目。

(3)投后管理。投入资金之后,并不是坐等资金的增值,而是要提供一系列增值服务,并制定一定的激励约束制度,促进受资企业更快发展。

(4)退出。等待合适的时机,通过 IPO、股权转让、回购、清算等方式退出受资企业,实现投资回报。退出既是本次投资的最后一个步骤,也是开启下一次投资之旅的起点。

股权投资的流程也是价值创造的过程。在投资的每个环节挖掘价值,正是股权投资机构盈利的来源。从价值创造的角度看,这些环节如下。

（1）价值发现：发现具有良好投资价值的项目，并与项目人达成投资合作共识。

（2）价值设计：对发现的潜在投资项目设计价值提升的竞争战略以及改善公司治理和管理层激励机制的计划等。

（3）价值提升：基金完成对项目公司的投资后，辅助项目公司改善经营，使企业业务和财务得到优化，企业的内在价值得到有效开发。

（4）价值放大：基金对所投资的项目，培育若干年后，其价值获得提高，通过资本市场公开发行股票，实现市场价值的放大。

（5）价值兑现：所投资项目在资本市场上市后，基金管理人选择合适时机和合理价格卖出受资企业的股票，或者通过场外交易溢价出售给产业集团或其他基金，获得投资回报。

1.5 股权投资的策略

投资策略按投资阶段划分大体包括天使投资、创业投资、并购、夹层投资、PIPE投资等，这是对投资策略主流的划分。另外，根据投资的初始目的的不同，股权投资还可以分为两类：平台投资和后续投资。此外，作为辅助投资策略，实务中还存在分阶段投资和联合投资。

1.5.1 平台投资

平台投资（platform investment）是指股权投资机构在收购目标公司后将该公司作为行业整合的平台，而在该项投资之前，股权投资机构没有在相关的行业进行过投资。寻找平台投资机会是并购基金的重要工作，因为行业内整合而带来的规模效应和协同效应将提高企业集团的竞争力和盈利能力，为股权投资机构创造可观的回报。

平台投资不是在任何时间和行业都适合进行的，需要特殊的机遇与条件，主要包括以下三点：目标公司所在行业存在整合空间、企业有较大行业影响力、管理层制定了明确的发展战略。[①] 下面将逐一进行分析。

第一，平台投资需要目标公司所在行业存在整合空间。因为行业整合带来优化供应链、重塑竞争格局、降低运营成本的机会，这意味着当股权投资机构成功进行一系列投资和整合后，受资企业的利润可能会出现大幅上升，为股权投资机构带来可观的投资回报，同时为公司的后续投资奠定基础。行业整合可以分为横向整合与纵向整合。当市场集中度较低、存在后续同业收购目标、产品存在升级空间（从中低端到中高端）、存在规模经济（scale of economy）时，股权投资可以考虑行业的横向整合；当与上游或下游产业关联

---

① 叶有明.股权投资基金运作.PE价值创造的流程[M].上海：复旦大学出版社，2012.

度高、与上下游行业谈判能力强、存在后续上下游收购目标、股本存在优化空间时,股权投资可以考虑纵向整合。

第二,平台投资需要目标公司在行业中处于"领导者"地位,有较大的行业影响力。一般来讲,行业领导者可以分为以下三大类型:第一类是市场地位领导者,企业的销售规模在同行业中处于数一数二地位。第二类是行业技术领导者,指企业的创新能力在同行业中处于领先地位的企业。第三类是市场资源领导者,其能够掌握行业中最具优势的市场资源来进行生产、销售等环节。[1] 当目标公司在行业中拥有较高的市场占有率、技术优势或市场资源时,可能意味着它具有较强的行业整合能力。

第三,平台投资需要目标公司管理层制定明确的发展战略。股权投资机构会评估目标公司未来的发展策略是否符合该行业的未来发展,以及战略的可行性。并且股权投资机构对目标公司管理人的愿景、能力、经验、职业操守、远见、社会关系、业内威望等进行相应的了解和调查,判断其是否有能力承担行业整合策动者的角色。或者,股权投资机构能够直接找到可以承担这一角色的业内专家对目标公司进行未来的规划和设计。

以上三点能够在一定程度上为平台投资在未来获得丰厚利润和回报提供一定的保障,并为股权投资机构进行后续投资打下有利基础。

1.5.2 后续投资

后续投资(add-on investment)是指股权投资机构在平台投资之后,在行业整合过程中进行的一系列收购活动。后续投资是目的性十分明确的投资活动,股权投资机构通过一系列与平台投资相关的收购提高市场占有率和改善效率等获得协同效应。

通常,股权投资机构会聘请业内专家寻找和接洽合适的后续收购目标。接着,股权投资机构按照投资流程进行项目初选、尽职调查,充分了解项目的盈利潜力和潜在风险,避免冲动投资和法律纠纷等。若目标公司的情况符合股权投资机构的要求和预期,股权投资机构会与目标公司进行谈判、签约和交割。最后,由股权投资机构与业内专家一起完成收购后整合,以提升企业价值。

在中国,股权投资机构获得的项目信息大体上可以分为两类:一类是老股转让(甚至100%转让),例如某些国有企业的改制方式之一就是在产权交易中心挂牌转让,这类项目不会涉及目标公司融资的要求和总股本的变化。另一类是增资扩股,即拟融资企业通过出让部分股权募集资金,用以支持企业的快速扩张计划,代价是总股本数发生变化、原股东的股权被稀释。

---

[1] 杨幸兵. 如何在中国市场成为行业领导者[E/OL]. 中国营销传播网,2006-12-11.

我们以太阳能平台投资为例,分析股权投资机构进行后续投资的过程。股权投资机构可先投资太阳能组件生产企业作为平台公司,接着通过一系列纵向收购展开后续投资,例如可收购位于产业链上下游的晶硅生产商、生产设备研发企业、变频与逆变系统制造商、储能技术企业等。在完成一系列的行业整合后,股权投资机构将可能从这个太阳能综合一体化巨型企业获得成本节约带来的协同效应。

实务链接:红杉资本的平台投资

红杉资本(Sequoia Capital)[①]创始于1972年,其创始人是唐·瓦伦坦。作为一家运营40余年的创业投资公司,红杉战胜了科技跃进和经济波动,从而获得与这一生命长度相呼应的优秀项目密度:在大型机时代,它发掘了PC先锋苹果电脑;当PC大肆发展,它培养起网络设备公司3Com、思科;而当电脑被广泛连接,互联网时代来临,它又投资于雅虎和Google。

我们能够清晰地从红杉资本早期的重要投资中充分了解平台投资和后续投资的过程和它们带来的巨大收益。红杉的创始人唐·瓦伦坦认为"投资于一家有着巨大市场需求的公司,要好过投资于需要创造市场需求的公司"。这一重要的投资理念在红杉资本的投资中得以体现。

1978年,瓦伦坦等红杉的创始人最初对苹果电脑进行投资,这是其在电子行业的平台投资。在投资苹果电脑后,红杉为了让其进一步得到技术上的支持并扩大行业影响力,进行了大量的后续投资。红杉通过投资5英寸软盘业务Tandon公司和甲骨文来提升苹果存储设备和软件水平。甲骨文公司的主要产品是数据库软件。2013年,甲骨文已超越IBM,成为继Microsoft后全球第二大软件公司。接着,便是将小范围内的电脑连接起来的以太网设备公司3Com。

而当以太网技术成熟,更广阔地域范围的电脑连接就势在必然,于是红杉找到了思科。1987年,红杉资本对思科公司正式进行投资。思科公司的创始人是斯坦福大学的一对教师夫妇,设计了"多协议路由器"的联网设备,将不兼容的计算机局域网整合形成一个统一的网络,被认为是互联网时代真正到来的标志。随后,红杉资本在NVIDIA(英伟达)的创立之年,即1993年对其进行了投资。这是一家以图形技术和数字媒体处理器领先的厂商,在可编程图形处理器方面拥有先进的专业技术。

而在互联网的基础设施成熟后,红杉资本在1995年对雅虎的投资就顺理成章。当时间转到1999年,红杉又投资了谷歌,且最初想法只是它对雅虎的搜索引擎有所助益。

---

① SEQUOIA CAPITAL. www.sequoicap.cn.

而在 2004 年 Google 上市后,红杉所投资的 1 250 万美元变为了 50 亿美元以上的巨额回报。

在这些投资中,我们不难发现红杉资本投资的企业均引领了行业的发展与创新,与创始人"投资有巨大市场需求的公司"的理念相吻合。同时,红杉的后续投资为最初的平台公司苹果提供助力,并在其后续投资中不断将行业相关的企业相连,通过提高市场占有率和改善运营等获得协同效应。这也为我们充分展示了优秀的平台投资和后续投资能为股权投资机构带来巨大的回报。

1.5.3 分阶段投资

分阶段投资也称递增投资。对于股权投资基金来说,分阶段投资保留了企业未按预期发展而放弃再投资的选择权,进而减小损失;对于受资企业来说,分阶段投资提供了一个促使其达到预期目标的激励机制,进而提高企业效率。实务中,投资基金在首轮融资时投资少量资本,而在随后的投资轮次中,参照企业首轮运作情况,拟定新一轮估值,进而追加后续资本。如果股权投资基金采用递增投资方式投资,往往在投资之前就明确受资企业满足后续阶段投资支付的相应条件。

1.5.4 联合投资

联合投资,也称投资辛迪加,它旨在与其他有经验的投资者合作来分担风险。

联合投资不仅仅是股权投资基金规避投资风险的一种策略,其本身也是一个复杂的体系和过程。伙伴选择能够对联合投资以及受资企业的绩效产生很大影响。备选伙伴的能力风险和组织风险是联合投资伙伴选择中面临的主要风险。联合投资者的能力风险主要有财务能力、管理能力、技术能力和市场能力四个方面。组织风险包括投资风格风险、组织文化风险、长期合作风险、社会网络和资源的风险等。若要进行联合投资,股权投资基金需从这几个方面进行考量。

1.6 股权投资的价值

1.6.1 企业为何需要股权投资?

股权投资为受资企业带来的价值主要体现在以下四点:提供资金支持、完善公司治理、提供增值服务、提升企业品牌。

(1) 提供资金支持

股权投资能帮助企业解决融资瓶颈问题。成长型的中小企业由于面临较高的银行贷款门槛而难以获得足量资金进行发展。股权投资通过以资金换股份的投资方式为受资企业提供长期资本,这对于那些处于创业阶段的企业尤为重要。和贷款不同,私募股权融资通常不会要求企业偿付本金,因此不会对企业的现金流造成负担。投资后,私募股权投资者将成为受资企业的全面合作伙伴,不能随意从企业撤资。以美国为例,初创企业中股权融资的比例较高,其中培育了包括 FANGMA(指 Facebook、Amozon、Netflix、Google、Microsoft、Apple)在内的后来的龙头企业。

美国初创企业的融资结构参见表 1-1。

表 1-1 美国初创企业外部权益融资占比较高

美国初创企业的融资结构				
债务或权益类别	债务或权益子类别	整体样本中值/美元	有数据样本中值/美元	样本数/个
企业所有者权益		31 734	40 356	3 093
企业所有者债务		5 037	15 765	1 241
内部人权益		2 102	44 956	177
内部人债务		6 362	47 873	480
	向家庭的私人借款	2 749	29 232	327
外部权益		15 935	354 540	205
	天使投资者	6 350	244 707	110
	风险投资者	4 804	1 162 898	26
	其他商业投资者	3 645	321 351	56
	政府投资者	798	146 624	27
	其他投资者	337	187 046	8
外部债务		47 847	128 706	1 439

数据来源:Robb A M,Robinson D T. The capital structure decisions of new firms[J]. The Review of Financial Studies,2014,27(1):153-179.

(2) 完善公司治理

由于股权投资机构是投资经验丰富和监督能力较强的投资者,它们通常会协助受资企业建立起有利于企业未来上市的治理结构、监管体系和财务制度。股权投资者可能会选派专业人士进入企业的董事会,借助董事会这个平台来监控企业,而不是直接干预企业日常的经营管理。

同时,股权投资者通过掌握受资企业的内部信息,能保护自身投资权益。对企业经营管理活动进行监控,可以有效消除所有者与经营者之间的信息不对称与代理人问题,有利于防范道德风险与逆向选择,缓解投资中的信息不对称问题。

(3) 提供增值服务

股权投资机构作为专业的投资者,拥有成熟的管理团队和在多个行业领域的丰富投资经验,能够为受资企业提供多方面的增值服务。

股权投资机构能够利用自身的经验和知识,帮助受资企业完善并实施有效的企业战略;借助自身资源帮助被投资对象进入新市场、寻找战略伙伴、拓展财务资源;为企业提供相应的财务控制、法律服务、后续融资等支持。同时,他们也可以利用其声誉和关系网络为被投资对象吸引最好的管理人才及治理机制。

(4) 提升企业品牌

由于股权投资机构在投资前会进行严格的项目筛选,对目标公司进行详尽的尽职调查,所以股权投资机构所投资目标公司往往具有较规范的财务、税务与法律状况,因此股权投资机构入资的事件向公众传递了公司的正面形象,可以有效提高公司社会地位与行业知名度,以及潜在投资者(包括债务投资人)和供应商对企业的信任程度。此外,股权投资机构投资后对企业的管理和支持也帮助企业更加有效率地运作,提升企业的品牌价值。

除了上述四个方面的贡献之外,股权投资机构在帮助企业进行自主创新与产业整合、促进中国人才职业化进程、解决企业间竞争过度问题、建立中国的多层次资本市场等方面起到了重要作用。

1.6.2 股权投资对企业的贡献有证据吗?

学者们以实证研究的方法考察了股权投资的贡献。我们可以从股权投资机构与创新、股权投资机构与生产效率、股权投资机构与市场价值等三个方面来观察。

首先,在创新方面,EVCA(欧洲风险投资与私募股权协会)的研究发现,在2006—2011年间,在欧洲范围内 PE/VC 支持的企业就业人员不到全欧洲私营企业的6%,但花费在 R&D(科技)上的开支占所有企业的8%,获得的产业创新(指专利)占12%。这些专利的经济价值为3 500亿欧元。而美国哈佛大学著名学者 Josh Lerner 等的研究发现,472个美国企业在被 PE 投资后,在创新投入上并未减少,注册专利的被引用率在并购后显著提高了25%。这是因为企业的专利更加聚焦于核心业务领域,对这一现象的解读是企业创新的经济价值得到了提高。而且,PE 的投资活动有助于对创新形成一个具有正面鼓励、引导作用的良好创新环境。

其次,在生产效率方面,PE增加了资本投资,改善了受资企业的公司治理,提高了企业运营绩效。EVCA 的研究认为,PE 支持的企业相比非 PE 支持的企业,更少失败。

最后,PE 能够提升企业的市场价值。Brophy(1988)通过对210家有创业投资支持的企业与1 053家没有创业投资支持的企业进行研究调查,比较了它们在1977—1983年间的IPO回报率,以及上市20天内股票价格的变动,发现有创业投资支持的企业IPO时的表现优于没有创业投资支持的企业。Barry等(1990)对美国1978—1987年间的433家有创业投资支持的企业和1 123家无创业投资支持的企业IPO时的表现进行了比较,发现有风险投资支持企业的溢价程度要高一些,原因在于创业投资机构在受资企业成长过程中所提供增值服务以及相应的监控措施向市场传递了该企业资质优良这样一个信号。Brav和Gompers(1997)比较了934家有创业投资支持的企业与3 407家没有创业投资支持的企业IPO后5年持有期的平均收益率,发现与没有创业投资支持的企业相比,有创业投资支持的企业表现出更高的长期绩效,原因在于股权投资基金积极地参与受资企业的管理,从而对信息的掌握更充分。

本章小结

本章概括介绍了股权投资的相关内容,包括股权投资的概念、特点和类型,股权投资的流程,股权投资的策略,股权投资的价值等。

股权投资的概念有广义与狭义之分,我们与中国股权投资监管当局[①]的概念保持一致,取其广义的概念,即认为股权投资是对非公开交易企业股权的投资。相比于一般的工商企业,股权投资企业在资金、运营和组织上都具有自己的特点,主要表现在募资的非公开性、投资非公开交易股权、有限合伙制为主的充分激励基金管理人的机制等方面。

广义的股权投资包括天使资本、创业资本、成长资本、并购基金、夹层资本、PIPE、重振资本等类型。这些类型反映了所投资标的的差异,但实际上一只股权投资基金可能同时涉及多种类型。另外,这些股权投资类型也不是股权投资企业的全部业务种类,股权投资企业还可能涉足房地产投资、大宗商品交易、母基金等业务。

股权投资的业务运营涉及募、投、管、退四个环节,投资的策略包括平台投资和后续投资两类。股权投资对于企业的价值主要体现在以下四点:提供资金支持、完善公司治理、提供增值服务、提升企业品牌,这些结果在学者们的研究中已得到证实。

学习这门课,不仅对于想要创业的学生有益,对于有志于进入金融行业通过投资帮助企业发展的人士更有帮助。所以,同学们,努力吧!

本章的内容如图1-2所示。

---

① 详见:国家发展改革委办公厅关于促进股权投资企业规范发展的通知(发改办财金〔2011〕2864号)。但也请注意,《私募投资基金管理暂行条例》(征求意见稿)给出了私募基金的定义如下。"第二条 本条例所称私募投资基金(以下简称私募基金),是指在中华人民共和国境内,以非公开方式向合格投资者募集资金设立,由基金管理人管理,为投资者的利益进行投资活动的私募证券投资基金和私募股权投资基金。"这个定义还是从募集角度来定义私募股权投资基金的。

1 股权投资概论

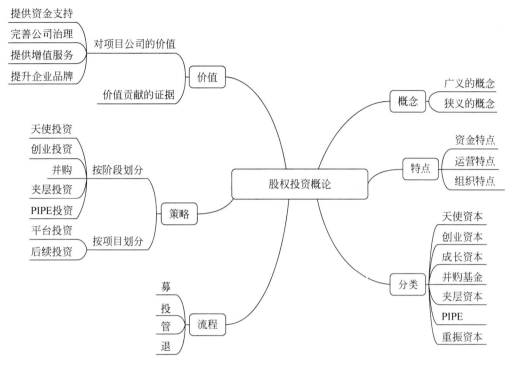

图 1-2 股权投资概论的内容结构图

关键术语

股权投资（private equity）

创业资本（venture capital）

成长资本（growth capital）

并购基金（buy-out fund）

夹层资本（mezzanine capital）

PIPE 投资（private investment in public equity）

重振资本（turnaround capital）

平台投资（platform investment）

后续投资（add-on investment）

练习思考题

1. 请列举学习股权投资对个人的职业发展可能会有怎样的影响。
2. 请用一张图来描述企业生命周期的不同阶段分别适合什么类型的股权投资。

案例分析：弘毅投资先声药业[①]

2005年9月，弘毅投资管理顾问有限公司（以下简称弘毅）在考察了国内100多家医药企业之后，选择参股先声药业，投资2.1亿元，持有先声31%的股份。从入股之初，弘毅公司高层就明确表示，未来一段时间内会把先声药业尽快推向资本市场。

果然，仅仅1年半以后，弘毅就将这家在中国内地仅居二线地位的制药企业推上了华尔街的殿堂。2007年4月20日，先声药业成为第一个在纽交所上市的中国化学生物医药公司，成功募集资金2.26亿美元，创下了维持多年的亚洲最大规模的医药公司IPO纪录。

弘毅总裁赵令欢曾表示，之所以选择先声药业，首先是看中了其团队，有雄心壮志，不甘平庸，正符合弘毅选择的目标；而且，先声药业当时年销售额达到8亿元，规模已经不小，潜力也大。同时，公司很注重基础管理，像这样既懂得要做大，又懂得要在管理上下苦功的医药企业并不多。

弘毅究竟给先声药业带来了什么？资金，但最重要的就是促进了企业的规范化运作。弘毅参与董事会管理，帮助企业改善治理结构、组织设计、财务管理等多方面，使得先声药业较以往均有了较大的提升。先声药业能在短短8个月里成功在美国上市，其中弘毅功不可没。谁又能料到一个5万元起步的民营医药企业，历经12年的磨砺，能最终成为一个市值超10亿美元的美国纽交所上市公司。

作为其第二大股东，弘毅在先声药业上市当天出售部分先声药业股票，套现3 300万美元，完全收回了此前因收购支付的资金，其所持股份经稀释后仍保留21%（稀释前为31%）。

先声药业则将IPO募集到的资金主要用于支持新药的研究开发、拓展营销队伍和收购兼并方面。上市后，先声药业宣布将投入4亿元作为创新药物与首入市场非专利药物研究开发的专项资金，而这可能是中国民族医药企业投入最大的一笔研发资金。上市后的先声药业获得了一个更大的发展平台，而企业持续的增值则是股东和投资者的最大愿望。

由于投资先声药业积累了对医药行业的投资经验，在此基础之上，弘毅后来全资收购国内原料药巨头石药集团，让其在医药行业名声大噪。2008年，弘毅在医药行业第三次出手，收购康臣药业。

弘毅选择入股先声药业体现了股权投资的一种典型思路：先声药业这样的优质民营企业质量好，弱点则是不会借助资本市场，扩大再生产缺乏资金。而这一切弘毅驾轻就熟。参股这样的企业，给予它所需要的，公司价值自然可以得到高速增长，股权投资机构也因此能获得财务收益。

[①] 资料来源：刘虹.经典案例：弘毅投资先声药业[J].上海国资，2008，(10)：27-28.

思考题

（1）弘毅投资的投资方式属于哪种类型？

（2）股权投资通过怎样的方式来创造价值？

参考文献

[1] Jensen M，Meckling W. 1976. Theory of the firm：Managerial behavior，agency costs，and ownership structure[J]. Journal of Financial Economics，1976：305-360.

[2] 程淑珍.我国企业杠杆收购财务风险形式与控制[J].企业经济,2008,(6).

[3] 黄俊华.私募股权融资对中小企业发展的影响分析[J].企业与管理,2008,(21)：162-165.

[4] 梁慧.浅谈杠杆收购在新一轮国企改革中的作用[J].中国总会计师,2014,(6)：47-49.

[5] 刘博敏.私人股权投资基金对我国的影响及对策研究[J].财经界,2009,5.

[6] 罗玉.清科观察：PE增值服务："投资团队负责制"专职投后管理不足20%. https：//www.docin.com/p-1523259365.html.

[7] 孙景安.夹层融资——企业融资方法创新.证券市场导报,2005,(11).

[8] 王松奇,丁蕊.创业投资企业的组织形式与代理成本[J].金融研究,2001(12).

[9] 王晔,任彩银,张静.给予企业成长期的私募股权投资偏好分析[J].金融经济：下半月,2011,(3).

[10] 徐桂华,王普.证券投资基金的另一种形式：公司型基金与契约型基金的比较研究[J].社会科学,2003,(2).

[11] 杨幸兵.如何在中国市场成为行业领导者[E/oL].中国营销传播网,2006-12-11.

[12] 叶有明.股权投资基金运作：PE价值创造的流程[M].上海：复旦大学出版社,2012.

[13] 岳冰清.关注"PIPE"趋势[J].中国科技投资,2013,(31).

[14] 翟明.并购基金在国际及我国的发展研究[J].管理观察,2012,(12).

[15] 张亮.解析红杉资本创富史[J].环球企业家,2006,(11).

2 股权投资简史

学习目标

- 了解现代股权投资业发展所经历的四个阶段
- 了解全球股权投资的新发展
- 了解我国股权投资的发展现状
- 理解股权投资发展的影响因素

在现代股权投资诞生以前,世界历史上曾出现过两次规模浩大的股权投资活动。一次是发生在15世纪末英国、葡萄牙与西班牙等国为了建立远洋贸易企业时的投资活动。在当时的历史条件下,仅靠个人的自有资金无法满足创建远洋贸易企业的需要,因而对外源资本产生了强烈的需求。而对收益渴望的人可以不必去直接经营远洋贸易企业,只需要通过向远洋贸易企业投资就可能获得高额收益,这些投资人所提供的外源资本就是最早形态的股权资本。

另一次是在19世纪末20世纪初美国开发西部过程中建立石油开发企业和铁路企业热潮中的投资活动。这些投资活动对资本的需求都远远超过了个人或家庭的资金实力,这也促进了股权投资的发展。在这之后,一些分别投资于铁路、钢铁、石油和银行等行业的富有家族投资了一些高科技中小企业。例如,1919年,皮埃尔·杜邦对通用汽车公司的投资;1939年,劳伦斯·洛克菲勒对麦道公司(Mcdonald-Douglas)的投资。20世纪30—40年代,这些富有家族开始聘请一些职业经理去帮他们寻找有潜力的中小企业进行投资,但这一时期的投资活动是由投资主体分散进行的,只能称为非组织化的股权投资。1938年,Eric M. Warburg创建了E. M. Warburg(华宝公司),该公司最终合并为华平投资(Warburg Pincus),成为杠杆收购和风险投资业的翘楚。

这些早期投资资本对现代股权投资的产生与发展具有重大的意义,它们推动了现代企业制度的诞生和发展,经由这种投资方式,资本所有者可以依靠代理投资方式来获取资本的保值与增值,并承担有限责任,而不必直接经营资产。这种经营制度的变革为股权投资管理与自由资本的分化创造了制度条件。

"二战"后,现代意义上的股权投资因经济发展的需要应运而生,但这个行业早期的几十年主要存在于美国。自1946年美国研究与发展公司(ARD)成立至今,现代股权投资业发展大致分为萌芽、发展、加速和成熟四个阶段。

2.1 萌芽阶段

萌芽阶段处于1946—1969年。现代意义上的股权投资起源于20世纪40年代的美国，当时美国出现大量中小企业，这些中小企业很难获得传统金融机构的资金支持。在这种背景下，波士顿联邦储备银行行长拉尔夫·弗兰德斯(Ralph Flanders)和被称为"创业投资基金之父"的乔治·多里特(Georges F. Doriot)在1946年共同创办了"美国研究与发展公司"(ARD)，目标之一是设计一种"私营机构"解决中小企业的融资缺口问题，同时希望这种"私营机构"为中小企业提供长期资本与管理服务，这样"创投基金"随之形成。ARD的成立标志着有组织的专业化管理的股权投资崭露头角。ARD的创立者们希望通过ARD实现以下两个目标：一是为中小企业提供一种非公开的融资工具；二是不仅要给中小企业提供资金，还要致力于提高其管理水平。ARD的投资范围广泛，其中1957年向数字设备公司(DEC)投资7万美元因最终升值到3.55亿美元而一战成名，这笔收益几乎达到ARD作为一个独立实体26年来利润的一半。

20世纪50年代，美国的股权投资还没有发展成一个真正意义上的行业，只是对个别项目进行投资，对经济的影响力不大。1958年，美国通过《小企业投资法》支持小企业投资公司(SBIC)发展。小企业投资公司这类机构直接受美国小企业管理局(SBA)的管辖，并可获得税收优惠和低息贷款的支持。从此，美国的创业投资市场开始起步。

1958年，第一家采用有限合伙制的创投机构Draper, Gaither and Anderson诞生。第一个创业资本投资的企业是仙童半导体公司(Fairchild Semiconductor，该公司制造出第一个商业上可行的集成电路)，它是在1959年由后来成为Venrock Associates公司创始人的亚瑟·洛克主导投资的。1963年，美国约有692家SBIC，筹集到的私人权益资本为4.64亿美元。西海岸早期创业投资公司德雷伯和约翰逊投资公司，由威廉·亨利·德雷伯三世和Franklin P. Johnson在1962年创建。1964年，Bill Draper和Paul Wythes创建了Sutter Hill Ventures。

2.2 发展阶段

在20世纪60年代到70年代期间，创业资本将他们的投资活动主要集中于初创期和扩张期的中小型企业。这些公司往往会在电子行业、医学领域或者数据处理技术方面创造突破。结果，创业资本(VC)几乎成为股权投资这个行业的代名词。

20世纪70年代，有限合伙制(imited partnership)的普及解决了SBIC的很多内在缺陷，例如对投资范围的限制(如仅可投资于小企业)、对投资经理的激励问题等。在这类股权投资基金中，专业化投资人才作为无限责任合伙人，而提供投资资金的投资者是被动的有限合伙人。在如今仍然适用的业绩报酬机制也出现了，即普通合伙人收取1%～2%的年管理费并分享合伙利润的20%作为业绩报酬。1973年，美国全国风险资本协会（The National Venture Capital Association，NVCA）成立，标志着创业投资在美国发展成为专门的行业。1974年创业投资机构遭受到短暂的低迷时期，源于股市遭到重创，投资者对这一新型的投资基金自然会变得很谨慎。

直到股权投资行业在20世纪70年代末80年代初这一时期得到了巨大的发展，1978年，创业投资经历了第一次大的募资潮，该产业一共筹集了将近7.5亿美元。这种变化与美国劳工部于1979年就《员工退休收入保障法案》的"审慎人"准则进行的说明密不可分。此前，法案禁止将养老金投资于创业基金或其他高风险资产类别，而当时劳工部就此准则的说明则明确允许养老金管理人投资于高风险资产，包括私募股权。此后大量专业基金便应运而生，这些基金专注于诸如杠杆收购、夹层融资及风险租赁这类混合投资工具。

20世纪70年代，英国开始允许金融机构投资私募股权基金。欧洲其他各国也相继放松对私募股权投资的管制，允许银行和保险公司等机构进入私募股权投资行业。然而，20世纪70年代中期世界主要国家股票市场萎靡不振，股权投资的退出渠道因此受到严重影响。股权投资机构不愿意再将资本投入新的项目，行业发展暂时进入了低谷，投资对象由初创阶段公司开始向创业后期公司转移。

2.3 加速阶段

20世纪80年代至90年代中期，随着全球杠杆收购的兴起，股权投资也获得了快速发展。

20世纪80年代的十年或许比之前或之后的任何十年对杠杆收购来讲都更重要。股权投资的第一个繁荣期的开始是以1982年吉布森贺卡公司被成功收购为标志的，股权投资基金随后在高涨的股市中套现退出。两年后，也就是1984年，第一储备公司成立了，它是第一个专注于能源领域的私募股权公司。1983年到1984年，股权投资基金的发展呼啸前进。

20世纪80年代，由于在许多并购交易使用了高杠杆，交易失败的情况时有发生，然而对投资高回报的承诺却吸引了更多的资金。伴随着越来越多的杠杆收购活动和投资利益，20世纪80年代中后期，股权投资机构获得了大发展，从期初的仅仅少数几个机构发展到20世纪80年代末期的超过650个机构。尽管机构的数量成倍增加，但由这些机构管理的资金在这一阶段却仅仅增加了11%，即从280亿美元增加到310亿美元。

1979—1989年，全球单笔投资金额超过2.5亿美元的杠杆收购案例超过2 000宗。

20世纪80年代,杠杆收购成为获利最高的投资模式,吸引了大量股权投资机构与股权投资者。杠杆收购的繁荣受益于由迈克尔·米尔肯(Michael Milken)和德雷克斯投资公司(Drexel Burnham Lambert)创造的高收益债券市场,即所谓的"垃圾债券"市场。在这一市场出现之前,私募股权投资机构借钱主要还是通过传统的银行渠道。银行为公司提供融资主要有两大标准:现金流和清算价值(资产抵押贷款)。为了控制它们资本的损失风险,通常银行会确保能有两种方式来应对任何贷款情况(所谓的双保险法)。这样,私募股权投资机构能够获得的并购融资机会十分有限。而垃圾债券市场则为并购融资打开了大门。

公众对股权投资的了解与杠杆收购中股权投资基金发起敌意收购以及对收购后公司的肢解和获取暴利等报道密不可分。1989年发生的KKR对RJR Nabisco耗资达250亿美元的杠杆收购见证了股权投资的繁荣达到时代的顶峰。1980年,股权投资产业筹集了将近24亿美元年承诺投资额,而在1989年则上升到219亿美元,显示了这个行业的显著增长。

20世纪80年代末,同时投资于并购资本和夹层资本的股权投资基金开始兴起。随着黑石(1985年成立)、凯雷(1987年成立)、德太(1992年成立)等著名的并购基金管理机构的成立,极大地促进了并购基金的发展。

但股权投资行业不同投资策略的基金募集非常不稳定。20世纪80年代前半段,每年流入创业基金的现金增长了10倍,但却在1987年到1989年逐步下降。并购基金在20世纪80年代的增长更是惊人,但却在80年代末急剧缩减。这种情况的发生是由于股权投资的命运正发生着改变。在经历了20世纪70年代的异常风光之后,创业基金的回报在80年代中期出现了急剧下降。很明显,这是由于对某几个行业的过度投资引起的,比如计算机硬件行业,同时也和大量缺乏经验的创业投资人进入行业有关。另外一个原因是股票市场在1987年暴跌,首次公开发行(IPO)市场随后变得十分萧条。并购基金的回报在20世纪80年代也经历了类似的下降,主要原因在于行业内对交易的争夺日趋激烈。投资项目巨亏不断曝出,也打击了投资者的信心。1989年,Prime Computer被J. H. Whitney & Company用13亿美元杠杆并购,这在后来证明是一个损失惨重的交易。Whitney在Prime Computer的投资几乎全军覆没,后来只有用清算时一些零散的收益来支付公司的债权人。更为严峻的是,由于投资者不满意私募股权投资的回报,而80年代流行的高杠杆类型的交易因迈克尔·米尔肯锒铛入狱和垃圾债券市场大量违约而又无法获得资金,整个市场的融资渠道于1989年近乎枯竭。

为了应对变化的环境,那些曾在房地产行业投资的公司,或者出售或者关闭了股权投资基金。此外,和其他公司相比,Chemical Bank(今天的CCMP Capital)和Continental Illinois National Bank(今天的CIVC Partners)的股权投资开始将其注意力从投资早期公司向投资于成熟公司转变。即使是像J. H. Whitney & Company和Warburg Pincus这样的行业创始人也开始转向杠杆收购和成长型资本投资。

2.4 成熟阶段

2.4.1 总体状况

股权投资行业于 20 世纪 90 年代再次经历了兴衰的更替，并且达到史无前例的规模。在这十年的大部分时期，几乎股权投资行业的每一个分支都实现了飞速增长和丰厚的回报。造成复苏的原因是多方面的。首先，许多缺乏经验的投资者在 90 年代初退出了市场，这使得剩下的投资者在获得项目时面临的竞争压力较小。其次，这段时期 IPO 市场的健康发展使得股权投资的退出变得相对容易。此外，以信息技术为代表的技术创新不断深化为创业投资资本带来了新的投资机会。在这种变化的环境下，大量的新资本不断涌入创业投资基金和并购基金，在 90 年代末和 2000 年达到创纪录的规模。

但是和过往的情形一样，这种增长是无法持续的。由于受到创业投资基金超高收益的吸引，机构投资者和个人投资者的资金如潮水般涌向股权投资行业，连一些素质不佳的企业也成功获得了数量可观的资金。行业的过快增长导致基金管理人超负荷工作、尽职调查不当以及在许多情况下投资决策不合理。而且，更多的资金投入市场中导致潜在投资标的估值偏高，降低了最终回报。

1997 年东南亚金融危机至 2000 年美国网络科技股泡沫破裂的一段时期内，美国部分股权投资基金出现运营危机，股权投资一度陷入低迷时期。2001 年以后，股权投资行业的发展重新加速，并逐渐走向成熟。

2002 年末，股权投资行业因在电信和科技公司上投资的巨大损失而投资规模倒退了数年，但利率的大幅度连续下降导致借贷成本的减少以及股权基金进行大型并购的能力的上升。低利率鼓励投资者回到相对稳定的垃圾债券和杠杆贷款市场，让投资者更愿意贷款进行收购。以 Dex Media 在 2002 年末和 2003 年两宗收购为标志，数十亿美元的大型收购能再次获得垃圾债券融资，并且并购交易规模越来越大。由此可见，成熟阶段也是并购的时代。

并购在 2004 年和 2007 年之间获得繁荣发展。这种爆炸性增长主要是由于几个原因：首先，机构投资者对另类投资的需求逐渐增加；其次，公司董事会和管理层有更强的意愿将公司出售给股权投资机构，尤其是并购基金；最后但同样重要的是，大型交易可以获得具有优惠条款和几乎没有保护性限制条款的债务融资。

自 2003 年，股权投资开始了五年的复苏期，最终促成了历史上 15 个最大杠杆收购交易中的 13 个的完成。空前的投资活动和投资者承诺，大交易和大型股权投资机构的成熟的景象出现了。

在 2004 年和 2005 年，大型收购再次频繁起来，市场观察者被杠杆水平和由金融机构在并购中提供的融资条件所震惊。2006年,最大收购的纪录再创新高。此外,由于欧洲和亚太地区的工业化国家也出现了创纪录的并购交易规模,可以看出收购的繁荣没有局限于美国。

2006年,美国三大证交所公开发行股票的筹资总额为1540亿美元,而通过144A条款私募发行股票的筹资总额则高达1620亿美元。2007年全球股权投资基金共筹集4098亿美元资金,超过2006年的3541亿美元,尤其是股权投资基金的高回报吸引了越来越多的机构或个人投资者跟进,合伙人队伍也日益壮大。

2006年,股权投资基金用3750亿美元收购了654家美国公司,这是2003年完成的交易水平的18倍。此外,美国的主流股权投资机构筹集了2154亿美元的投资者承诺资本,超过了2000年创造的纪录的22%,并且比2005年的融资总量高出33%。然而,创业资本虽占到2000年所筹资金量的大部分,在2006年则仅筹集了251亿美元,比2005年的水平下降2%,比它的最高水平下降了很多。2007年夏季,尽管信贷市场出现混乱,却见证了另一个筹集3020亿美元的新纪录。

正如之前的许多次繁荣一样,随着资金的逐渐涌入,估值不断高涨,项目的投资标准却越来越低。由于资金量越来越大,2008年次贷危机的到来让许多投资人措手不及,并购行业随之而来的显著衰退就在所难免。创业投资基金和并购基金及其所投资的企业都遭遇了危机,而投资者(无论是股权还是债权投资者)却不愿意再增加投资。

受次贷危机的影响,2009年全球股权投资基金筹集资本规模大幅度下降,如图2-1所示。随着经济复苏,自2010年开始基金募集规模逐渐回升,使得私募股权融资在接下来的几年势头猛增。2017年共有2063只私募股权基金筹集金额总计6023亿美元,已超过2008年繁荣期水平。2018年完成募集的基金数量下滑至5867亿美元,但平均募集资本规模仍保持上升势头。

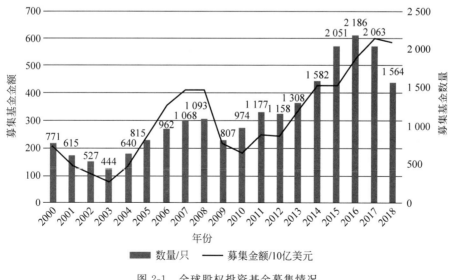

图2-1 全球股权投资基金募集情况

数据来源:Preqin。

就基金的投资策略而言,依据 2016 年底的数据来看,全球并购基金的目标募资额达 2 210 亿元,是所有类型中规模最大的,且达 2011 年并购基金规模的 3 倍。但受益于科技业的繁荣与靓丽的回报,创业基金的募集数量在所有类型中最多,达 940 只。其他类中因包括软银目标募资额达 1 000 亿美元的愿景基金(vision fund)而使得募资额大增,参见图 2-2。

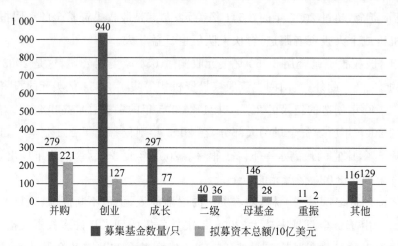

图 2-2　全球按策略划分的股权基金类型(2016 年)

数据来源:Preqin. 2017 Preqin Global Private Equity & Venture Capital Report,第 36 页。

在监管方面,2010 年之后美国和欧盟的一些政策值得关注。2010 年 6 月,奥巴马政府批准了一项具有颠覆性的金融监管改革法案,规定资产管理规模 1 亿美元以上的投资顾问必须在 SEC(美国证券交易委员会)进行注册,并要求其向 SEC 提供交易和资产组合的有关信息,协助监管机构对系统风险进行必要评估。这一法案的通过限制了股权投资基金的资金来源"多元化",在一定程度上影响到股权投资基金的发展。2011 年全球 PE 投资约为 2 740 亿美元,其中美国 PE 投资金额达到了 1 440 亿美元,占到全球总额的一多半。美国已成为全球最大的股权投资市场,并且私募融资在美国已成为仅次于银行贷款和 IPO 的重要融资手段。

欧洲会议于 2010 年 9 月通过了《泛欧金融监管改革法案》,2011 年 6 月通过了《另类投资基金管理人指引》,从而建立了针对股权投资基金行业的新的监管体系。2013 年 4 月,鉴于创业投资基金通常不会导致风险外溢,为建立对创业投资基金的差异化监管安排,欧盟另行发布了《创业投资基金管理人指引》。

2.4.2　新的趋势

现代股权投资业成熟阶段的新趋势如下。

(1) 投资机构多样化

除了传统意义上的股权投资机构,如凯雷、黑石(Blackstone Group)等,很多投资银行、商业银行甚至保险公司设立直接投资部或者设立单独的资产管理公司开展股权投资业务,如高盛、麦格理、汇丰银行、J. P. 摩根(J. P. Morgan)等都开展自己的股权投资业务。除此之外,很多著名的跨国公司也已设立股权投资基金,资金来自跨国公司内部,主要为跨国公司自身的战略规划和投资组合服务,如谷歌、微软、亚马逊、阿里巴巴、腾讯、百度等。

(2) 向公募基金的演变

2007年6月21日,私募基金管理人黑石集团在纽约证券交易所挂牌上市,成为美国自2002年以来规模最大的IPO案例,这成为股权投资在全球金融体系中地位提升的标志性事件。美国私募基金KKR的母公司2010年7月15日也在纽约上市。基金管理人寻求公开上市的动力源自股权投资机构自身扩张的需求。在竞争日趋激烈的背景下,唯有扩充资本,增强竞争力才能生存。

(3) 向传统金融机构发起挑战

股权投资的快速发展对传统金融机构的发展带来了严峻的挑战。2007年10月,苏格兰皇家银行财团(RBS)、西班牙国家银行(Santander)和比利时富通银行(Fortis)以价值1010亿美元的现金加股票收购了荷兰银行。虽然荷兰银行不是直接被股权投资所收购,但背后的推手是股权投资。"儿童基金"(The Children's Investment Fund)这个只持有荷兰银行1%股份的英国一家股权投资机构鼓励小股东联合起来分拆整个集团,让荷兰银行的股票大幅升值。随着大批套利基金的跟进,有了足够的投票权,便召开临时董事会,宣布荷兰银行将挂牌出售,最终RBS成为最大的赢家。在短短的10个月时间里,这笔收购让儿童基金至少获利68%。

早在1998年,美国的Ripplewood基金就出资10亿美元收购日本的长期信用银行,将其改名为新生银行(Shin Sei Bank)。随后,将Shin Sei Bank打造成全新的营利机构,并在2004年成功上市,Ripplewood基金获得了当初投入资金10倍的回报。此外,美国新桥资本成功重组了韩国第一银行(Korea First Bank)和中国的深发展银行。股权投资的力量之大,使得传统的金融机构有了一份危机感。

2.5 股权投资在中国

2.5.1 萌芽阶段(1985—1997年)

我国股权投资基金行业发展在很大程度上体现了我国作为新兴加转轨经济形态的基本特点,政府推动对促进早期股权投资基金发展起着关键性的作用。此阶段的探索主要沿着三条主线进行。

一是科技系统对创业投资基金的探索。早在1985年3月,由原国家科委牵头有关部委草拟的《中共中央关于科学技术体制改革的决定》首次明确指出"对于变化迅速、风险较大的高技术开发工作,可以设立创业投资给予支持"。随后,根据中央文件的精神,为了促进科技成果转化,中央和地方政府批准并直接兴办了中国最早的一批创业投资机构,如1985年9月,经国务院批准,原国家科委出资10亿元人民币成立了"中国新技术创业投资公司"。1988年,为推动一些基础较好的高技术、新技术领域加快产业化进程,国家科委制订了火炬计划。之后,为了促进"火炬计划"的实施,全国创立了96家创业中心、近30家大学科技园和海外归国人员科技园。

1992年,国务院下发《国家中长期科学技术发展纲领》,明确要求开辟风险投资等多种资金渠道,支持科技发展。随后,上海、江苏、浙江、广东、重庆等地分别由地方政府出资设立了以科技风险投资公司为名的创业投资机构,如1992年成立了国家科技风险开发事业中心、沈阳科技风险开发事业中心等事业单位。国家经贸委和财政部于1993年还创办了中国经济技术投资担保公司,开展了对高新技术成果进行工业性实验的担保业务。特别是在1995年,中共中央、国务院发布了《关于加速科学技术进步的决定》,首次提出在全国实施科教兴国战略。此后,原国家科委进一步加强对创业投资的研究。1998年1月,原国家科委牵头国家计委等多部委组织成立"国家创业投资机制研究小组",研究推动创业投资发展的政策措施。

二是国家财经部门对产业投资基金的探索。鉴于当时在全球范围内"股权投资基金"概念还没有流行起来,人们使用较多的概念是"创业投资基金",而创业投资基金与证券投资基金的显著区别是"证券投资基金投资证券,创业投资基金直接投资产业",20世纪90年代国内财经界也将创业投资基金称为"产业投资基金"。

1993年8月,为支持淄博作为全国农村经济改革试点示范区的乡镇企业改革,原国家体改委和人民银行支持原中国农村发展信托投资公司率先成立了淄博乡镇企业投资基金,并在上海证券交易所上市,这是我国第一只公司制创业投资基金。1996年6月,在总结淄博基金运作经验的基础上,原国家计委向国务院上报《关于发展产业投资基金的现实意义、可行性分析与政策建议》,提出了"借鉴创业投资基金运作机制,发展有中国特色产业投资基金"的设想。国务院领导高度重视并责成原国家计委和有关部门尽快制定管理办法后,原国家计委开始系统研究发展"产业投资基金"的有关问题,并推动有关制度建设。

三是引入外资创业投资机构的探索。除了科技系统和财经部门的直接创办或支持创办外,20世纪90年代初,中国政府还通过吸引外资、借鉴国外成熟经验的方式来发展中国的创业投资事业,最早一批国外的股权投资基金开始进入中国市场。1992年IDG在波士顿组建太平洋中国基金,随后,Walden International、WI Harper Group、H&Q Asia Pacific等创投公司也于90年代初进入中国,成为第一批在中国设立和开展业务的国际投资机构。1992—1997年间,外资VC在黑暗的隧道中摸索前进,鲜有投资案例。即使最成功的外资投资机构IDG在最初五年中投资的案例也非常少,直到1997年才向搜狐投出了第一笔创业投资。很多基金只是在中国开个办公室，雇用一些人，这些人每年都给总部写个报告，说中国的相关环境并没有得到明显改善，因此必须采取观望态度。

1995年，为鼓励国外创业投资机构来华投资，国务院批准颁布了《境外设立中国产业投资基金管理办法》，规定："中国境内非银行金融机构、非金融机构以及中资控股的境外机构可以单独或与境外机构共同发起设立，在中国境外注册、募集资金，主要投资于中国境内产业项目的投资基金。"一大批外资PE闻风而动，来中国淘金。90年代中后期，境外设立了许多主要投资于"中国概念"或境内企业的法人投资基金，名称一般都是"中国某某产业投资基金""中国商业投资基金"等。此后，又出现了很多诸如"中国航空基金""中国水泥基金"等专注某一行业的投资基金。当时中国处于市场经济初期，上市公司股权处于分置状态，企业内部改革尚未完成，投资环境尚待完善，股权投资还没有稳定的盈利模式，境外投资者对在中国投资的困难估计不足，这批投资"中国概念"的股权投资基金损失惨重。

萌芽阶段的另一个重要特征是，客观环境还无法支撑创业投资的盈利模式。一方面，1992—1997年间，中国的证券市场主要服务于国有企业的股份制改革，证监会对企业上市审批严格，还不能为创业投资提供便利的退出渠道。另一方面，当时虽有很多投资于早期高科技企业的机构，但没有足够的具有商业前景的创新企业供这些机构投资。由于经济和金融环境的限制和创投机构本身体制的缺陷和经验的缺乏，成功的投资机构凤毛麟角。1992年后，房地产市场出现过度炒作，不少本土的创投机构涉足房地产投资，在市场降温后遭受重大损失。

2.5.2 调整阶段（1998—2003年）

政府继续从政策上大力支持创业投资，同时开始规范创投企业的发展。1998年1月，原国家科委牵头国家计委等多部委组织成立"国家创业投资机制研究小组"，研究推动创业投资的政策措施。在1998年3月召开的全国政协九届一次会议上，成思危领导的民建中央"关于尽快发展我国风险投资事业的提案"被列为"政协一号提案"，提案分析了当时中国风险投资业现状，并提出了针对性建议，引起了高度关注。1999年5月21日科技部、财政部联合发布了《关于科技型中小企业技术创新基金的暂行规定》，由国家财政出资设立了"科技型中小企业技术创新基金"，用于扶持、促进科技型中小企业技术创新，根据中小企业和项目的不同特点，创新基金分别以贷款贴息、无偿资助、资本金投入等不同的方式给予支持。同年11月16日，国家科技部、国家计委、经贸委、人民银行、财政部、税务局、证监会七部委联合出台《关于建立风险投资机制的若干意见》，强调："风险投资公司设立时要注意政企分开，鼓励非国有企业、个人、外商及其他机构投资入股。"中国股权投资的政策法律实践进入了一个全面推进体制建设，制定财税、金融扶持政策的新阶段。

1998年,以信息技术为代表的美国新经济和NASDAQ空前繁荣,风险投资创造财富的神话广为传播,在世界引发仿效热。从这时起,中国开始积极筹备创业板市场。当年12月,国家计委向国务院提出尽早研究设立创业板块股票市场问题,国务院要求中国证监会提出研究意见。1999年1月15日深交所向中国证监会正式呈送了《深圳证券交易所关于进行成长板市场的方案研究的立项报告》,并附送了实施方案。创业板即将推出,一石激起千层浪。各路资金纷纷进入创业投资领域,期望赶赴创业板的"盛宴",引发了中国创业投资的第一个高潮。国有创投公司如雨后春笋般大量涌现。北京、深圳、上海、广州和江苏等省市纷纷成立创投公司,这些机构在企业组织形式上都是按照《公司法》设立的有限责任公司或股份有限公司,大部分为国有控股企业,出资人开始从财政为主转变为国有企业为主。

这一时期,外资创业投资机构开始大量进入中国市场。同时,民营资金也尝试进入风险投资领域。在1998—2000年这三年内,我国的风险投资公司从53家迅速增加到246家,2001年继续增加到266家。创业投资机构管理的资金总量从53亿元增加到405亿元,增速在1999年、2000年分别高达81.4%、67.2%。投资行业相对集中,受美国互联网行业爆发式增长的影响,IT和互联网是本土和外资投资机构的共同重点。

20世纪90年代末,中国的股票市场也经历了重大改革。1998年之前,我国股票发行监管制度采取发行规模和发行企业数量双重控制的办法,即每年先由证券主管部门下达公开发行股票的数量及总规模,并在此限额内,各地方和部委切分额度,再由地方或部委确定预选企业,上报中国证监会批准。1998年12月《证券法》出台,提出要打破行政推荐的办法,以后国家不再确定发行数量与发行额度,发行申请人由主承销商推荐,由发行审核委员会审核,中国证监会批准。我国股票发行体制开始由行政色彩浓厚的审批制向核准制转变,为股权投资基金通过IPO实现资金退出提供了可能。

2000年,证监会曾颁布《在境外发行股票和上市有关问题的通知》(72号文),指出凡是涉及境内股权的境外公司,在境外发行股票或者上市,必须获得证监会出具的《无异议函》后方可成行,否则境外交易所将不予受理。72号文限制了中国企业通过"红筹架构"赴境外上市,为海外资本的退出设置了障碍。尽管这一阶段股市繁荣,但由于公司上市还需政府的行政审批,股权分置问题仍未解决,创业板迟迟没有推出而尚不能成为股权投资的退出渠道,本土创投机构仍未形成稳定的盈利模式。不少创投机构热衷参与企业股票IPO申购、配股和增发,委托券商理财模式(二级市场投资股票)盛极一时,很多机构在随后的股市调整中遭受了惨重的损失。

但是,随着2001年美国网络股泡沫破灭与"9·11"恐怖袭击,纳斯达克市场大幅下跌,1999年11月设立的香港创业板在经历了初创期的火爆后,一直比较疲软,A股市场主板也开始从高位跌落,并由于股权分置等制度性缺陷尚未解决等诸多因素,与宏观经济相背离,步入漫漫"熊"途,国内创业板被无限期搁浅。加之当时技术产权交易市场运作效率不高,境外资本市场退出障碍重重,整个股权投资市场面临"资本退出"的难题。

由于上一阶段大部分创投公司将资金投资到当时创业板拟上市的项目上,创业板搁浅打破了创投公司资金运转节奏,创投公司资金出现运转困难。2001年风险投资机构管理的资本增速开始回落,2003年更是出现了10.5%的负增长。一大批创投公司从此销声匿迹,2002—2003年,风险投资机构的数量从266家下降到233家,受资企业从532家下降到501家。本土创业投资机构经历了优胜劣汰的过程。① 创业投资行业的投资理念和盈利模式出现重大改变。业内人士开始普遍认为创投并不局限于高新技术产业,也不限于早期企业,因而投资开始向互联网以外的行业扩散。

2003年1月30日,科技部、外经贸部、税务总局、工商总局及外管局五部委联合颁布的《外商投资创业投资企业管理规定》生效,为中方投资者提供了与外国投资者共同投资,并由外国基金管理专业人士管理投资的合法途径。同年6月,证监会取消了72号文的限制《无异议函》,仅保留了对企业法人直接海外上市的审批。此后,红筹上市风行,境外PE投资内地企业退出渠道被重新打开,由于中国宏观经济一枝独秀形成的"投资洼地"效应和政策的鼓舞,外资继续进入中国风险投资领域。

2.5.3 加速阶段(2004—2012年)

随着全球IT产业、资本市场和整体经济回暖,创业投资支持的企业纷纷以"红筹模式"在纳斯达克、纽约交易所、香港交易所、伦敦交易所等海外市场主板或二板市场上市。2003—2006年,大量中国企业在外资PE的支持下,选择到海外市场发行上市,截至2006年年底,中国企业在海外上市的数量在400家以上,其中以"红筹模式"上市的企业占总数的80%,而这其中不乏优秀的企业,如蒙牛、李宁、易趣、新浪、盛大等。

2004年美国新桥资本收购深圳发展银行标志着海外并购基金正式进入中国市场。随后,海外PE巨头纷至沓来,很快搅得风云激荡。2006年年初,PAG以1.2亿美元的代价,收购中国知名童车及儿童用品制造商江苏好孩子集团67.5%的股权,成为"中国杠杆收购第一案"。出于投资回报等各种因素的考虑,一些在国外非常有名的外资PE,把他们在中国的投资对象圈定在垄断性资源型公司以及行业龙头企业。这些企业分布在采矿行业等资源类行业、房地产行业、零售业务等限制少、壁垒低的行业以及金融服务业。2006年8月8日,商务部联合六部委发布了《关于外国投资者并购境内企业的规定》(商务部令〔2009〕第6号),加强了对涉及外资并购行业龙头企业或重点行业的监管和审查力度,并严格限制境内企业以红筹方式赴海外上市。

这一阶段,本土投资机构日益活跃。2004年5月17日,证监会正式发出批复,同意深圳证券交易所在主板市场内设立中小企业板块。6月,八家公司在中小板块挂牌上市。2005年8月23日,证监会、国资委、财政部、央行、商务部等联合发布《关于上市公司股权

---

① 王鹏.浅析中国私募股权投资的现状与未来发展[J].商业文化,2012,(5).

分置改革的指导意见》，随后证监会出台《上市公司股权分置改革管理办法》《上市公司股权分置改革业务操作指引》，股权分置改革全面铺开。2005年11月21日，随着黔源电力股改方案的通过，中小板50家公司率先实现了全流通。到2007年5月28日，沪深股市已经完成或进入股改程序的有1 400多家，只有35家公司未股改。股改的公司占上市公司的98%，股改完成的公司市值占总市值的99%，股权分置改革基本完成。股权分置改革为股权投资基金的投资估值、资金退出提供了基础，境内IPO的退出渠道逐渐形成。

2007年，受美国主要大型并购基金管理机构脱离美国创业投资协会并发起设立美国股权投资协会等事件影响，"股权投资基金"的概念在我国很快流行开来。特别是2007年6月，新修订的《中华人民共和国合伙企业法》（以下简称《合伙企业法》）开始实施，有限合伙制解决了股权基金在激励、双重纳税等方面的问题，各级地方政府也为鼓励设立合伙型股权投资基金，出台了种类繁多的财税优惠政策[①]，本土第一批有限合伙制人民币基金随即成立，民营资本开始大量进入股权投资领域，各类"股权投资基金"迅速发展起来。

2005年11月，国家发改委等十部委联合颁布的《创业投资企业管理暂行办法》（发展改革委等十部委令2005年第39号）及其配套文件《国务院办公厅转发发展改革委等部门关于创业投资引导基金规范设立与运作指导意见的通知》（国办发〔2008〕116号），极大地促进了创业投资基金的发展。各种形式的政府投资进入股权投资市场：2006年11月，天津渤海产业投资基金正式成立，首期融资规模为60.8亿元；2007年1月31日，财政部、国家发改委发布《关于产业技术研究与开发资金试行创业风险投资的若干指导意见》，决定拿出部分"产业技术研究与开发资金"，尝试创业风险投资；同年7月6日，国家财政部、国家科技部发布了《科技型中小企业创业投资引导基金管理暂行办法》，首个国家级创业投资引导基金正式启动。这一时期，股权基金投资阶段后移，VC明显PE化，上市前期的企业成为各路PE争抢对象，市场的投资价格水涨船高，以致在PE管理的资本规模还不大的背景下出现了上市前投资明显过热的畸形格局。

2009年10月23日，中国创业板举行开板启动仪式。数据显示，首批上市的28家创业板公司，平均市盈率为56.7倍，而市盈率最高的宝德股份达到81.67倍，远高于全部A股市盈率以及中小板的市盈率。创业板的推出，增加了股权投资退出渠道，同时催生了一大批亿万级富豪，造富效应大力催生了股权投资市场的繁荣。

与此同时，以合伙型股权投资基金为名的非法集资案也自2008年开始在天津等地发生并蔓延。为此，国家发展改革委于2011年11月发布了《关于促进股权投资企业规范发展的通知》。

[①] 相关的税收优惠政策包括：2007年2月财政部和国家税务总局《关于促进创业投资企业发展有关税收政策的通知》（财税〔2007〕31号）、《中华人民共和国企业所得税法》（第31条）、《中华人民共和国企业所得税法实施条例》（第97条）、2009年4月财政部和国家税务总局《关于实施创业投资企业所得税优惠问题的通知》（财税〔2009〕87号）、2012年财政部和国家税务总局《关于苏州工业园区有限合伙制创业投资企业法人合伙人企业所得税试点政策的通知》（财税〔2012〕67号）等。

2.5.4 转型阶段(2013年至今)

(1) 总体状况

2013年1月16日全国中小企业股份转让系统(简称"全国股转系统",俗称"新三板")正式揭牌运营,为创新型、创业型、成长型中小微企业公开转让股份,进行股权融资和债权融资提供了新的平台,也为创业投资打开了又一个退出渠道。截至2018年年底,挂牌企业数量达10 691家,其中基础层企业9 777家,创新层企业914家。

2013年6月,中央编办发出《关于私募股权基金管理职责分工的通知》,明确由中国证券监督管理委员会(以下简称中国证监会)统一行使股权投资基金监管职责,标志着监管主体和监管方式的重要转变。

2014年8月,中国证监会发布《私募投资基金监督管理暂行办法》,对包括创业投资基金、并购投资基金等在内的私募类股权投资基金以及私募类证券投资基金和其他私募投资基金实行统一监管。中国证券投资基金业协会从2014年年初开始,对包括股权投资基金管理人在内的私募基金管理人进行登记,对其所管理的基金进行备案,并陆续发布相关自律规则,对包括股权投资基金在内的各类私募基金实施行业自律。

减持新规影响退出节奏。2017年5月27日,证监会发布《上市公司股东、董监高减持股份的若干规定》,要求符合五大条件创投基金满足锁定期一年后可获减持豁免,导致Pre-IPO策略、定增策略基金退出受限制。具体规定如下:①大股东(即控股股东或持股5%以上股东)在任意连续90日内,通过竞价交易减持股份的数量不得超过总股本的1%,一年最大减持4%;②减持上市公司非公开发行股份的,在解禁后12个月内不得超过其持股量的50%;③通过大宗交易方式减持股份,在连续90日内不得超过公司股份总数的2%,且受让方在受让后6个月内不得转让;④通过协议转让方式减持股份导致丧失大股东身份的,出让方、受让方应当在6个月内继续遵守减持比例和信息披露的要求。

税收优惠进一步明确。在2015年国家税务总局《关于有限合伙制创业投资企业法人合伙人企业所得税有关问题的公告》(国家税务总局公告2015年第81号)之后,《财政部、税务总局关于创业投资企业和天使投资个人有关税收试点政策的通知》(财税〔2017〕38号)对创业投资和天使投资实施新的税收优惠。文件规定,个人合伙人可以按照对初创科技型企业投资额的70%抵扣个人合伙人从合伙创投企业分得的经营所得;当年不足抵扣的,可以在以后纳税年度结转抵扣。天使投资个人采取股权投资方式直接投资于初创科技型企业满2年的,可以按照投资额的70%抵扣转让该初创科技型企业股权取得的应纳税所得额;当期不足抵扣的,可以在以后取得转让该初创科技型企业股权的应纳税所得额时结转抵扣。

自2017年年底开始,金融行业监管趋严,去杠杆、整治金融乱象、防范金融风险成为政策环境主基调。2018年4月,《关于规范金融机构资产管理业务的指导意见》(银发〔2018〕106号)(以下简称《资管新规》)正式发布。《资管新规》之前,资产管理产品已经成为股权投资基金重要的资金来源,特别是银行自有资金和理财资金都主要通过嵌套资产管理产品间接投资股权投资基金。《资管新规》虽未对股权投资基金的募资途径直接限制,但对资管产品刚性兑付、多层嵌套、资金池运作、期限错配等问题进行严格限制,这使得各方资金嵌套资管产品投资股权投资基金的模式已难再实现。此外,伴随着《资管新规》的发布,社会融资中表外融资快速下滑,信用风险有加剧倾向,股市持续下跌。在此环境中,作为股权投资基金重要的有限合伙人(limited partner,LP)之一的企业,包括上市公司和非上市公司,面临着融资困难、资金链紧张的问题,可用于投资的资金也相应有所缩减。总体来说,《资管新规》后,股权投资市场的资本供应量呈现减少态势,给股权投资基金的募资带来不小的压力,股权投资进入了所谓的资本的寒冬。

(2) 股权投资市场状况

2006—2017年中国新募集基金数量和基金总额总体上呈现上升趋势(见图2-3)。从新募集基金金额来看,2006—2008年呈现小幅上涨的趋势,受2008年金融危机的影响,2009年基金金额大幅下降,但在2009—2014年度缓慢回升,中间有下跌的年份,但总体趋势是在上升;从2014年至2017年,募集的基金金额在迅速上升,呈现高速增长的态势,2017年募资金额接近1.8万亿元。从新募集基金数量来看,在整个时间段呈现上升态势,但从2014年起,增幅较大。截至2017年年底,中国股权投资市场资本管理量达8.7万亿元。

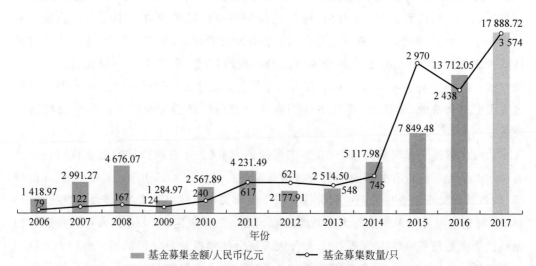

图 2-3 2006—2017年中国新募基金规模(包括早期投资、VC与PE)

数据来源:清科数据研究中心,《2017年中国股权投资市场回顾与展望》。

2006—2017年人民币募资与外币基金规模对比发生转折(见图2-4)。在2006—2008年,人民币基金的数量和金额都小于外币基金,这与我国当时市场、政策法规不完善有关。但从2009年开始,人民币基金的数量和金额都开始超过外币基金,并从2014年起活跃度的增幅变大。2017年,人民币基金募资共3502只,募集金额达1.6万亿元。

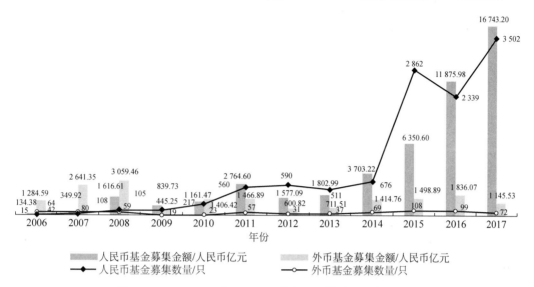

图2-4　2006—2017年中国人民币基金与外币基金募资对比

数据来源:清科数据研究中心,《2017年中国股权投资市场回顾与展望》。

从2017年募集基金的类型来看,成长基金无论从数量与金额均占近60%,其次是创业基金(占数量的30%和金额的15%)(见图2-5)。在中国股权投资市场中,并购基金占比相对于美国市场还显得弱小。

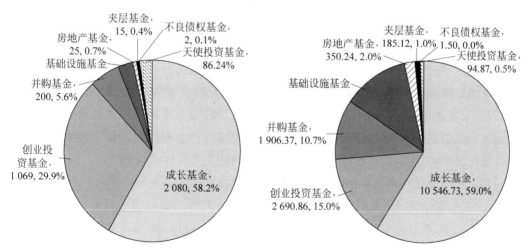

图2-5　2017年中国股权投资基金数量(左图)与金额(右图)分布

数据来源:清科数据研究中心,《2017年中国股权投资市场回顾与展望》。

2017年中国股权投资市场投资案例数10 144宗,投资金额共计1.2万亿元人民币,同比分别增加11.2%、62.6%。在所投资的行业里,2017年投资数量最高的前三行业依次为互联网、IT、生物技术/医疗健康,三大行业的占比为47.5%,而投资总金额最高的前三大行业为电子及光电设备、电信及增值业务、互联网,三大行业投资总金额占比40.8%。2006—2017年中国股权投资总额与数量参见图2-6。

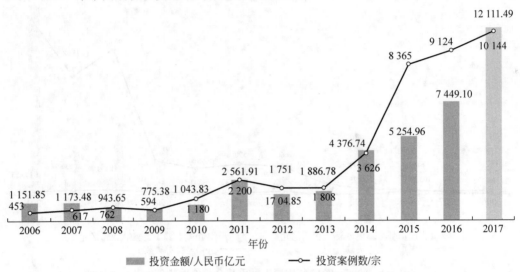

图2-6 2006—2017年中国股权投资总额与数量

数据来源:清科数据研究中心,《2017年中国股权投资市场回顾与展望》。

2017年中国股权投资基金退出案例3 409宗,其中IPO退出案例1 069宗,占比达到31.4%,在2018年IPO审核加速的利好影响下,私募股权投资市场IPO退出总量同比提升94%。从退出方式来看,除IPO退出方式外,股权转让、并购、管理层收购退出方式分别为756宗、451宗和107宗(见图2-7)。

(3)评价

经过多年探索,我国的股权投资基金行业获得了长足的发展,主要体现为三个方面。一是市场规模增长迅速,当前我国已成为全球第二大股权投资市场。二是市场主体丰富,行业从发展初期阶段的政府和国有企业主导逐步转变为市场化主体主导。三是有力地促进了创新创业和经济结构转型升级,股权投资基金行业有力地推动了直接融资和资本市场在我国的发展,为互联网等新兴产业在我国的发展发挥了重大作用。

然而我国股权投资也存在诸多问题,主要表现在以下几个方面:

① 从私募股权的资金筹集环节上,投资者数量仍较少。股权投资的资金募集是其发展的源头之水,因此众多投资者的参与是其壮大的必要条件,尤其是金融机构更是其中坚力量。近年来虽然我国的各类金融机构在自身利益的驱动之下纷纷涌入股权投资市场,但相比较发达国家的股权投资中有2/3的资金来源于金融资本,显然比例就相对太低。在个人投资者中,一方面,由于一般股权投资的门槛较高;另一方面,长期股权投资的封闭和回报周期较长,在我国资本市场发育尚待完善、广大投资者大多缺乏理性的情况下,投机情绪较强,因而认同和接受还需要一定的过程。

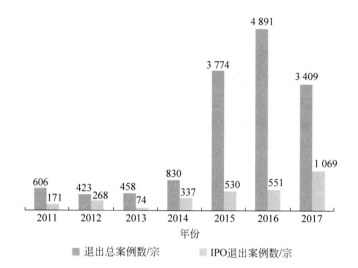

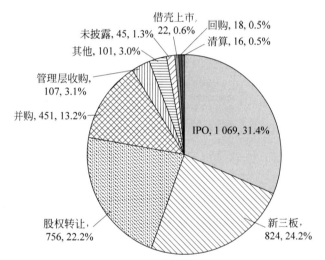

图 2-7 2011—2017 年中国早期投资/VC/PE 退出数量和退出方式（按退出案例数，宗）

数据来源：清科数据研究中心，《2017 年中国股权投资市场回顾与展望》。

注：1 宗退出交易指 1 只股权投资基金从 1 家被投企业退出，如 N 只股权投资基金从 1 家企业退出，则记为 N 宗。

② 法律政策不统一。目前我国还没有《股权投资基金管理办法》的事实，让股权投资基金在法律上没有正式的地位，各地区、各部门在对其监管上都存在政策的不统一。

③ 股权投资人才缺乏，机构管理水平尚待提升。股权投资是对专业化要求很高的行业，因此具有国际水准的基金管理人才是发展中国股权投资的必备条件。但目前我国本土的股权基金在人才队伍、经验、基金管理的诚信建设、消除内部人控制诸方面还有很大差距。

本章小结

现代意义上的股权投资起源于 1946 年 ARD 的创办,经历了萌芽、发展、成长和成熟四个阶段,在美国和欧洲形成了股权投资两个重镇。中国的股权投资经历了起步阶段、调整发展阶段、快速发展阶段和转型发展阶段。从历史趋势中可以看出,经济发展水平、资本市场和监管制度是影响股权投资发展的最重要因素。

本章主要内容如图 2-8 所示。

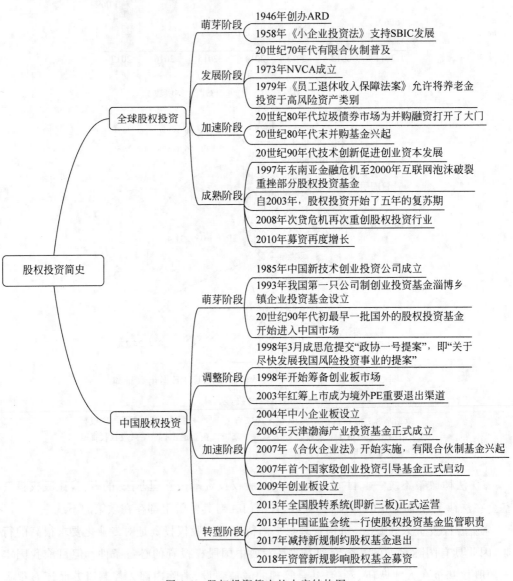

图 2-8 股权投资简史的内容结构图

关键术语

股权投资基金(private equity,PE)
杠杆收购(leveraged buyout,LBO)
夹层融资(mezzanine finance)
垃圾债券(junk bond)
有限合伙制(limited partnership)

练习思考题

1. 请查阅 Preqin 和清科最新的年度报告,了解股权投资行业有哪些新变化。
2. 请查阅英国和中国已上市的股权投资企业有哪些。
3. 请结合全球股权投资的现状,参考以往股权投资的发展历程,针对我国目前股权投资的不足之处提出自己的建议。

案例分析:KKR的业务模式①

科尔伯格-克拉维斯(KKR)集团,又被华尔街称为"门口的野蛮人",是华尔街最老牌的杠杆收购天王,也是全球最大的私募股权(PE)之一。对于刚起步不久的国内众多 PE 而言,无论是不同业务的配比、退出方式的选择、多元化业务的拓展方向,KKR 无疑是一面最好的镜子。

收入主要来自投资收益

总部设立在纽约市的 KKR 是全球首屈一指的 PE 机构,截至2013年6月底,其总资产高达835亿美元,投资者包括企业养老基金、社会养老基金、金融机构和保险公司等。

KKR 的历史可以追溯到1976年,最早以收购、重整企业为主营业务,尤其擅长杠杆收购(LBO)和管理层收购(MBO),在过去30年中,KKR 累计完成了146项私募投资,交易总额超过2 630亿美元。

根据 KKR 官网和 KKR 投资推介材料,其业务主要分为三块:私募股权市场、二级市场以及承销/直投市场,其中私募股权市场有四个收入来源,分别是管理费(募集资金的1‰~2‰)、受资企业监管费(GP80%、LP20%)②、交易费(GP80%、LP20%)以及收益分成(收取20%)。

KKR 2013年财报显示,其私募市场业务的管理费用为5.93亿美元,投资收益为7.96亿美元;公开市场业务管理费用为2.9亿美元,投资收益为3 752万美元;资本市场部管理费用为1.46亿美元,投资收益9.56亿美元。三项业务管理费用总计10.29亿

---

① 资料来源:赵阳戈. 解密"PE工厂"九鼎投资[EB/OL]. 每日经济新闻,2014-05-12.
② GP 指普通合伙人(general partner),LP 指有限合伙人(limited partner)。

美元,投资收益总计17.89亿美元,两者占比分别为36%、64%。由此可见,其收入更倚重投资收益。

退出路径从IPO转向并购

区别于国内PE普遍通过IPO退出,以KKR为主的海外私募股权企业更多地以并购方式退出,这种退出方式的差异和资本市场的形势相关。

KKR的投资此前也以IPO退出为主,但在2012年受全球IPO市场不景气影响,并购退出逐渐成为主流选择。根据研究公司CAPITAL IQ统计,1986—1989年,KKR的IPO退出占比高达88%,并购退出仅占12%;但到了2012年,其并购退出占比已飙升至87%,IPO退出萎缩至9%,剩余的PE转售比重为4%。

KKR最经典的并购退出案之一,是20世纪80年代末收购劲霸电池(Duracell)。当时劲霸电池仅是食品加工巨头克拉福特的一个事业部,在经过众多买家长达5个月的角逐后,KKR终于以18亿美元的天价(至少高出竞争对手5亿美元)得到劲霸,随后劲霸35位经理共投入630万美元购买股份,而KKR给每一股分配5份股票期权,让35位经理拥有公司9.85%的股权,这大大激发了管理层的积极性。

收购后的第一年,劲霸现金流猛升50%,此后以每年17%的增速狂飙。在这种情况下,KKR调整了管理层权限,将CEO坎德的资本投资权限从收购前的25万美元提升至500万美元的水平,同时把管理下级经理报酬的权力完全交给了他。

1991年5月,即完成收购劲霸3年后,KKR将后者运作上市,IPO价格定为15美元,但KKR并没着急退出,而是通过二次配售股票和分红带来的投资收益,将当年收购劲霸时借来的6亿美元债务偿清。5年后,KKR将劲霸出售给吉列公司,每1股劲霸股票可换1.8股吉列股票,总价值相当于72亿美元,基本通过并购完成了退出。

当然,热衷并购退出的不只是KKR,根据CAPITAL IQ的资料,全球前九大PE均为并购基金,包括KKR、黑石(BLACKSTONE)、凯雷、APOLLO等,而全球交易额最大的10宗PE收购均为上市公司私有化,其中最大的一笔是KKR、高盛等8家机构联合收购公用设施网络商TXU,作价445亿美元。值得注意的是,这10宗并购有4家为消费行业企业,体现了PE对高现金流企业的偏好。

另据公开资料显示,海外PE最常见的并购退出,其中战略性企业买方占比超过40%,并购-PE转售比重为25%,IPO为14%;从投资时间看,PE持有项目的期限中值为6年,有接近80%的投资周期在10年以内。

令人惊讶的是,尽管KKR的私募股权业务规模高达数百亿美元,但其仍保持着极高的内部收益率(IRR),2013年年报显示,1976—2013年底其投资期限超过36个月的项目IRR为26%,远超标普500指数11.9%的IRR,以及MSCI全球指数9.3%的IRR。

开发多项二级市场业务

除了擅长私募股权投资外,KKR早已将业务扩展到了二级市场和最传统的投行业务——承销上,其中二级市场大部分业务都是从2010年以后开始的,包括夹层投资、另类投资、贷款、股权策略和基金中基金(FOFs)等。

根据 KKR 官网披露,其公开市场业务由三家公司承载,包括 KKR 资产管理、PRISMA 资本合伙人公司和 KKR 金融控股,其中 KKR 资产管理在与企业股权和信贷相关的各个领域进行投资,覆盖杠杆信贷策略、流动多/空股权策略和另类信贷策略,如夹层投资、特别情况投资和直接高级贷款等;PRISMA 资本合伙人公司则专注于量化投资,通过多元化的策略、风格及/地域分布,实现各类风险与回报目标。

KKR 有三大私募股权业务也是从 2010 年后才开展的,包括能源、基础设施和房地产。KKR 表示,多年来,公司不断在能源和基础设施领域进行投资,针对不断增长的市场需求,积极把握投资机遇,提供所需的资本支持;而在房地产业务方面,则为房地产业主、贷款机构和开发商等提供直接购买或融资业务。

思考题

(1) 与最初创立相比,KKR 的业务结构发生了哪些变化?
(2) 请参考 KKR 的收入结构,分析中国的股权投资机构未来可能开展的业务方向。

参考文献

[1] 叶有明著.股权投资基金运作:PE 价值创造的流程[M].上海:复旦大学出版社,2012.
[2] 王颖.私募股权投资现状、机遇与发展建议[J].理论探索,2010,(6):68-71.
[3] 王鹏.浅析中国私募股权投资的现状与未来发展[J].商业文化,2012,(5):146-147.
[4] 李靖.全球私募股权投资发展的历程、趋势与启示[J].海南金融,2012,(5):33-38.
[5] 樊志刚,赵新杰.全球私募基金的发展趋势及在中国的前景[J].金融论坛,2007,(10):3-8.
[6] 顾加宁.国际私募股权基金行业现状及对我国的启示[J].国际融资,2009,(1):63-68.
[7] 王磊.我国私募股权投资的融资研究基于中美比较的视角[D].西安:西北大学,2009.
[8] 李立新,雷良海.我国私募股权投资发展现状与趋势分析[J].电子制作,2013,(7):285.
[9] 孙玉美.中国私募股权投资的现状与发展初探[J].特区经济,2010,(5):107-108.
[10] 李立.中国私募股权投资发展的问题及对策研究基于制度经济等视角的分析[D].长春:吉林大学,2009.
[11] 李建华,张立文.私募股权投资信托与中国私募股权市场的发展[J].世界经济,2007,(5):74-84.
[12] 关旭南.中美私人股权基金业发展史及政府投资的比较研究[D].北京:北京邮电大学,2010.
[13] 欧阳娣.我国私募股权投资基金现状与效应研究[D].兰州:西北师范大学,2015.
[14] Tiffany Liu(刘爽).中国私募股权投资现状和发展趋势[D].杭州:浙江大学,2016.
[15] 李然然.中外私募股权投资法律制度的比较研究[D].青岛:中国海洋大学,2012.
[16] 唐青云.私募股权投资的行业与阶段选择研究[D].长沙:湖南大学,2013.
[17] 董运佳.美国私募股权投资基金研究[D].长春:吉林大学,2009.
[18] 李靖.全球私募股权投资发展的历程、趋势与启示[J].海南金融,2012,(5):33-38.
[19] 黄晓捷,马尧,翟彦垒.全球私募股权投资基金的发展与启示[J].国际金融,2008,(8):56-60.
[20] 樊志刚,赵新杰.全球私募基金的发展趋势及在中国的前景[J].金融论坛,2007,(10):3-8.
[21] 刘涛.私募股权投资:现状、机遇与发展建议[J].现代交际,2016,(4):54-55.
[22] 郭唱.私募股权投资的现状与其建议探索[J].时代金融,2017,(29):203.
[23] 何伟.我国私募股权投资基金的现状问题及对策[J].金融经济,2017,(22):10-12.
[24] 清科数据:2017 中国股权投资市场年报[R].清科研究中心,2017.

[25] 清科观察:《2017年中国股权投资新机构投资策略研究报告》发布新机构攻城掠地另辟蹊径,深耕细作抢占制高点[R].清科研究中心,2017.
[26] 清科观察:2017年前三季度VCPE机构IPO退出业绩揭晓,达晨创投16家IPO领跑市场.
[27] 清科数据:新三板企业拟IPO之路遇阻 过会成功率明显下降.
[28] 国务院办公厅关于建设第二批大众创业万众创新示范基地的实施意见.国办发〔2017〕54号.
[29] 上市公司股东、董监高减持股份的若干规定.中国证券监督管理委员会公告〔2017〕9号.
[30] 关于创业投资企业和天使投资个人有关税收试点政策的通知.财税〔2017〕38号.
[31] 上市公司非公开发行股票实施细则(2017修订).中国证券监督管理委员会公告〔2017〕5号.
[32] 关于发布《证券公司私募投资基金子公司管理规范》及《证券公司另类投资子公司管理规范》的通知.中证协发〔2016〕253号.
[33] 国家发展改革委关于印发《政府出资产业投资基金管理暂行办法》的通知.发改财金规〔2016〕2800号.
[34] 关于就《中国证监会关于开展创新创业公司债券试点的指导意见(征求意见稿)》公开征求意见的通知.
[35] 徐欣.解密九鼎投资,PE基金高回报背后的资本故事[J].商业文化,2016,(22):50-55.

3 基金的设立

学习目标

- 了解股权投资基金的组织形式
- 理解有限合伙制股权投资基金的优缺点
- 了解有限合伙制股权投资基金的设立条件和设立程序
- 了解股权投资基金的治理结构

3.1 基金的组织形式

股权投资基金(private equity fund)是指以非公开方式向特定对象募集设立的对非上市企业股权或者上市公司非公开交易股权进行投资的非证券类投资基金[①],本书中有时也称之为股权基金。它通常由股权投资基金管理企业作为主要发起人设立的,在基金设立后股权投资基金管理企业通常也是管理运作股权投资基金的唯一或主要企业。股权投资基金管理企业可以采用股份有限公司的形式,也可以采用有限责任公司的形式。而股权投资基金可以依法采取公司制、信托制、有限合伙制等企业组织形式。举例来说,中国国有企业结构调整基金是以公司制注册的,它的公司名号是中国国有企业结构调整基金股份有限公司,而基金管理人是诚通基金管理有限公司。

根据中国证券投资基金业协会公示的数据,截至2019年12月底,存续私募股权、创业投资基金管理人14 882家;存续备案私募股权投资基金(含相应FOF基金)28 490只,基金规模8.59万亿元;创业投资基金(含相应FOF基金)7978只,基金规模1.15万亿元。已备案的股权投资企业的主流形式是有限合伙企业,但在已备案的产业基金中,组织形式大部分为有限责任公司,少数为股份有限公司及有限合伙企业。

3.1.1 公司制基金

公司制股权投资基金指的是根据《公司法》设立,以有限责任公司或股份有限公司形

[①] 2008年12月8日,《国务院办公厅关于当前金融促进经济发展的若干意见》(国办发〔2008〕126号),明确提出"股权投资基金"的术语。

式运作的股权投资基金。公司制股权基金一般委托另外的专业投资机构作为基金管理人。这类基金的架构如图 3-1 所示。

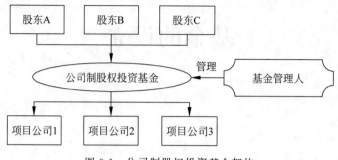

图 3-1　公司制股权投资基金架构

公司制股权投资基金具有如下优点：

(1) 投资人享有股东权益。

投资人对公司制基金的投资是一种权益投资，它直接构成公司的股本。公司制基金的资产为投资人（即股东）所有，股东选举董事会，由董事会决定是由发起人本身或其相关机构，还是挑选其他专业的基金管理人来具体负责管理基金业务。作为公司制基金投资人的股东享有法律赋予的权益，比如参加股东大会，监督资金的投资去向和投资效果，参与特定事项的投票表决，这样能有效避免基金管理人自身的道德风险，监督基金资产的安全和增值，最大限度上保障投资人的合法权益。

(2) 基金便于多元融资。

公司制基金本身具有法人资格，依据公司章程按照公司的模式来运营。根据业务发展的需要，既可通过增资扩股，也可通过正常途径、在许可范围内向银行融入资金来扩大基金规模，公司发展后劲较足。而目前我国的契约型基金因受到制度和政策的限制，根本不可能向银行融入资金，遇有资金压力，往往一筹莫展。

(3) 投资人仅在出资范围内承担责任。根据《公司法》第 3 条的规定，公司是企业法人，有独立的法人财产，享有法人财产权，公司以其全部财产对公司的债务承担责任；有限责任公司的股东以其认缴的出资额为限对公司承担责任。对于投资者而言，公司制基金是一个防范法律风险与责任的有效组织形式。

公司制股权投资基金的缺点主要在于自然人股东面临双重纳税。所谓双重纳税，是指一方面公司制股权投资基金作为法人主体，需要依法缴纳企业所得税；另一方面投资人作为基金公司股东在获得分红后还要缴纳个人所得税。

3.1.2　有限合伙制基金

有限合伙制股权投资基金是指以有限合伙制企业形式运作的股权投资基金。有限合伙制企业是介于有限责任制公司和合伙制企业之间的一种企业组织形式。有限合伙基金是指一名以上普通合伙人（general partner, GP）与一名以上有限合伙人（limited partner, LP）所组成的合伙。其中，有限合伙人不参与有限合伙企业的运作，不对外代表组织，只按合伙协议比例享受利润分配，以其出资额为限对合伙的债务承担清偿责任。普通合伙人一般为基金管理人参与合伙事务的管理，分享合伙收益，每个普通合伙人都对合伙债务负无限责任或者连带责任。

有限合伙制股权投资基金的架构如图 3-2 所示。

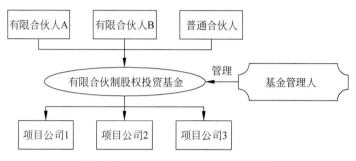

图 3-2　有限合伙制股权投资基金架构

有限合伙制股权投资基金具有如下优点：

（1）可以抑制代理问题。有限合伙制可以最大限度地发挥激励约束机制的作用，减少委托代理和监督成本。一方面，普通合伙人无限责任的存在，使得普通合伙人谨慎经营，避免利用有限合伙组织从事侵害有限合伙人利益的不当行为，在一定程度上缓解了所有权与经营权分离后产生的代理问题。另一方面，有限合伙协议中约定一系列的激励条款，普通合伙人可以按一定比例分享基金的超额收益，从而将基金管理人利益与投资者利益有效捆绑。

（2）可以提高运作效率。由于有限合伙不存在复杂的层级结构，有限合伙人不参与日常的生产经营，投资策略的制定和具体的经营管理活动均由普通合伙人操作，内部沟通与决策便捷，决策意见容易统一，这样可以提高运作效率。

（3）可以避免双重纳税。公司制基金具有独立的法人地位，是纳税主体，故需要就所得利润缴纳企业所得税。而有限合伙制和信托制基金不是所得税的纳税主体，所得税由合伙人或委托人缴纳，从而可有效地避免公司制基金双重纳税的问题。

有限合伙制基金的税收政策可以从基金层面和投资者层面两个角度来理解。

一是在基金层面，根据财税〔2008〕159号文件，合伙企业采取"先分后税"的原则，以每一个合伙人为纳税义务人，合伙企业合伙人是自然人的，缴纳个人所得税；合伙人是法人和其他组织的，缴纳企业所得税。因此在基金层面，有限合伙制基金无须缴纳企业所得税。

二是在投资者层面，投资者从合伙制基金分得的收入包括两类：合伙制基金从被投资企业分得的股息、红利等投资收益和基金退出时合伙制基金通过股权转让抵减投资成本后的所得。

若合伙制基金的投资者是企业，根据财税〔2008〕159号文件确定的原则，企业投资者取得的基金退出时通过股权转让抵减投资成本后的所得需要按照25%的税率缴纳企业所得税。

但是，企业投资者通过合伙制基金投资于被投资企业，是否属于《企业所得税法实施条例》规定的"居民企业之间的直接投资"，其取得的股息、红利等权益性收益是否能够免税，目前存在理解和实务操作上的不一致之处。根据避免重复征税的原则，企业投资者应无须再缴纳企业所得税。从实务来看，部分地区已经明确该类收入企业投资者不需缴纳企业所得税，如北京、深圳地区。

有限合伙制股权投资基金具有如下缺点：

(1) 治理结构缺少制衡。

有限合伙制股权基金在决策、执行、监督职能方面没有严格的组织机构分工，其管理体制实质是一种高度集权的个人负责制，普通合伙人集决策、执行于一身。有限合伙人虽然对企业的经营管理享有建议权，对有限合伙事务执行拥有监督权和提起诉讼的权利，但由于缺乏组织保障或咨询委员会（LP advisory committee）运作低效，信息不对称，以及高昂的诉讼成本与缺乏诉讼保障机制，致使这些权利很难顺利地实现。当普通合伙人出现对股权投资市场判断失误，做出错误决策，或者不按合伙协议约定权限执行合伙事务时，往往缺乏纪律性的矫正机制。

(2) 存在道德风险。

普通合伙人的无限连带责任，在我国目前缺乏个人财产登记制度和个人破产制度的环境下，事实上难以落实，因此，有限合伙制股权基金的道德风险依然存在。

(3) 存在信息不对称问题。

有限合伙人全权委托普通合伙人执行合伙企业的投资事务，故有限合伙人与普通合伙人之间存在着信息不对称问题，有限合伙人对普通合伙人无法实施有效的监督，现实中有限合伙制股权基金完全有可能是在软约束或基本不存在约束的情况下运作。

3.1.3 信托制基金

信托制股权投资基金，是指投资者以非公开方式与发起人订立信托合同，或投资者通过认购信托单位或信托受益权份额，将自己的资金信托给发起人，由发起人将资金以组合方式投资于非上市企业股权或上市公司非公开发行股权，并将收益按照信托合同的约定交付给受益人的资产管理模式。

信托制股权投资基金的架构如图3-3所示。

当前，信托公司开发股权投资基金产品，按角色不同可分为以下两类。

(1) "融资"类股权投资基金

在"融资"类股权投资基金中，信托公司与投资管理公司依照专业化进行分工：前者

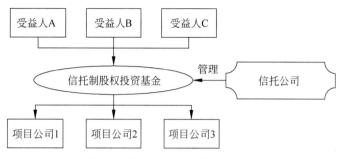

图 3-3　信托制股权投资基金架构

负责信托资金的募集与清算、信托财产的监管；后者负责寻找投资项目、融资企业管理与变现退出。

(2)"融资＋管理"类股权投资基金

在"融资＋管理"类股权投资基金中，信托公司不仅负责信托资金募集，而且还从事具体的投资管理工作。信托公司也可从外部引入投资顾问，后者在投资项目筛选、投后管理和变现退出方面为信托公司提供智力支持。投资顾问收取的费用包括每年固定的咨询费和项目退出变现后按投资收益计算的浮动绩效费两部分。

信托型股权投资基金具有如下优点：

① 信托实行三方分离的安排，最大化保护投资者利益

委托人、受托人和托管人三方分离，受托人负责信托财产的投资管理，托管人侧重信托财产的保管，两者相互制约，确保信托资金高度安全，最大限度地保护投资者利益不受侵犯。

② 受托人原则上不承担无限连带责任

根据《信托法》第 37 条规定，受托人违背管理职责或者处理信托事务不当对第三人所负债务或者自己所受到的损失，以其固有财产承担。也就是说，在信托制基金中只有在受托人违背受托义务或法律法规的情况下才对资金亏损承担责任，而对于一般情况下基金投资的亏损无须承担责任。

③ 避免双重征税

信托作为一种法律关系通常不被视为法律实体，而是被当作一种财产流动的管道，其本身不构成纳税实体，流动产生的收益所得税应当由受益人直接缴纳。信托收益可以不征税，只有当受益人取得信托收益时才需要就此缴纳个人所得税或企业所得税，这样可以有效降低投资人的税收负担。

信托制股权投资基金具有如下缺点：

① 资金有闲置期

信托资金往往是一次性募集，但是股权投资基金业务运作时需要根据每个具体项目投资进行资金的分阶段投入，信托募集资金可能出现暂时闲置现象。

② IPO 退出渠道不畅

按照《信托法》规定,受托人对委托人、受益人及信托事务负有保密义务;信托制股权投资基金持有拟上市企业权益实则是代委托人持有,信托财产股东难以确认。另据相关上市公司信息披露制度有关规定,上市公司必须披露企业实际持股人。正是由于存在以上政策性冲突,为避免导致隐名股东的存在,证监会在审批 IPO 时并不支持信托股权投资基金作为 IPO 公司的原始股东。

③ 信托财产登记法律法规不完善

虽然《信托法》规定了信托登记制度,而且登记生效也符合《物权法》《民法》等"物权公示"原则的基本要求,但由于缺少一个明确的权责主体及配套可执行的法规体系,致使在实践中信托存续效力和信托财产物权属性难以得到法律保护。倘若能够完善信托登记制度,使信托契约公示化,就能缓解各方因信息不对称带来的问题,保护投资者合法权益。

④ 股权出让存在制度性障碍

在产权交易渠道方面,因缺少相关配套法律法规、过高税费以及监管滞后等原因,加大了信托制股权投资基金退出成本;在并购交易方面,则受制于《公司法》之规定有限公司股东转让股份需经半数股东同意;在非股权投资基金股东或管理层回购股权投资基金所持股份方面,属大陆法系之"原则禁止,例外允许"情况,即原则上不允许以公司法人身份回购自己已发行在外的股份,但规定了几种例外情况,同时在回购额度与保留时间方面给予了严格限制,可参见《公司法》第 75 条及第 143 条等的规定,因此导致信托股权投资基金退出存在较大的合规性障碍。

3.1.4 三类基金的比较

公司制、有限合伙制和信托制三种不同基金的架构之间在法律地位、收益分配、监督机制、责任形式、投资主体、税收安排、投资回收、管理人员、债务承担方式等方面具有不同的特点。

股权投资基金的三种组织模式的比较还可以通过表 3-1 反映出来。

表 3-1 股权投资基金三种组织模式比较

项目	公司制	有限合伙制	信托制
法律地位	基于《公司法》的委托代理关系,具有法人资格,可永续存在	基于《合伙企业法》的合伙关系,不具有法人资格,在规定期限内存续	基于《信托法》与《合同法》的信托关系,不具有法人资格,在规定期限内存续
收益分配	管理人参与利润分成,比例由董事会提出方案并经股东会通过	管理人参与利润分成,比例由合伙协议约定;管理人同时承担无限责任	管理人一般不参与基金的利润分成,只收取基金管理费用

续表

项目	公司制	有限合伙制	信托制
监督机制	基金投资人作为股东,借助公司治理机制参与基金的经营管理,干预管理人的投资行为	通过合伙协议约定相关条款,或由有限合伙人组成咨询委员会进行监督	通过相关协议规定,或基金持有人大会(现实中很少召开)对基金管理人实行制约,但此种制约并不影响管理人的投资行为
责任形式	不良的考核或激励机制容易导致经理人的一系列短期行为。经理人经营活动的风险较难被基金投资者所控制	合伙协议中的部分条款可形成风险控制内容,如要求管理人投入更多的自有资本,以摊薄投资者风险	在契约规定下,投资者对与管理人的经营活动有关的行为,无权直接进行干预。基金投资者对经理人经营活动的风险较难控制
管理人	股东决定	普通合伙人	信托公司
投资主体	股东	有限合伙人	信托契约当事人
税收安排	基金层面须缴企业所得税,且须为个人股东代扣代缴个税,属于二级税负制	基金层面无企业所得税,为个人投资者代扣代缴个税。属一级税负制	信托本身无须缴纳所得税和资本利得税。只对投资者取得的收益缴纳所得税。属一级税负制
投资回收	分红、转让或减资收回	存续期结束后清算收回	存续期结束后清算收回
债务承担方式	出资者在出资范围内承担有限责任	普通合伙人承担无限责任,有限合伙人以认缴出资额为限承担有限责任	投资者以信托资产承担责任

3.2 基金的设立流程

3.2.1 公司制基金的设立与备案

(1) 设立条件

根据《公司法》的相关规定,设立有限责任公司,应当具备下列条件:股东符合法定人数(50个以下);有符合公司章程规定的全体股东认缴的出资额;股东共同制定公司章程;有公司名称,建立符合有限责任公司要求的组织机构;有公司住所。

根据《公司法》的相关规定,设立股份有限公司,应当具备下列条件:发起人符合法定人数(2人以上,200人以下);有符合公司章程规定的全体发起人认购的股本总额或者募集的实收股本总额;股份发行、筹办事项符合法律规定;发起人制定公司章程,采用募集方式设立的经创立大会通过;有公司名称,建立符合股份有限公司要求的组织机构;有公司住所。

(2) 设立步骤与备案

名称预先核准：根据《公司登记管理条例》第 17 条的规定，设立公司应当根据所在地工商登记机构的流程要求进行名称预先核准。设立有限责任公司，应当由全体股东指定的代表或者共同委托的代理人向公司登记机关申请名称预先核准；设立股份有限公司，应当由全体发起人指定的代表或者共同委托的代理人向公司登记机关申请名称预先核准。

申请设立登记：在名称核准通过后，需要依据《公司法》《公司登记管理条例》以及所在地工商登记机构的要求提交设立登记的一系列申请材料。公司登记是公司登记机关对公司法人团体资格确认的一种法律宣告。

领取营业执照：申请人提交的申请材料齐全，符合法定形式，登记机构能够当场登记的，应予当场登记，颁发营业执照。公司营业执照签发日期为公司成立日期。领取营业执照后，还应该刻制企业印章，申请纳税登记，开立银行基本账户等。

基金备案：按照现行自律规则的要求，基金管理人应当在基金募集完毕后限定时间内通过中国证券投资基金业协会的产品备案系统进行备案，根据要求如实填报相关基本信息。

3.2.2 有限合伙制基金的设立与备案

(1) 设立条件

根据《合伙企业法》的相关规定，设立有限合伙企业，应当具备下列条件：有限合伙企业由 2 个以上 50 个以下合伙人设立，但是法律法规另有规定的除外，有限合伙企业至少应当有一个普通合伙人；有书面合伙协议；有限合伙企业名称中应当标明"有限合伙"字样；有限合伙人认缴或者实际缴付的出资；有限合伙人可以用货币、实物、知识产权、土地使用权或者其他财产权利作价出资（但有限合伙人不得以劳务出资，在股权投资基金领域，合伙人也通常只以货币形式出资）；有生产经营场所；法律法规规定的其他条件。

(2) 设立步骤与备案

公司制基金与合伙型基金均由工商登记机构进行登记管理，因而设立步骤相同，分别为名称预先核准、申请设立登记、领取营业执照和基金备案。

3.2.3 信托制基金的设立与备案

根据相关法律法规的规定，信托制基金的设立不涉及工商登记的程序，通过订立基金合同明确投资人、管理人及托管人在基金管理业务过程中的权利、义务及职责，确保委托财产的安全，保护当事人各方的合法权益。

基金备案要求与其他组织形式基金一致，应由管理人在基金成立日起限定日期内到中国证券投资基金业协会办理相关备案手续，基金在中国证券投资基金业协会完成备案后方可进行投资运作。

3.3 基金的治理结构

股权投资基金的组织形式不同,其治理结构也不同,具体差别如下。

公司制股权投资基金一般由两个或两个以上股东共同出资设立,董事会可以自己管理,也可以聘请专业的投资管理机构来管理。但公司制的组织形式因为决策的层级较多,投资决策效率较低,股东面临着双重纳税的问题,如此一来,投资者的投资收益会大打折扣。因此,公司制的优越性大大降低。公司制股权投资基金治理结构如图 3-4 所示。

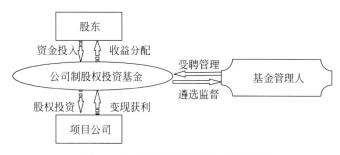

图 3-4 公司制股权投资基金治理结构

信托制股权投资基金是一种基于信托关系而设立的集合理财方式,投资者(信托人)将资金交给受托人(基金管理人)管理。投资者以其投入的资金为限承担有限责任,基金管理人按照约定收取管理费,并按一定的比例收益提成,而这些都与业绩挂钩,因此在投资项目选择,以及后续管理和退出上,基金管理人都会尽心尽力,实现投资收益。信托制股权投资基金治理结构如图 3-5 所示。

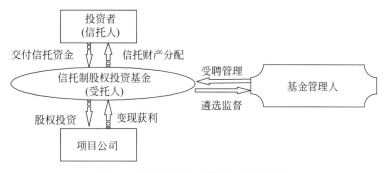

图 3-5 信托制股权投资基金治理结构

有限合伙制基金由普通合伙人(GP)和有限合伙人(LP)经协商并签订有限合伙协议成立。有限合伙人,即基金的投资者,一般出资占 99%,以出资额为限承担有限责任,不参与具体经营管理。基金收益的 75%~85% 由有限合伙人获得。普通合伙人,即基金管理人,他们承担一小部分出资(大约占基金总额的 1%),负责基金的管理和投资决策,并对外承担无限连带责任,在激励制度上,基金管理人按基金总量的1%～3%收取日常管理费,并按基金收益的15%～25%获得回报。在这种组织结构下,基金管理人会尽职尽责地经营基金,追求投资收益最大化,并且有限合伙制避免了双重纳税问题,所以广受欢迎。有限合伙制股权投资基金治理结构如图3-6所示。

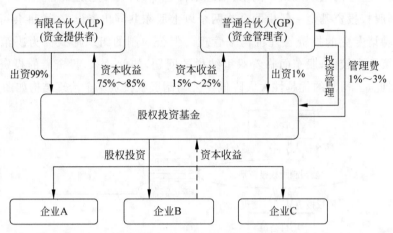

图 3-6　有限合伙制股权投资基金治理结构

有限合伙制和信托制相较公司制而言,都有着治理结构上的优势。相对于垂直型、较为刚性的公司制,由于独特的破产隔离功能,信托制通过安排灵活、有效的激励约束机制,以信托契约募集投资者的资金,并交给专业的管理机构进行信托投资,它不仅有利于监督、有效保护投资者利益,还可保障专业人员投资管理的独立性,也可减轻税负,因此有利于降低代理成本。有限合伙制的治理结构由于规定了报酬结构、声誉机制和直接限制条款等特殊治理机制,使得其具有明显的结构性效率,它能有效地解决利益相关者的矛盾,这种适应性效率也使得它成为主流的股权投资基金治理结构。

三种不同基金的治理机制参见表3-2。

表 3-2　三种不同基金的治理机制

	公司制	信托制	有限合伙制
税收地位	双重纳税	避免双重纳税	避免双重纳税
信息披露	高	中	低
适用法律	《公司法》	《信托法》	《合伙企业法》
激励机制	(1) 经理人可以参与利润分配,但限制较大 (2) 根据经营者绩效建立年薪制度或期权等方案	(1) 投资专家不参与利润分成 (2) 基金管理人享有一定比例的管理费和业绩报酬 (3) 基金管理人有充分的支配权和决策权	(1) 普通合伙人与有限合伙人的利润分配一般为2∶8 (2) GP按基金认缴或实缴规模的1%～2%收取年管理费

续表

	公 司 制	信 托 制	有限合伙制
约束机制	（1）经理人富有管理义务，需承担过错责任 （2）投资者按注册资本比例承担有限责任 （3）股东大会、董事会、经理层和监事会相互制衡	（1）基金经理人承担有限责任，对过错负有责任 （2）投资者不承担责任 （3）基金存续期有限，分期缴纳，强化利润分配政策 （4）基金经理人全权负责，但受到基金托管人的监管	（1）合伙人不得自营或者同他人合作经营与本合伙企业相竞争的业务 （2）除合伙协议另有约定或者经全体合伙人一致同意外，合伙人不得同本合伙企业进行交易 （3）合伙人不得从事损害本合伙企业利益的活动 （4）合伙企业对其债务，应先以其全部财产进行清偿
投资风险	基金管理人作为公司的股东，以其出资额为限对公司的债务承担有限责任，避免投资失败风险的积极性较低	基金管理人一般不会参与基金的利润分成，只收取基金管理费，其降低投资失败风险的诉求更低	基金管理人要对合伙企业的债务承担无限责任，管理人出于自身的风险考虑会努力经营以降低投资失败的风险

3.4 基金的纳税

3.4.1 增值税

增值税的纳税人可以划分成两类，一般纳税人和小规模纳税人。一般纳税人的标准为：工业企业，销售额要超过50万元；商业企业，销售额要超过80万元。

如果基金公司的销售额没有达到上述标准，可以向主管税务机关提出一般纳税人的申请，一般只要会计核算健全，有固定的生产经营的场所，即可给予一般纳税人的资格。

（1）公司制和合伙制的增值税

对于增值税来讲，公司制的和合伙制的主体从增值税的纳税主体来说，都是应当缴纳增值税的单位，二者在增值税上是不存在差异的。

① 股权转让缴纳的增值税。根据营改增政策的延续性，股权转让不征收增值税。上述股权转让的情形，只针对纯股权转让，没有通过像新三板这样的交易平台。股权基金在退出时经过新三板的转让，是否交增值税现在国家税务总局尚没有明确规定，各地也有不同的政策。如果股权是通过新三板进行转让，它即具有了金融商品属性，可以按照金融商品转让的增值税目来征收增值税。

② 管理费部分缴纳的增值税。对于公司制和有限合伙制基金管理人，管理费的收入需要缴纳增值税，一般纳税人税率按照6%，小规模纳税人税率按照3%。个人作为管理

人,统一按照小规模纳税人3%来缴纳增值税。咨询收入按照6%,或者是小规模3%的比例来缴纳增值税。

③ 业绩报酬部分缴纳的增值税。按照增值部分的20%提取。业绩报酬是否缴纳增值税存在争议。主要在于对这个收益的定性上,业绩报酬是属于投资收益,还是属于因提供劳务所取得的服务的收入。对这一性质认定的不同,会导致不一样的税费,若为投资收益,则不需要缴纳增值税,只缴纳所得税。若为类似于服务、劳务的收益,除了缴纳所得税之外,还要缴纳增值税。实务中对业绩报酬从会计处理到合同签订上一般都不体现服务性的概念,而是体现为投资收益的概念来处理。

(2) 信托制基金的增值税

由于信托制基金是多方通过基金合同的形式组成,不确认它为纳税主体,因此按照纳税主体征税原则不缴纳增值税,但不包括管理人和投资者。

3.4.2 所得税

(1) 公司制基金的所得税

公司制基金具有独立的法人地位,是纳税主体,故需要就所得利润缴纳企业所得税。

在基金层面,基金对外投资所得主要包括从被投资企业分得的股息、红利等权益性投资收益和基金退出时通过股权转让抵减投资成本后的所得。根据《企业所得税法》第26条和《企业所得税法实施条例》第83条的规定,居民企业直接投资于其他居民企业取得的股息、红利等权益性投资收益为免税收入。因此公司制基金从被投资企业分得的股息、红利等权益性投资收益无须缴纳企业所得税。基金退出时通过股权转让抵减投资成本后所得,一般应按照基准税率即25%缴纳企业所得税。

在基金投资者层面,因投资者性质不同,纳税方式也不同。如果投资者是企业,从基金分得的股息、红利等权益性投资收益属于居民企业之间的直接投资,免交所得税。企业投资者通过转让其所持有的公司制基金的股权而退出基金的,转让股权抵扣投资成本后所得应缴纳25%的企业所得税。

(2) 合伙制基金的所得税

合伙制基金层面不缴纳所得税。《合伙企业法》第六条:"合伙企业的生产经营所得和其他所得,按照国家有关税收规定,由合伙人分别缴纳所得税。"其中,合伙企业包括普通合伙企业和有限合伙企业。这就意味着有限合伙制股权基金在基金层面不收取所得税。

投资者层面缴纳所得税。根据财税〔2008〕159号文的规定,合伙企业是以每一个合伙人作为一个纳税义务人,如果合伙企业合伙人是自然人的缴纳个人所得税,合伙人是法人和其他组织的缴纳企业所得税。合伙企业生产经营所得和其他所得采取"先分后税"的原则。

前款所称的生产经营所得和其他所得,包括合伙企业分配给所有合伙人的所得和企业当年留存的所得。如果分配了一部分,那对于尚未分配的,当年留存的部分也要申报相关所得税。

如果 LP 投资者为个人投资者,收益的不同来源适用的税率是不同的。投资者个人的利息、股息、红利收入,根据《国家税务总局〈关于个人独资企业和合伙企业投资者征收个人所得税的规定〉执行口径的通知》(国税函〔2001〕84 号),按"利息、股息、红利"缴纳个人所得税,即按 20% 税率交税。投资者个人的股权退出收益,根据《财政部、国家税务总局关于调整个体工商户业主、个人独资企业和合伙企业自然人投资者个人所得税费用扣除标准的通知》(财税〔2011〕62 号),合伙企业投资者的生产经营所得依法计征个人所得税时,费用扣除标准统一确定为 42 000 元/年。扣除费用后,按照最新的税率表,自然人投资有限合伙制私募基金,超过 10 万元以上的部分要按 35% 的税率征税。

如果 LP 投资者为企业,不论来源于利息、股息、红利的收益,还是来源于股权退出的收益,根据《财政部国家税务总局关于合伙企业合伙人所得税问题的通知》(财税〔2008〕159 号),均需按"先分后税"原则,企业投资者在获取基金收益后要按照 25% 的企业所得税率交税。根据《企业所得税法》第二十六条及其实施条例第十七条、第八十三条的规定,居民企业直接投资于其他居民企业取得的投资收益,除连续持有居民企业公开发行并上市流通的股票不足 12 个月取得的投资收益外,免征企业所得税。由于投资人通过有限合伙企业间接投资于标的公司,不属于直接投资,故不能享受免税优惠。

如果 LP 投资者为信托、券商资管等资管计划,因资管计划不是纳税主体,在投资者层面,自然人投资者按 20% 的税率纳税,企业投资者按 25% 的税率纳税。

(3) 管理人的纳税

管理人如果是公司,则按前述方法缴纳企业所得税。

管理人如果是合伙企业,那就是按照"先分后税"原则,把所得按照合伙企业每年做一个汇算清缴,把类似的利润实际分配,或者没有实际分配的划到合伙人一方,合伙人直接交税。

个人作为管理人取得分红如何交税,国家税务总局未明确规定,全国各个地方的规定不统一,基本上有两种缴税方式,一种是按照 20%,股息红利,或者投资收益这样来交所得税。二是按照生产经营所得,就是按照个体工商户的 5%~35% 的税率来缴纳个人所得税。

3.4.3 代扣代缴

(1) 企业所得税的代扣代缴

《财政部、国家税务总局关于合伙企业合伙人所得税问题的通知》第二项规定,合伙企业以每一个合伙人为纳税义务人。合伙企业合伙人是自然人的,缴纳个人所得税;合伙人是法人和其他组织的,缴纳企业所得税;第三项规定,合伙企业生产经营所得和其他所得采取"先分后税"的原则。

需要注意的是,此处"先分后税"的"分"并不是宣告分配股息,而是在税收处理上,将合伙企业的利润按一定原则算到每个合伙人头上,以合伙人作为纳税主体缴税(自然人需要合伙企业代扣代缴)。

目前,对于法人及其他组织投资者,法律并无明文规定合伙企业具有代扣代缴义务,只具有代为申报义务(区分意义在于,合伙企业代为申报违规,税务机关将处以 2 000 元以下的罚款;而代扣代缴违规,税务机关将处以不缴或者少缴的税款 50% 以上五倍以下的罚款)。但在实务当中,部分地区税务局建议合伙企业代扣代缴,许多合伙企业也实际履行了代扣代缴的义务。

(2) 个人所得税的代扣代缴

《关于个人独资企业和合伙企业投资者征收个人所得税的规定》第二十条规定:投资者应向企业实际经营管理所在地主管税务机关申报缴纳个人所得税。投资者从合伙企业取得的生产经营所得,由合伙企业向企业实际经营管理所在地主管税务机关申报缴纳投资者应纳的个人所得税,并将个人所得税申报表抄送投资者。由此可见,以自然人身份缴纳个人所得税的合伙人,应以支付其所得的合伙企业为扣缴义务人。

3.4.4 税收优惠

税收返还是地方政府给予的补助,目前新疆、西藏等地补助的力度比较大。和大部分地区不同,西藏的财政本身是不向中央转移财政收入的。对于注册于西藏的企业,可享受 15% 的西部大开发优惠税率,同时一些地方还按一定的比例进行返还,如将个人所得税或增值税总额的 50% 给予返还,一部分园区所得税的综合税率最后算下来可能会只有 9%。

创业资本还可享受税收减免。按照财税〔2015〕116 号和国家税务总局公告〔2015〕81 号规定,如果是有限合伙制的创业投资企业,采取股权投资方式投资于未上市的中小高新技术企业满两年的,其法人合伙人可以按照未上市中小高新投资企业投资额的 70% 抵扣该合伙人应该分得的应纳税所得额,不足抵减的可以在以后年度继续抵扣。

本章小结

股权投资基金的组织形式有三种,即公司制、信托制、有限合伙制。在不同的制度环境中,三种组织形式各有优劣。

公司制股权投资基金的投资人具有股东权益,基金机制便于长期投资,有利于促进基金投资品种的多元化,但在经营上缺乏灵活性,面临双重纳税。

信托制基金实行委托人、受托人和托管人三方分离的制度安排,信托公司专业化管理可以有效保护投资者利益不受侵犯。但信托制基金的资金有闲置期,IPO 退出渠道不畅,信托财产登记法律法规不完善,股权出让存在制度性障碍。

而有限合伙制基金出资方式灵活,有利于实现人、财、物的合理配置,设立程序简便,运作灵活,治理结构合理,可以同股不同权(管理、分红、责任承担),分配机制自由(没有盈利也可以进行分配),避免公司规定的烦琐程序,不存在双重征税的问题。但它也有约束条件,如普通合伙人须承担无限连带责任。

从实践看,中国的股权投资基金更看重有限合伙制基金的纳税优势和灵活的机制,因而被广泛采用。

三种类型的基金设立因所依据的法规不同,设立条件和程序也有所差异。其中有限合伙制股权投资基金对合伙人、基金名称、出资、合伙协议、有限合伙人权利等方面均有特定的法定要求。

三种类型的基金因涉及不同身份和关系的利益主体,激励与约束的对象有所差异,导致治理结构也不同。有限合伙制基金是由普通合伙人(GP)和有限合伙人(LP)组成,治理结构主要着眼于两类合伙人之间的关系协调以达成利益趋同。

本章主要内容如图 3-7 所示。

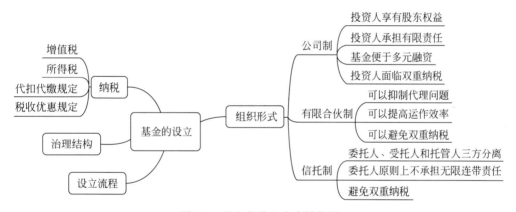

图 3-7 基金的设立内容结构图

关键术语

股权投资基金(private equity fund)
有限合伙(limited partnership)
有限合伙人(limited partner)
普通合伙人(general partner)

练习思考题

1. 请分析有限合伙制基金的优缺点。
2. 请分析有限合伙制基金的治理结构对于平衡有限合伙人和普通合伙的利益有何特点。

案例分析：三个基金设立案例

（1）公司制基金案例：深圳达晨

深圳市达晨创业投资有限公司（以下简称深圳达晨）于2000年4月19日在深圳市注册成立，是由湖南省广播电视产业中心（"电广传媒"证券代码000917）全资发起设立的一家从事创业投资、股权投资的国有控股的专门投资机构，注册资本为人民币1亿元。公司2001年至2010年连续十年进入"中国风险投资50强"，并被深圳市创业投资同业公会选举为常务理事单位，总裁刘昼当选深圳市创业投资同业公会副会长。

深圳达晨的投资方式主要是股权投资，同时结合各种投资方式。投资额度一般在500万元人民币至5 000万元人民币之间；另外根据所投资的具体项目，还采用联合投资和分段投资的方式；投资期限一般不超过5年；退出方式是受资企业达到一定规模时，将采取其他股东收购、其他机构收购、企业公开上市等方式退出其部分或全部股权。深圳达晨对于所投资企业的占股比例一般奉行如下原则：对于具有良好业绩、具有一定规模和优秀管理队伍的企业，或处在上市前期的企业，深圳达晨通常会选择占小股，不参与受资企业的日常管理，但是会选择在董事会中占相应席位；但对于具备良好发展潜质、处于发展期的企业，基于项目发展需要追加投资的考虑，深圳达晨在受资企业中通常会选择持绝对控股或相对控股地位。

2008年8月，达晨创业投资管理有限公司（以下简称达晨管理）是由深圳达晨出资550万元，深圳达晨管理人员出资450万元，共同组建的有限责任公司，注册资本为1 000万元。深圳达晨的母公司电广传媒表示设立达晨创业是为了激励现有管理层，也是为了吸引优秀人才，以合资公司划分股权的形式，有利于核心管理团队的稳定性和长期性。对以后加入公司管理团队的人员，也会有预留股份。当然，此次股权的分配，主要在深圳达晨管理层间进行，比较集中，不会涉及中层人员。

（2）信托制基金案例：中信锦绣1号

2007年4月30日，中信信托成立"中信锦绣1号股权投资基金信托计划"（以下简称"锦绣1号"）。中信"锦绣1号"是中国第一个PE信托计划。

"锦绣1号"为集合资金信托，总额10.03亿元，委托人由7个机构和7个自然人组成，并对受益人进行分层。其中优先受益权9.53亿元人民币，次级受益权0.5亿元，次级受益权由中信信托认购。优先受益权预期收益率高达20%。募集资金用于中国金融领域企业的股权投资、IPO配售和定向增发项目，未投资的资金可用于银行存款、货币市场基金、新股申购和债券逆回购。该信托受益人结构为"优先一次级"受益人结构，其中优先受益权由该产品投资人（包括对接的银行理财资金）认购，次级受益权由中信信托认购。

在收益分配方式上，该产品进行了详细约定：基金信托亏损时，次级受益人用自身权益补偿优先受益人的损失，上限为"锦绣1号"中次级受益人的全部权益；基金信托盈利但年均净收益率不足6%时,次级受益人向优先受益人让渡收益,以保证优先受益人收益达到最大(不超过6%);基金信托年均净收益率达到6%以上但不足8%时,全体受益人按照出资比例分配收益;基金信托年均净收益率高于8%,不足20%时,超过8%的部分由受托人提取20%的管理奖励后,其余部分按照出资比例分配;基金信托年均净收益率超过20%时,8%~20%的部分中受托人提取20%的管理奖励,且超过20%的部分中受托人提取25%的管理奖励后,剩余部分按照出资比例分配。

在信托资产运用的限制方面,"锦绣1号"同样作出了详细安排。产品约定,除非经受托人提议并经由受益人大会批准,不得将基金信托资金投资于受托人或者关联人发行的有价证券。投资于一家公司所发行的股权,不得超过该公司总股本的20%。在经受托人提议并经由受益人大会批准的情况下,投资额可以增加。投资于一家公司股权的投资额不得超过基金信托计划资产总值的30%;在经受托人提议并经由受益人大会批准的情况下,投资额可以增加。于信托计划成立之日起两年期限届满之时,用于金融类企业股权投资的资金比例不得低于70%,否则经受托人提议并经由受益人大会批准,本基金信托将提前终止;受益人大会同意延长本基金信托期限时除外。

值得借鉴的是,"锦绣1号"与两款银行理财产品——中信银行"'中信理财之锦绣1号'之5年期人民币产品"和建设银行"'建行财富三号'一期股权投资类人民币信托理财产品"实现了对接,两款银行理财产品的募集资金投资方向均为中信信托设立的"中信锦绣1号股权投资基金信托产品"的优先受益权。

对于"锦绣1号"的创新点,西南大学信托理财研究所评价有三:其一,中信的产品将银行理财资金有机纳入了其集合资金信托产品之中,实现了信托产品与银行理财产品的完美对接。它不仅采用集团内部优势和中信银行合作推出"'中信理财之锦绣1号'之5年期人民币产品",还与建设银行合作,推出"'建行财富三号'一期股权投资类人民币信托理财产品"。该产品充分借助银行优势,实现信托和银行的优势互补,共同合作投资于私人股权投资领域。其二,中信的产品对于受益权进行了分层设计。这样的设计更加适合风险厌恶型的投资者。其三,中信本身作为劣后受益权投资者,使其管理运作信托财产的结果与其投资收益直接相关,其经济利益与社会投资者的利益紧密无间地结合在一起。

此外,"锦绣1号"采用了高准入原则,面向具有相当经济实力与一定的风险承受能力的个人、机构投资者。单一委托人的最低认购额为人民币1 000万元。这一设计与PE对投资人的要求恰恰吻合。而在其他设计上则并无新意。比如在信托受益人结构的安排上,该产品设计了"优先—次级"受益人结构,次级受益人在与优先受益人共享收益的同时承担更高的风险。在流动性安排上约定,次级受益权不可转让;优先受益权流动性安排。这些设计在几年前的证券投资类信托产品的结构设计中已经多次出现。

(3) 有限合伙制基金案例:深圳南海成长

深圳市南海成长创业投资合伙企业(有限合伙)(以下简称"南海成长")成立于2007年

6月26日,是自2007年6月1日新修订的《企业合伙法》生效以来国内首家以有限合伙方式组织的创业投资企业,属于本土股权投资基金。基金规模为人民币2.5亿元人民币,由3名普通合伙人、45名有限合伙人组成,由深圳市同创伟业投资有限公司和深圳国际高新技术产权交易所担任联席投资顾问。

南海成长是一家根据国外股权投资基金架构所募集和设立的基金,在投资决策上,有限合伙人决策权利让渡给普通合伙人,主要由普通合伙人和投资顾问完成。在费率上普通合伙人有权收取2.5%的管理费和25%的业绩报酬。

在对有限合伙人的招募过程中,南海成长非常重视控制有限合伙人的投资风险,着力于控制有限合伙人投资的规模。南海成长采取的首要措施为资金的审查。国内一般认为募资规模越大越好,但是南海成长在资金募集之时,却首先考虑到有限合伙人的投资能力。要成为南海成长的有限合伙人,必须承诺投资南海创投的资金是投资者闲置资金的不到20%,同时必须有书面承诺和口头录音承诺,这是南海成长非常有特色的制度,对于保护有限合伙人的积极性与投资能力起到了重要的作用,并使得广大投资者对南海成长的信任度进一步提升。据说有一位投资人本要投资3 000万元,但却受到执行合伙人的劝说减少投资额到1 000万元。有限合伙人的投资每一个份额是200万元人民币,分批进入,便于合理利用所募集到的资金。

在投资方向上,南海成长根据市场的需求不断调整自己的投资策略。其最初的投资范围为拟上市公司股权,同时有限合伙协议中明确投资于"创新性企业成长路线图资助计划"企业的资金不低于50%。南海成长成立后,根据形势的变化管理人举行南海成长合伙人大会,表决修改了有限合伙协议,调整投资策略。南海成长目前主要投向一些新能源、新农业、新制造、先进制造业、医药等行业。所投入项目百分之七八十都派出了监事,并为所投资企业提供一定增值服务。

正是由于南海成长的上述优势,使得其不仅在短期内募集到了大量的民间资本,而且在短短不到半年的时间,基本上将所募集的2.5亿元投资完,共投资12个项目。该基金管理人深圳同伟创业投资有限公司投资的拓日新能已经成功上市。

在创业板推出之际,深圳市同创伟业投资有限公司又成功募集了第二期创投合伙型基金——"南海成长精选",规模为1.17亿元,最低投资额为500万元,封闭期为5年,托管银行为招商银行。

参考文献

[1] 2014-Largest-Buyout-Deals[R]. Preqin Research Paper,2014-12.
[2] 2014-Preqin Private Equity Fund Terms Advisor Sample Pages[R]. Preqin Research Paper, 2014-12.
[3] Harry Cendrowski. Private equity:history,governance,and operations[M]. 北京:中国金融出版社.
[4] Preqin-Private-Equity-Spotlight-December-2014[R]. Preqin Research Paper,2014-12.

[5] Shai Bernstein, Josh Lerner, Morten Serensen. Per Stromberg, Private Equity and Industry Performance [C]. NBER Working Paper No. 15632, 2010.
[6] The-2015-Preqin-Private-Equity-Compensation-and-Employment-Review-Sample-Pages.
[7] 安国俊,李飞.国际私募股权投资基金的发展态势及我国的路径选择[J].国际金融,2011,(3).
[8] 包丹红.对我国私募股权基金运作机制的探讨[J].对外经贸实务,2008,11:83-86.
[9] 陈洁.我国私募股权投资的运作流程研究[D].武汉:武汉理工大学,2012.
[10] 陈忠勇.利用产业并购基金推进上市公司并购重组的研究[J].财会学习,2013,(8).
[11] 付允.我国私募股权投资基金发展研究[D].济南:山东大学,2013.
[12] 盖伊·弗雷泽·桑普森.私募股权投资基金法律实务[M].北京:法律出版社,2010.
[13] 廖文涛.我国私募股权投资基金组织形式和融资问题研究[D].成都:西南财经大学硕士学位论文,2013.
[14] 凌秀丽.私募股权基金的设立模式及制度安排[J].金融研究,2002,(7).
[15] 刘勇.私募股权投资基金(PE):中国模式及应用研究[M].沈阳:辽宁人民出版社,2010.
[16] 柳灯."PE+上市公司"型并购基金解密:提前锁定退出通道[N].21世纪经济报道,2014-01-06.
[17] 潘启龙.私募股权投资实务与案例[M].北京:经济科学出版社,2009.
[18] 裴力.私募股权并购基金的后期运作[J].金融博览,2011,(6):32-33.
[19] 任纪军.中国式私募股权基金[M].北京:中国经济出版社,2008:93-95.
[20] 任兰英.不同组织形式下私募股权投资基金运作过程中的法律适用规则[J].金融理论与实践.
[21] 苏东海.我国私募股权基金的组织形式[J].法制研究,2007,(4).
[22] 王开良,李杰.国内外PE运作模式、特点的比较研究[J].中国商贸,2012,(21):128-129.
[23] 王苏生,陈玉罡,向静.私募股权基金:理论与实务[M].北京:清华大学出版社,2010.
[24] 邢会强.私募股权投资(PE)的国际惯例与中国操作指引[M].北京:中国法制出版社,2012.
[25] 张斌,巴曙松.PE的运作机制研究:一个文献综述[J].财经科学,2011,(11):11-17.
[26] 张弛.上市公司与私募股权投资机构共同设立并购基金:运作模式、动机及风险[J].会计师,2014,13:5-7.
[27] 张增刚.私募股权基金的组织形式选择[J].管理与科学,2007,(2).
[28] 周炜.解读私募股权基金[M].北京:机械工业出版社,2008.
[29] 周小春,董平.基于EVA的上市公司并购价值创造实证研究[J].财会通讯,2010,(33):98-100.
[30] 邹菁.私募股权基金的募集与运作:法律实务与案例[M].北京:法律出版社,2014.

4 基金业绩评价

🎯 **学习目标**

- 了解股权投资基金和管理人收益的来源、构成和特征
- 理解股权投资基金收益分配两种模式
- 理解基金业绩评价收益指标
- 理解基金业绩评价风险指标
- 理解基金业绩评价风险调整后收益指标

在股权投资行业,评价一个基金管理人的表现更多是要依赖于他的过往业绩。由于有限合伙制基金是目前股权投资基金主要的组织形式,因此本章主要基于这类基金来讨论基金的业绩评价问题。

投资者投入资金到基金,由基金管理人运用资金对项目企业进行投资。基金管理人定期提取管理费,并有权根据投资利润的一定比例分取业绩报酬。基金退出投资项目,收回的资金首先用于偿还投资者的投资成本,超出部分根据双方达成的利润分配方案在有限合伙人和普通合伙人之间进行分配。因此,股权投资的收益可以从两个方面来理解:一是基金本身的收益,二是基金管理人(GP)的收益。

4.1 基金的收益

4.1.1 基金收益来源

股权投资基金的收益来源,主要为投资股权获得的收益。在多数情况下,股权投资基金收回初始投资资本金和获得投资收益的途径有两个:
(1)作为股东从受资企业获得的分红收益;
(2)将持有的受资企业的股份出售获得的退出收益。

4.1.2 基金收益特征

任何投资的收益从本质上说都是现金流入、现金流出和时间这三个变量的函数。单

只股票和债券投资时的现金流出数量都是确定的,且股票和债券市场的流动性高,投资较易变现,投资的退出时间也是投资人可以设定的。

而股权投资虽然在本质上是一种权益投资,与传统的股票投资较为相似,但股权投资是在基金设立后对一系列项目在不同时间实施的投资,每一个项目的现金流出、流入数量和时间在基金设立前对于投资人来说都是不确定的,这一特性导致基金投资的收益与传统股票和债券投资的收益相比,具有鲜明的行业特征。

(1) **后验性**。由于股权基金投资的现金流出、流入时间和数量具有不确定性,只有在最后一笔现金流产生之后才能得知投资收益情况,即越在基金存续的后期,对基金收益的估算就会越精确,因此,基金投资的收益是后验性的。

(2) **早期为负值**。基金存续的早期,只有资金的投入,而几乎没有任何投资收益产生,因此基金投资早期的净收益一般为负值。

(3) **非单个年份的收益**。基金投资的投资收益率不是计算单个年份的年收益,而是综合计算多年收益得出的,而且其收益率是基于持有年的基准来衡量,即从基金创立之日到某个特定日期,因此,基金投资的收益率也称为持有年收益率。

4.1.3 行业平均收益

(1) 中国股权基金年化收益率的状况

2018年中国股权投资市场平均收益率为22.5%(按IRR中位数计算),而早期机构的收益达46.6%,从趋势可以看出,各类投资机构的收益率从2011年以来总体上是不断下降的,参见图4-1。需要注意的是,各研究机构发布的股权投资收益数据均可能因幸存者偏差而高估了投资的实际平均收益,但我们很难判断高估的程度。

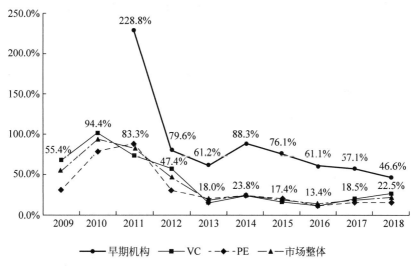

图4-1 2005—2015年中国境内主要投资品种的年化收益率

数据来源:中投在线,www.touzi.com。

(2) 美国股权基金年化收益率的状况

美国是股权投资基金的发源地。从 20 世纪 40 年代算起,美国股权投资基金经过了近 70 年的发展,远长于股权投资基金在中国 30 多年的发展历程。从美国股权投资基金的年化收益率也可以看出,股权投资基金是长期资产配置的良好选择,如表 4-1 所示。

表 4-1 美国权益类投资品种收益率的比较

	内部回报率(IRR)/%	3 年	5 年	10 年	15 年	20 年
股票指数	纳斯达克	12.4	−1.1	7.3	9.3	9.3
	标准普尔 500	8.7	−0.1	7.7	9.8	10.2
	道琼斯指数	18.2	−2.2	7.7	12.6	10
PE 基金	全美成长并购基金	16.1	4.8	9.8	11.4	12.9
	全美创投基金	5.5	−8.3	27.5	23.2	16.7
优秀 PE 基金	全美前 25% 成长并购基金	27	18.9	28.7	27.1	35
	全美前 25% 创投基金	18.8	0.7	89.5	49.5	32.5

数据来源:格上理财/格上研究,www.licai.com。

由表 4-1 所示的数据可以看出,股权投资基金有以下三点优势:一是从 10 年以上的长期投资收益来看,股权投资基金的年化收益率高于股票;二是优秀的股权投资基金回报率远远高于股权投资行业的平均回报水平;三是股权投资基金能跨越市场周期,获得稳定的高复合回报率。

(3) 不同类别基金及其风险报酬率分析

不同类别基金及其风险报酬率之间存在着某种相关关系,其中二手份额基金和夹层资本分别代表了收益最高的基金和风险最低的基金。并购基金拥有较大不确定性,它覆盖的风险和收益的范围较广,与它类似的还有房地产基金,但房地产基金在承担相应风险的同时,收益要明显低于并购基金。而早期阶段的基金,比如 VC 等属于风险最高、收益最低的基金。

如图 4-2 所示,二手份额基金在 2002—2012 的研究年份中提供了最高的平均净回报率(15.5%),相应的标准差为 9.2%。相比之下,早期创业投资基金在所有资金种类中拥有最高的风险水平,其平均净回报率为 7.9%,标准差为 19.7%,这主要是由于业务风险和流动性风险等高风险因素。与创业基金风险来源类似,成长基金的标准差为 16.8%,而夹层基金的最低标准差为 5.3%。另外,由于基金类型的多样化,母基金的净内部收益率波动较小,标准差相对较低,为 7.3%,其平均回报也高于夹层基金等投资方式。

创业投资基金属于高风险的投资策略,主要面对初创型企业,所以发展和收益情况不确定性高。如果投资策略成功,将会为投资者带来相应的高报酬;但如果经营失败,投资方也不得不承受巨大的损失。所以综合来看,由于投资高失败率使得创业投资基金回报率中位数较低,但并不意味着其就一定不存在超高的风险回报率。

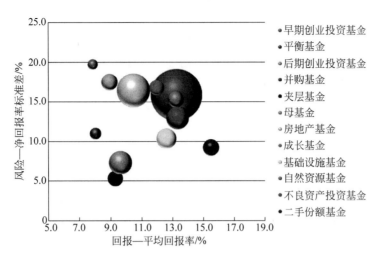

图 4-2　不同策略基金的风险与回报（设立年份 2002—2012 年）

数据来源：Preqin Private Equity Spotlight Datapack，December 2016。

4.2　基金管理人的收益

基金管理人（GP）的收益构成包括基金的管理费、基金运营的业绩报酬和专业服务收入三部分。

4.2.1　基金管理费

基金管理费（management fee）是指在整个基金的存续期间，LP 因委托 GP 管理基金而付给 GP 的费用，一般用来支付基金管理人的日常开销，诸如公司注册费用、办公场所租赁费用、人员工资、差旅费用等，通常按承诺投资额的 2% 每年提取，也有的以实际到位资金、已投资金额或者未收回投资额为提取的基准。小规模 VC 多使用认缴金额，否则管理费太少无法维持基金基本开支，而大规模 PE 多按照实缴金额或已投资金额。在实际运作过程中也会因具体情况而在 2% 的基础上上下浮动（例如大型母基金的管理费费率可能低至不足 1%），在分时间段收取管理费的情形下，在基金投资期过后也有按未收回投资额来计费的。这笔费用无须单独支付，GP 在 LP 的投资份额中相应扣除即可。

从管理费的收取比例来看，主要分为两类：一种是固定管理费，另一种为递减式管理费。

（1）固定管理费

固定管理费，即在整个基金存续期间 LP 按照认缴或实缴出资额的固定比例支付给 GP 的管理费用。

在基金的实际运作过程中,这种模式已经越来越少见,一方面考虑到一成不变的基金管理费将对 GP 无法形成有效的激励,尤其是较大规模的基金,GP 获得的丰厚管理费会促使其没有足够动力挖掘新项目,从而使 LP 的后续收益大打折扣;另一方面,从整个基金的存续期来看,GP 往往在基金成立初期对项目挖掘、投资管理倾注较多精力,而在项目退出期投入工作量较少,这样使用同样基准的基金管理费就显得不合时宜。

(2) 递减式管理费

递减式基金管理费,即在基金的投资期结束或基金进入延长期后,基金管理费比例下调,并且逐年递减直到实现所有退出;与此同时,基金管理费的提取比例也不再以 LP 的认缴或实缴金额为基准,改为当前实际管理资本的金额或尚未退出项目投资成本。递减式基金管理费因其相对合理的"按劳分配"机制而为大多数 LP 所认可。实践证明,这种方式也是促进 LP 与 GP 实现利益一致的有效方法。

基金管理费两种分配模式参见图 4-3。

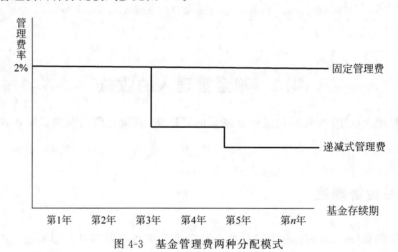

图 4-3 基金管理费两种分配模式

除上述两种管理费提取模式外,在实务中管理费的设定还有更丰富的形式。表 4-2 例示了几种实务中出现的管理费收取模式。

表 4-2 实务中管理费收取的方式示例

基 金	具 体 约 定	评 价
A 基金	合伙企业每年按其总实缴出资额的 2% 向管理人支付管理费	按实缴出资额缴纳管理费在基金按项目提款的机制下,在最初资金未全部到位之前,GP 收取的管理费偏少,但在出资额全部投出去之后,GP 收取的管理费偏高
B 基金	甲方在前三年的委托期内,管理年费为委托资金总额的 2.5%;第四年的管理年费为 2%;后 3 年的管理年费为委托资金总额的 1.5%	这种约定考虑到了资金因对外逐步投资故在后期管理的资金将逐渐减少的因素,收取管理费的比例从 2.5% 逐渐降到 1.5%

续表

基金	具体约定	评价
C基金	管理费用计提标准为2.5%/年,初始费用计提标准=认缴出资额;当有项目退出时,费用计提标准调整为:初始费用计提标准－退出项目的对应初始投资额	这种约定也考虑到了后期管理资金减少的因素,同时采用比较量化的方式计算后期实际管理资金的数量
D基金	投资期内,有限合伙企业按其总认缴出资额的2.5%/年支付管理费,投资期后,按有限合伙企业持有项目的取得成本总额的2.5%/年支付管理费,但最低不低于1000万元	在一定的投资期内按固定的比例收取管理费,超过投资期后则根据项目对应的投资成本收取管理费。也考虑到了后期管理基金减少的因素,以及管理资金规模与时间投资成本的差异

4.2.2 基金运营的业绩报酬

(1) 超额收益与业绩报酬

基金的超额收益指基金的收益超过全部投资成本和费用后的盈余。超额收益的分配较基金管理费在实际运作中更能促进GP与LP实现共赢。

业绩报酬(carried interest)也常被称为附带收益、业绩奖励、业绩分成、业绩提成、收益分成、管理分红等,是指基金管理人在按照门槛收益分配给有限合伙人后,再按照约定分成比例分配给普通合伙人的收益。

(2) 业绩报酬的影响要素

① 门槛收益率

优先收益回报(preferred return rate),也称为门槛收益(hurdle return rate),是在基金设立之初,基金管理人在有限合伙协议中向投资者承诺的投资收益率。投资人倾向在与基金管理人分享利润前获得最低回报率。因此通常在协议中会约定基金管理人只有在基金实际收益率高于优先回报率的情况下才能获得业绩报酬。因此通常情况下,如果业绩报酬比例越高,设置的门槛收益率越高。优先收益回报通常有两种计算模式,一种是基于出资的利息计算,譬如约定8%的年复合利率;另外一种则是根据内部收益率计算。除了在有限合伙协议中约定计算模式,对应的计算方法/公式的约定也不可忽略。

LP的优先回报率本质上可以被视为资金的借贷成本,即出资人资金的时间成本,这部分收益本属于出资人。设置优先回报率,可促使GP争取取得更大的回报以保证自身获得业绩报酬。

② 业绩报酬的比例

超过门槛收益率,基金若有盈余,一般GP与LP会按照经典的20%:80%模式进行分配。也有 GP 与 LP 会按照 10%：90% 的模式进行分配，如市场化母基金（fund of funds）。具体比例完全取决于 GP 和 LP 的意愿和协商结果。

③ 追补机制

基金管理人追补条款（catch-up provision）所约定的追补机制，是对基金管理人较为有利的设置，是指投资者获得资本金返还和优先收益分配后，可对基金管理人的投资收益追补，直至约定的基金管理人业绩分成比例实现为止。譬如基金管理人和投资者事先约定一个利润分成比例（如典型二八分成）以及门槛收益率，当实际收益率超过门槛收益率时，先分配投资人的优先回报，然后超额部分全部追补给基金管理人，直到基金管理人获取的收益率达到其业绩分成（如 20%）为止。此后基金若还有超额的收益，则超过部分将按照约定的利润分成比例进行分配。

追补是与优先回报相配合的一种机制，通过设置追补机制，使优先回报率仅起到 LP 与 GP 分配时序的安排作用（这时的优先回报也被称作软门槛回报率），但并不影响最终的收益分配比率，如果没有追补机制，则 LP 实际获得的超额收益分配就会超过 80%。有无追补机制的差异参见表 4-3。

表 4-3 有无追补机制的差异

	无追补机制	有追补机制
差异描述	在 LP 取得优先收益后，GP 仅对超出门槛收益率的超额收益按约定的比例分配业绩报酬	在 LP 取得优先收益后，GP 对项目全部盈利分配业绩报酬
收益分配顺序	1. 项目收益返还 LP 的全部出资额 2. 返还 GP 的全部出资额 3. 向 LP 支付优先回报（例如，门槛收益率＝年化 8% 内部收益率） 4. 剩余项目收益的 20% 向 GP 支付业绩报酬，80% 支付给 LP（"剩余项目收益"指经过上一顺序分配后的剩余值）	1. 项目收益返还 LP 的全部出资额 2. 返还 GP 的全部出资额 3. 向 LP 支付优先回报（例如，门槛收益率＝年化 8% 内部收益率） 4. 向 GP 支付相当于超额收益 20% 的业绩报酬 5. 剩余项目收益的 20% 向 GP 支付业绩提成，80% 支付给 LP
效果	1. LP 实际获得的收益大于 80% 2. 门槛收益率发挥效果，更多地保障了 LP 的利益	1. 赋予了 GP 100% 追赶的权利，GP 的业绩报酬可以等于 20% 2. 冲减门槛收益率的效果，维护了 GP 的利益

假设有限合伙协议约定 GP 业绩报酬分成比例 m，基金门槛收益率为 n，当实际收益率 r 超过 n 之后，超额部分全部追补给 GP，直到 GP 获取的收益率占实际收益率的比例达到 m 为止，此时实际收益率 $r^* = n/(1-m)$。此后基金若还有超额的收益，则超过 r^* 的收益部分将按照固定的比例（例如，LP：80%，GP：20%）进行分配。

假设本金 100 万元，收益为 120 万元，$m = 20\%$，$n = 10\%$；

则 $r = 120\%$，$r^* = n/(1-m) = 12.5\%$

分配顺序为：

第一步，先分配本金 100（万元）；

第二步，分配优先收益 $100 \times n = 100 \times 10\% = 10$（万元）；

第三步，分配追补收益 $[10/(1-20\%)] \times 20\% = 12.5 \times 20\% = 2.5$（万元）。

对于最后一步的追补收益，10 除以 80% 是为了算出一个总数，使得到达这个节点（即实际收益率 $r^* = 12.5\%$）时，GP 可以实现完全追补，即追补实现 20% 的利润分成比例。如果不除以 80%，直接按 $10 \times 20\%$ 分配给 GP，即在 $r^* = 12\%$ 时，GP 分配比例为 $2/12 = 16.7\%$，并没有达到 20% 的分成比例。

④ 团队激励

GP 在获得业绩报酬后，还可以按照事先约定将业绩报酬的一定比例分配给投资团队和支持团队的成员，分配的比例可能是固定的，也可能是依据业绩超额情况呈梯级增长的。

例如：管理公司按照多级累进制对多个项目计提项目奖金给项目投资团队的比例可以设成表 4-4 所示，其中计提的基数是 GP 获得的业绩报酬。

表 4-4　项目投资收益率与计提比例表

项目投资收益率/%	计提比例/%	项目投资收益率/%	计提比例/%
100	20	200~500	40
100~200	30	500 以上	50

投资团队奖励：一般地，团队奖励中 50%~60% 分给项目投资团队（主导项目落地人员），其中：投前/投中团队占奖金总额的 40% 左右，投后管理退出团队占奖金总额的 60% 左右。

支持团队奖励：计提的投成奖、并购项目提成、业绩提成在分配给项目投资团队前可计提奖金额的 10% 计入项目支持团队奖金池，对项目支持人员予以统筹奖励，要奖励对象为财务分析经理、法务经理、行业分析师、人事行政经理、业务助理等。

4.2.3　专业服务收入

GP 在投资过程中会产生大量交易费用，如并购咨询费、融资咨询费、律师费、会计师费等。在国外，这些费用通常由被投公司支付给 GP，成为 GP 另一个收入来源，如 KKR 收购 RJR Nabisco 时就获得了一笔不菲的交易费用收入。除此之外，在每笔投资完成之后，一些 GP 还能收到被投公司所支付的监管费用、董事报酬等。

始于 2008 年的全球金融危机爆发后，为争取大型 LP 的投资，越来越多的 GP 愿意把来自受资公司的专业服务收入以抵扣管理费的形式归还给 LP。据国外机构统计，目前同意将 100% 专业服务收入抵扣 LP 管理费的境外基金管理机构已达到五成以上。

4.3 基金收益分配

股权基金的分配机制(distribution waterfall),即指股权投资基金的利润在基金管理人(GP)和投资者(LP)之间分配顺序的安排。基金的分配(包括盈利分配及出资返还)是股权基金的基金管理人和投资者之间核心经济关系,因此,分配条款是股权基金有限合伙协议中核心条款之一。

股权基金的利润分配顺序通常包括四层结构。第一层一般是投资本金的返还。通常返还投资者的出资额,直到他们收回所有原始总投资。第二层一般是优先回报分配。通常是向投资者分配直到投资者获得约定的投资收益。第三层一般是基金管理人回报的追补。通常是向基金管理人分配直到基金管理人收到约定比例的回报。第四层一般是GP与LP的业绩分成。通常在有限合伙协议中会约定基金管理人和投资者对于盈利的分成比例。第三层中所约定的比例应当是与第四层中约定的分成比例相匹配。在按项目分配的情形下,还可能有第五层,即GP业绩报酬的分配。

4.3.1 收益分配模式

分配机制通常有两种模式,即本金优先返还模式和按项目分配模式。本金优先返还模式下,基金管理人只有在投资者获得整个基金出资及优先回报后才能获得业绩报酬;而在按项目分配模式下,只要单个项目在返还投资人按该项目计算的出资及优先回报后还有盈余,基金管理人即可参与收益分配。

(1) 本金优先返还模式

本金优先返还(whole fund)模式由于常为欧洲和亚洲基金管理人所使用,所以被称为European Waterfall。典型的本金优先返还模式,是指只有在投资者获得整个基金的出资总额返还以及约定的全部优先回报后,基金的投资收益才在基金管理人和投资者之间进行分配。该模式也为美国机构有限合伙人协会(Institutional Limited Partners Association)所推荐使用。具体的分配顺序如下。

第一步,基金的回报首先返还给LP以清偿其全部资本金出资(包括对项目投资的出资、管理费出资以及其他各项费用的出资)。

第二步,如果基金的内部回报率(internal return rate)不超过优先回报率(preferred return rate),则GP不会得到任何业绩报酬,基金的利润在返还LP全部本金后,余下部分将按出资比例分配给全体有限合伙人作为部分偿付的优先回报。如果基金的IRR高于优先回报率,则投资人将会得到基于其全部本金计算的优先回报。

第三步,投资人获得优先回报后,GP通过追补条款获得以LP提取优先回报为基数的20%的业绩报酬。

第四步,所有剩下的基金利润在 GP 和 LP 之间以 20% 和 80% 的比例分配。

(2) 按项目分配模式

按项目分配(deal-by-deal)模式由于常为美国基金管理人所使用,因此被称为 American Waterfall。在典型的按单个项目分配模式下,基金利润是以单个项目进行计算,基金每退出一个项目,投资者在退出项目上获得相应出资返还及回报后,该项目的投资收益才在基金管理人和投资者之间进行分配。按单个项目分配模式较为复杂,因为根据实际情况可以对相关阶段进行相应的调整设置,因此在典型的模式上可以演化出多种分配模式。

按项目分配模式的两种不同做法简介如下。

① 严格的按项目分配模式是 GP 单独核算各个项目的利润和亏损。一旦 LP 收回某个项目的出资和优先回报后,GP 就可以收取业绩报酬。当基金同时投资多个项目时,无论其他项目是否亏损,一个项目获得盈利后,GP 即可取得业绩报酬。这种模式下,GP 会失去处置亏损项目的动力。

② 计算基金所有已实现的盈利和亏损。这一模式下,基金的收益首先用以偿还 LP 在所有已经退出的项目中的出资和优先回报。如果有项目出现亏损,则下一个盈利项目需要先填补这个项目的亏损,再去计算可能的优先回报和 GP 的业绩报酬。

视基金各投资项目的盈亏程度而定,这种方式可能使 GP 获得比约定的业绩报酬比例更多的提成收入,因此在基金解散时需要计算基金全部项目的总体利润,以判断 GP 实际收取的业绩报酬是否超过其应得的业绩报酬。而对于投资人来说,按项目分配模式的风险在于 GP 可能不愿意,或者出于种种原因不能够向基金返还这部分额外的业绩报酬。为防范这种风险,投资人在基金法律文件中可以约定 GP 回拨机制。

(3) 钩回条款

在按单个项目分配模式下,投资者主张的回拨机制(claw back)即 GP 业绩报酬追回机制,指在基金管理人收到业绩报酬后,如果投资者还没有获得全部出资返还及足额收到约定的优先回报,或者是基金管理人收到的业绩报酬超过了约定比例,基金管理人须向基金返还额外的业绩报酬的一种机制。该条款一般在基金投资项目出现亏损时产生效力,在基金终止时或者中期可进行钩回,但通常钩回期限设置应比基金存续期长。

另外,为了保障回拨机制的有效执行,通常会设置建立一个业绩报酬托管账户(escrow accounts),要求基金管理人为其潜在的追回义务额外计提其他准备金,并由基金管理人的成员承担连带责任。此外,有限合伙协议中也应明确约定,如触发回拨机制,返还的业绩报酬应当是税前额还是税后额。基金管理人会从基金中获得一定分配以支付其业绩报酬所应当承担的税收责任,故在发生追回前会产生已缴税收的损失,因此在协议中应当约定承担该项损失的主体。

(4) 两种模式的比较

相比按项目逐笔分配模式，本金优先返还模式下有限合伙人的利益能得到更有力的保障，执行钩回条款的可能性也被大大降低，因此也更为普遍。

相对于本金返还模式，按项目分配模式可以使 GP 较早获得业绩报酬。

4.3.2 收益分配模式图解

股权基金收益分配模式，可分别从 GP 和 LP 的角度绘制出资及实际收益曲线。

(1) 股权基金整体收益

图 4-4 充分体现了存续期内基金净值变化趋势和基金收益分配的两个特点：资本金分批到位和基金收益分配前低后高。

(2) GP 的收益分配

下面将讨论收益分配中 GP 获取的业绩报酬占基金整体超额收益的比例和金额。假设对 GP 分配 20% 业绩报酬，不考虑 GP 在基金中的出资，以基金内部收益率(IRR)为横轴，纵轴分别表示普通合伙人在基金整体超额收益中的获益比例。

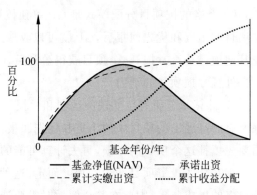

图 4-4 股权投资基金整体收益曲线

GP 在取得不同水平业绩(IRR)时可分得的收益可以通过图示展现。

图 4-5 中实线部分为普通合伙人业绩报酬占基金整体超额收益部分的比例。在追补模式下，当且仅当基金收益大于优先回报率时，普通合伙才开始参与收益分配。在直接模式下，普通合伙人参与收益分配的时点则延后到当基金收益大于约定的业绩报酬之后。当且仅当基金收益大于约定的业绩报酬分配点时，普通合伙人的业绩报酬比例才能达到并保持在 20% 的水平。当基金整体收益低于该约定数值时，普通合伙人无法获得全部 20% 的业绩报酬。

(3) LP 的收益分配

图 4-6 中实线部分表示 GP 采用 100% 追补模式下，LP 分配的部分占基金整体收益的比例。

基金整体收益率＜LP 优先回报率时，所有投资收益所得由 LP 获取；

当 LP 优先回报率≤基金整体收益率＜约定的业绩报酬率时，该比例逐渐下降，GP 完成追补时，LP 分得的比例降至 80% 的水平。

当基金整体收益率≥约定业绩报酬率时，LP 将获得所有超额收益的 80%。

4 基金业绩评价

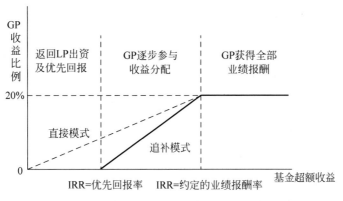

图 4-5 股权投资基金普通合伙人的收益曲线

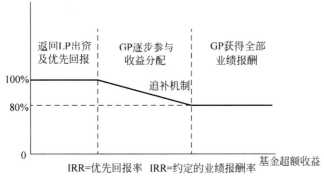

图 4-6 股权投资基金有限合伙人的收益曲线

4.3.3 收益分配计算示例

【例1】 假设基金规模为人民币 10 亿元，由 LP 整体出资，于基金成立之初一次性缴清。两年后实现投资退出 20 亿元。基金合伙协议约定 GP 的业绩报酬提取比例为 20%，LP 享有 8% 的优先回报率，GP 采用 100% 追补模式参与收益分配。基金收益分配过程见表 4-5。

表 4-5 基金收益分配表（1）

项　　目	LP	GP	合　　计
初始出资	−1 000 000 000	0	−1 000 000 000
两年后实现退出并收回	2 000 000 000	0	2 000 000 000
返还出资	1 000 000 000	0	1 000 000 000
LP 优先收益	166 400 000	0	166 400 000
GP100% 追赶	0	41 600 000	41 600 000
超额收益二八分	633 600 000	158 400 000	792 000 000
实际分配金额	1 800 000 000	200 000 000	2 000 000 000

其中,返还LP优先收益金额=1 000 000 000×(1+8%)×(1+8%)－1 000 000 000＝166 400 000(元)。

同时,在100%追补的模式下,超过166 400 000元的部分全部分配给GP直到GP收益达到约定比例,即GP收益:LP收益＝20%:80%,故100%追补情形下GP参与分配金额＝166 400 000÷4＝41 600 000(元)。这个项目的整体IRR＝[(2 000 000 000÷1 000 000 000)$^{\frac{1}{2}}$－1]×100%＝41.42%。

表4-5显示,在"LP一次缴清出资＋本金优先返还＋100%追补"模式下,最终基金在两年内获得了两倍的整体收益,内部收益率为41.42%。基金超额收益为人民币10亿元,普通合伙人完成了追补,获得了全部20%的业绩报酬,即人民币2亿元；LP将分得8亿元,占比80%。

【例2】 例1中,假定其他条件不变,GP参与收益分配初期采取50%的追补模式,即满足LP 8%的优先收益后,仍采取1:1的方式将剩余收益在GP和LP进行分配,直至累计分配达到1:4的比例。基金收益分配如表4-6所示。

表4-6 基金收益分配表(2)

项目	LP	GP	合计
初始出资	－1 000 000 000	0	－1 000 000 000
两年后实现退出并收回	2 000 000 000		2 000 000 000
返还出资	1 000 000 000	0	1 000 000 000
LP优先收益	164 400 000	0	164 400 000
GP50%追赶	55 466 667	55 466 667	110 933 333
超额收益二八分	578 133 333	144 533 333	722 666 667
实际分配金额	1 800 000 000	200 000 000	2 000 000 000

其中,按照50%追补模式,相当于GP和LP在追补过程中获得资金的比例为1:1,假设GP在该阶段可获得X的收益,则$X/(166\ 400\ 000+X)=20\%:80\%$,求解$X=55\ 466\ 667$。

从上两例中我们可以看出,当基金收益足够高时,优先收益和GP的追赶速度只改变收益的分配路径,不影响收益分配的结果。

【例3】 实践中LP通常分批缴纳出资额。假设LP分别在每年初缴纳出资5亿元,GP采用100%追补模式参与收益分配,保持其他假设不变。基金收益分配如表4-7所示。

表4-7 基金收益分配表(3)

项目	LP	GP	合计
初始出资	－1 000 000 000	0	－1 000 000 000
两年后实现退出并收回	2 000 000 000		2 000 000 000
返还出资	1 000 000 000	0	1 000 000 000
LP优先收益	123 200 000	0	123 200 000
GP100%追赶	0	30 800 000	30 800 000
超额收益二八分	676 800 000	169 200 000	846 000 000
实际分配金额	1 800 000 000	200 000 000	2 000 000 000

这实际是"LP 分批出资＋本金优先返还＋100%追补"模式,此时,LP 应获取的优先回报金额为

100 000 000×(5×1.08×1.08＋5×1.08－10)＝123 200 000(元)

通过比较可见,分批缴款情况下基金需要支付给 LP 的优先回报较一次性缴款时更低,但在 GP 完成追补的前提下并不影响最终的收益结果。可见,运用分批缴款制度可以使 GP 尽早地参与到超额收益分配中。分批缴款能提高资金使用效率,对基金管理水平提出了更高的要求。

4.4 基金业绩评价方法

对股权基金的投资与付息债券有很大区别。债券一般在期初有现金流出,现金流入的时间和金额可以根据债券合同条款做出较为准确的预测。而对股权基金而言,现金流的时间和金额是非常不确定的。

一方面,根据基金合伙协议,GP 可以在基金投资期内定期或不定期地向投资人发出出资请求,另一方面,GP 向投资人分配的投资收益,具体分配时间和金额在很多情况下取决于市场以及项目的投资情况,事先难以预测,而且,投资人最大现金流入一般都发生在基金存续期的期末。因此,如何对股权基金的投资业绩进行准确的衡量就是一个比较困难的课题。

我们首先从行业的角度介绍如何进行行业收益评价,其次介绍基金业绩评价指标,再次介绍基金风险评价指标,最后介绍风险调整后的收益指标。

4.4.1 行业收益评价

（1）毛收益率和净收益率

不同收益率的定义参见表 4-8。

表 4-8 不同收益率的定义

指标名称	计算公式	注释
毛收益率	毛收益率＝年末价值/(年初价值＋本年新增投资)	年初价值＝$t-1$ 年的年末价值－有限合伙人和普通合伙人的分红
净收益率	净收益率＝(年末价值－普通合伙人分红)/(年初价值＋本年新增投资＋管理费)	
复合收益率	$(1+R_1)(1+R_2)\cdots(1+R_N)-1$	R_i 为各期的收益率
年化收益率	$(1+$复合收益率$)^{1/T}-1$	T 为总的周期数

【例 4】 L 公司养老金已投资了创业基金 A。L 公司的投资总监目前正在撰写将向董事会提交的年度报告。A 基金的投资信息如表 4-9 所示。

表 4-9 A 基金的投资信息   万元

年 份	2004	2005	2006	2007	2008
期初价值	5 000	5 950	7 090	9 267	3 884
新增投资	1 000	1 000	1 000	1 000	1 000
期末价值(分红前)	7 200	8 340	10 517	5 134	7 814
有限合伙人分红	1 000	1 000	1 000	1 000	1 000
普通合伙人分红	250	250	250	250	250
管理费	100	100	100	100	100

问题：董事会要求一份 5 年的报告，包括 A 基金每年的毛收益和净收益、复合收益率以及年收益率。假设所有新增投资和管理费用都在年初，所有分红都在年末。

解答：

毛收益率可以通过比较年初价值和年末价值得到（t 年的期初价值等于 $t-1$ 年的年末价值减去有限合伙人和普通合伙人的分红；管理费由有限合伙人额外再支付）。2004 年的毛收益率为 7 200/(5 000+1 000)-1=20%，2005 年为 8 340/(5 950+1 000)-1=20%，依此类推。

净收益率的计算，要从分子中减去对普通合伙人的分红（业绩报酬），分母中加上管理费：2004 年的净收益率为 (7 200-250)/(5 000+1 000+100)=13.9%，2005 年为 (8 340-250)/(5 950+1 000+100)=14.8%，依此类推。各年的收益率计算结果见表 4-10。

表 4-10 A 基金收益率计算结果

年份	2004	2005	2006	2007	2008
净收益/%	13.9	14.8	25.4	−52.9	51.8
毛收益/%	20.0	20.0	30.0	−50.0	60.0

复合收益率计算如下：

毛复合收益率=1.20×1.20×1.30×0.50×1.60−1=49.8%

净复合收益率=1.139×1.148×1.254×0.471×1.518−1=17.2%

此外，毛年收益率是 $1.498^{\frac{1}{5}}-1=8.4\%$，净年收益率是 $1.172^{\frac{1}{5}}-1=3.2\%$。

(2) 基金的行业收益

通过建立基金数据库，并将基金的收益汇总起来可得到整个行业的收益指数。

① 毛收益指数(山德希尔指数)

毛收益指数(gross-return index)采用由下至上的方法计算。为了构建由下至上的指数，首先需要建立一个包含所有股权投资项目的数据库，随着时间推移更新这些投资的价值数据(包括分红)，然后记录下所有投资的价值，由此创建一个对应整个股权投资行业的、持续变化的资产组合。这个工程巨大，好在山德希尔咨询公司(Sand Hill Econometrics, SHE)已经为我们完成了这项工作。其将两个重要的行业指数——道琼斯旗下的 VentureOne 和汤姆森财务集团旗下的 Venture Econometrics 合并起来，在此基础上通过其咨询客户的资料库以及网站上的搜索，加入其他的行业信息。最终的数据库形成并每月进行数据更新。由此得来的山德希尔指数如图 4-7 所示。

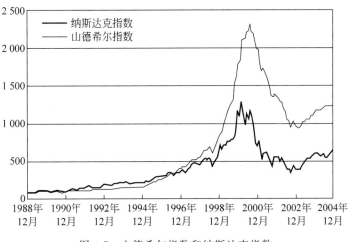

图 4-7　山德希尔指数和纳斯达克指数

② 净收益指数（康桥指数）

山德希尔指数由投资组合公司的数据构建而成。另一个构建行业指数的方法则是通过建立基金的数据库，并将基金的收益结合起来得到整个行业的指数。较为权威的代表是康桥咨询公司（Cambridge Associates）的美国风险投资指数（康桥指数），包含了 1981 年以来 75% 的风投资金信息。

康桥指数于 1981 年第一季度生成，直至 2004 年的最后一季度。图 4-8 展示了康桥指数和纳斯达克指数。

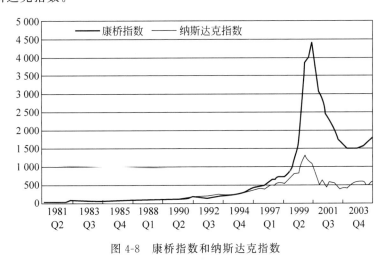

图 4-8　康桥指数和纳斯达克指数

康桥咨询公司用有限合伙人得到的现金流作为单位。这些现金流剔除了管理费和业绩报酬，所以康桥指数是一个净收益指数。按理，康桥指数应该比按毛收益指数构建的山德希尔指数要低。

我们了解到风险调整后的股权投资行业净收益上限为 0。倘若这一结论成立，那么对于有限合伙人来说，只有找到能持续超越行业整体表现的普通合伙人，投资才是有意义的。幸运的是，证据显示，持续超越行业整体表现是可能的。为了更好地了解如何超越行业收益水平，我们必须首先了解股权投资基金层面的收益是如何度量的。

4.4.2 基金收益指标

（1）内部收益率

内部收益率（IRR）是指一定时期内，使各笔现金流的现值之和等于零的收益率。

$$\sum_{i=0}^{T} \frac{CF_t}{(1+IRR)^t} = 0$$

其中，T 为项目投资期；CF_t 为第 t 期的净现金流。

因为在股权投资基金的前期项目没有退出，只存在负现金流，为计算 IRR，往往将项目的公允价值作为现金流入。此外，IRR 还区分为 Gross IRR 和 Net IRR。计算 Net IRR 会剔除基金管理费、基金业绩报酬等基金相关的现金流，而 Gross IRR 的计算则包含这些细项。

在基金还没有进行清算时计算的 IRR 叫作中期 IRR。中期 IRR 是指 LP 出资总额的现值等于所有现金收入的现值与未实现投资组合的现值之和的折现率。当基金进行清算时，可以计算终期 IRR，也就是 LP 出资总额的现值等于基金存续期内所有现金收入的现值折现率。

一般来说，中期 IRR 围绕终期 IRR 上下波动，直到基金终止。在股权基金运营几年之后就能对该基金业绩有所了解，但确定的业绩情况只有到基金清算后才能获得。通常母基金对在管基金进行分析时，许多基金都没有进行清算，因此大多数基金的业绩表现都依赖于中期 IRR。中期 IRR 因为是在投资没有完全变现的情况下计算的，通过基金自身使用的估值方法来衡量，可能与行业内标准的估值方法不一致，因此可能存在夸大投资业绩的现象。

运用 IRR 衡量股权投资基金绩效的优势在于：①考虑了时间价值，考虑基金整个生命周期的现金流，复利计算，减少了收益的波动。②股权投资基金的特点是前期现金流出多，后期现金流入多，利用 IRR 则会使收益率趋近于真实收益。③计算 IRR 的时期越长，其结果越稳定，这就意味着计算当期的结果和最终的基金收益之间的偏差较小。

IRR 法也有缺陷。IRR 作为国际通行的衡量股权基金业绩的最主要指标，对基金现金流的时间敏感性很高，在一些时点上可能被放大。比如，一些快进快出的项目的 IRR 可能超过 20%，但实际回报倍数不到 2 倍。GP 在新基金募集时常以 IRR 作为历史业绩的衡量指标,而由于 IRR 对现金流收入分配时间的敏感性,促使 GP 通过即时现金管理来提高 IRR,如较早地退出早期投资项目,并对退出资金进行再投资。

在评价股权基金投资业绩时,LP 会同时评估 IRR 和回报倍数,尤其是在基金成立初期的几年,IRR 波动较大,回报倍数可能更有参考价值。不过,由于 IRR 相对于回报倍数来说包含了资金的时间价值,因此能更全面地反映 LP 的回报。

(2) J 曲线

J 曲线是描绘基金整个生命周期中每一年的累积内部收益率得出的,名称也是因其形状而得。从图 4-9 中我们可以明显看出股权投资基金在早期处于一个负收益的状态,而只有在基金存续的中后期才会产生大量的现金流入。因此我们可以从 J 线图中得到这样一个结论:往往基金接近尾期,计算出来的 IRR 更可靠,更加接近这只基金的真实收益率。

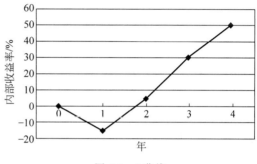

图 4-9 J 曲线

J 曲线内部收益率回答了投资者提出的"你把我的资金管理得怎样?"的问题,投资者通常还会问另一个问题:"你总共为我赚了多少钱?"然而内部收益率无法回答这个问题。假设现在有两个基金可供选择,ABC 基金在第一年年初投资 100 万美元,在第一年年末返回 200 万美元。XYZ 基金在第一年年初同样投资 100 万美元,在第五年年末返回 3 200 万美元。两个基金都有 100% 的年内部收益率,但显然后者更受投资者青睐。这个差异需要一个指标来量化,即价值乘数。

(3) 价值乘数

价值乘数(value multiple)或资本回报倍数(multiple of capital contributed,MOC)=已实现投资的价值乘数+未实现投资的价值乘数。股权投资收益评价实务中应用的价值乘数涉及以下四个公式:

已实现价值乘数(realized MOC)=有限合伙人收到的分红总计/(已投入资本+管理费)

未实现价值乘数(unrealized MOC)=未实现投资的价值/(已投入资本+管理费)

净价值乘数=(有限合伙人收到的分红总计+未实现投资的价值)/(已投入资本+管理费)

毛价值乘数=(有限合伙人收到的分红总计+未实现投资的价值+业绩报酬)/(投资资本)

项目没有退出时,MOC 指未实现价值乘数。只有当项目成本回收了,投资收益落袋为安了,才是已实现价值乘数。所以,MOC 是一个静态指标,应结合 IRR 这个指标来使用,这样才可以更好地衡量投资收益水平。实际上,业界也是这么做的,所以有很多 MOC 与 IRR 的速查表供使用,根据 MOC 和投资时间可以方便地查出 IRR。

价值乘数的优点是较好地体现了股权投资基金的价值增长,可告诉投资者股权投资基金的投资收益相对于成本的表现;缺点则是倍数并不考虑资本的时间价值,不能说明股权投资基金价值在单位时间里增长多少,因此不能用于不同股权投资基金之间收益水平的比较。

(4) 投入资本分红率

在基金生命的周期的前期,因为没有项目退出,来自项目的收入多半是分红,可用投入资本分红率(distribution over paid-in, DPI)来衡量基金绩效。DPI 指项目的分红和实缴资本之间的比值,该指标是一个比较好的现金回报率指标,也被称为变现倍数。

distribution 指股权投资基金的分红,包括现金分红和股票分红;paid-in 指实缴资本,包含已投入的成本和管理费等基金分摊费用。

DPI＝1 是损益平衡点,代表成本已经收回;DPI＞1 反映投资者获得超额收益;DPI＜1 反映投资者还没有收回所有成本;没有任何分红的话,DPI＝0。

DPI 常用于衡量已结束或将要结束的基金的业绩。它显示了相对于 LP 全部投入资金的基金业绩。这里 LP 投入的资金包括支付给基金管理人的部分(管理费和盈利分成)以及投资到项目公司的部分。显然,如果一只基金的已承诺资金尚未全部用于投资(即处于基金存续期的开始阶段),DPI 就不能很好地反映基金的投资业绩。

(5) 投入资本回报率

投入资本回报率(total value of paid-in, TVPI)表示所有实缴资本预计可以得到多少回报,它为总的预期价值(total value)与实缴资本(paid-in)的比值。股权投资基金前期 total value 指投资组合的估值,当基金的所有投资完全退出时,total value 指基金最后实现的收益。

$$TVPI = 总的预期价值(total\ value)/实缴资本(paid\text{-}in)$$

(6) 变现比例

变现比例(distribution over total value, DTV)指基金分红和基金总体预期回报的比值,也称为 RR(realization ratio):

$$DTV(或\ RR) = distribution/total\ value$$

distribution 指基金的分红,total value 指预期的总价值,DTV 在 0~1 之间。

在股权投资基金生命周期的最后,基金的所有投资完全退出,此时 DTV＝1。

如果 DTV 较低,那么从这笔投资中还可以获得更多的现金;如果 DTV 较高,说明已经从该项投资中获得了大部分的收益。

【例 5】 规模为 2 亿美元的 ABC 基金目前处在存续期的第 7 年。其每年的投资、管理费、分红和资产组合的价值如表 4-11 所示。

表 4-11　ABC 基金的投资信息　　　　　　　　　　　　　　　　　　　百万美元

年份	1	2	3	4	5	6	7
新投资	20.0	30.0	40.0	40.0	30.0	0.0	0.0
投资组合价值	20.0	56.0	112.8	186.6	188.1	195.7	203.5
分红	0	0	0	65.0	37.6	39.1	40.7
业绩报酬	0	0	0	0	0	0	0
有限合伙人分红	0	0	0	65.0	37.6	39.1	40.7
有限合伙人分红累计	0	0	0	65.0	102.6	141.8	182.5
投资组合剩余价值	20.0	56.0	112.8	121.6	150.5	156.5	162.8
管理费	4.0	4.0	4.0	4.0	4.0	4.0	4.0

问题：计算 ABC 基金第 7 年年末内部收益率、价值乘数、已实现和未实现的价值乘数。

解答：

内部收益率，首先需要用新投资、管理费和有限合伙人分红来计算有限合伙人得到的现金流：

有限合伙人收到现金流＝有限合伙人分红－新投资－管理费

这些现金流是：第 1 年为－2 400 万美元，第 2 年为－3 400 万美元，第 3 年为－4 400 万美元，第 4 年为－2 100 万美元，第 5 年为 360 万美元，第 6 年为 3 510 万美元，第 7 年为 3 670 万美元。第 7 年年末资产组合的价值为 1.628 亿美元。该值作为正现金流进入内部收益率的计算。我们可以用电子数据表或者计算器算出内部收益率（IRR）为 23.8%。

价值乘数计算为

价值乘数＝（有限合伙人收到的分红总计＋未实现投资的价值）/（已投入资本＋管理费）

7 年内有限合伙人收到的分红总计 1.825 亿美元。未实现投资的价值＝7 年后投资组合的价值＝1.628 亿美元。已投入资本是 7 年内新投资的总和＝1.6 亿美元。7 年内的管理费为 2 800 万美元。因此价值乘数为 1.84。

已实现的价值乘数计算为

已实现的价值乘数＝（有限合伙人收到的分红总计）/（已投入资本＋管理费）＝1.825 亿/（1.6 亿＋0.28 亿）＝0.97

未实现的价值乘数为

未实现的价值乘数＝（未实现投资的价值）/（已投入资本＋管理费）＝1.628 亿/（1.6 亿＋0.28 亿）＝0.87

（7）公开市场对等价值

公开市场对等价值（public market equivalent，PME）是按基准市场收益率贴现的所有现金流出与现金流入的贴现值之比。这里所说的现金流入与流出是站在投资活动的角度而言的，因此现金流出实际上是指投资人的现金流入，如现金分红；现金流入实际上是指投资人的现金流出,即对投资活动的投资资金。PME 数值的含义简单来说就是:投资一元钱于股权基金,为了获得同等的收益必须投资多少钱于所选取的基准市场。

$$PME_i = \frac{\sum_{t=0}^{T}\left[CFO_n \cdot \prod_{n=0}^{t}(1+r_{bn})^{-1}\right]}{\sum_{t=0}^{T}\left[CFI_n \cdot \prod_{n=0}^{t}(1+r_{bn})^{-1}\right]}$$

其中,CFO_{t_i} 表示 t 期内投资活动 i 的现金流出;CFI_{t_i} 表示 t 期内投资活动 i 的现金流入;r_{b_n} 表示 n 期内所选取的基准 b 的总收益率(往往是某一公开市场)。

这里 PME 只是一个比率,当 PME>1 时,则说明股权基金的业绩是优于所选取基准市场的。它虽然不能像 IRR 一样直接衡量收益率,但是通过简单收益率变换即可得出年收益率计算公式,推导过程如下。

简单收益率计算公式:$x_i = \frac{V_{i_T}}{V_{i_0}} - 1$,其中,$V_{i_T}$ 是在期末投资 i 的价值;V_{i_0} 是在期初投资 i 的价值。根据 PME 定义可得:$\frac{V_{i_T}}{V_{i_0}} = PME_j \cdot \prod_{i=1}^{T}(1+r_{bt})$,则其**年收益率**为

$$x_i = \left(\frac{V_{i_T}}{V_{i_0}}\right)^{\frac{1}{T}} - 1 = \left[PME \cdot \prod_{t=1}^{T}(1+r_{b_t})\right]^{\frac{1}{T}} - 1$$

PME 具有以下优点:①PME 允许将公开市场投资与同一时期的股权投资相比较从而突出基金表现;②PME 尤其适用于投资成熟期,即净年值 NAV 只占据少部分资本分配的情况。

PME 具有以下缺点:①未考虑项目规模,且无法对不规律现金流量进行处理;②PME 并未专门调整投资组合现金流量与公开市场指数之间的风险差异或投资收益回报的税收影响。

4.4.3 基金风险指标

由于上述收益评价指标只是单纯地根据收益值来评价基金业绩,并未考虑到与收益对应的风险,因此,这一部分引入各种类型的风险评价指标,以便为接下来要讨论的风险调整后的股权基金业绩评价指标打好基础。

(1)标准差

在证券投资中标准差衡量的是收益率的波动性。公式如下:

$$\delta_i = \sqrt{\sum_{i=1}^{n}[R_i - E(R_i)]^2 / n}$$

其中,R_i 表示资产的收益率;$E(R_i)$ 表示资产收益率的均值。

标准差描述的是资产的**总风险**,包括市场的系统性风险和单个证券的非系统性风

险,但是使用标准差的一个理论前提是投资收益要呈正态分布,不是十分符合现实投资收益的状况,此外,标准差将正负收益离差同等看待,不符合投资者对风险的真实感受。

(2) 下行度量风险

通过对 IRR 的分析发现,股权基金的收益呈现 J 型分布,因此采用标准差作为股权基金的收益风险评价不尽合理。故我们引出了下行风险度量的概念。

$$R_D = \frac{\sum_{i=1}^{n} |\min(0, R_i - r_f)|^2}{n}$$

其中,R_D 表示收益下行风险测度指标;R_i 表示 i 期基金的收益率;r_f 表示无风险利率。

该指标着重考虑损失在风险构成中的作用,认为只有小于无风险利率的收益率才是真正的风险所在。下行风险度量法克服了标准差平等对待正离差和负离差的不足,只考虑负离差,似乎更好地反映了投资者对风险的真实感受。

上述下行风险的概念是基于证券来说的下行风险,而股权基金的下行风险还要在此基础上进行变换。

下偏标准差 DD(downside deviation)与统计学上的低于目标的概率 BTP(below target probability)这两个概念可用来衡量股权基金的风险。即

$$DD = \sqrt{\frac{\sum_{i=1}^{n}(R - r_i)^2}{n}} \bigg| r_f < R$$

其中,R 是一个参照收益率,这个参照收益率的选取取决于评价股权基金的标准,它相对于标准差公式中的收益率的均值更为灵活。DD 很好地体现了下行风险的概念,因为只有当 $r_i < R$ 的时候才能作为公式中的自变量,这样计量的才是股权基金损失的风险。

将该公式与标准差公式对比来看可以发现,标准差不区分正负离差,衡量的是对收益均值的偏离程度;而 DD 仅考虑负离差,衡量的是对某一参照收益率的离差,因此 DD 可以衡量更广泛范围的风险。

下标准偏差已经很好地说明了负偏离的程度,但如果再考虑一个负偏离的概率,则需引出 BTP 的概念。即

$$BTP = \int_{-\infty}^{R} f(r) dr$$

该函数的上限依然为上述 DD 的参照收益率,也体现下行风险的内涵,说明的是负收益的可能,即损失的可能性。现实中通常将 DD 和 BTP 两个概念相结合使用,一个衡量负离差的概率,一个衡量负离差的程度。

(3) β 系数

β 系数表示基金收益率相对于市场基准指数波动的敏感度。公式如下:

$$\beta_i = \frac{\text{cov}_{i_m}}{\delta_m^2}$$

在衡量股权基金收益风险的市场基准的选择时,既可以选择某一个公开市场基准,也可以选择总体股权基金市场作为基准,选择的基准没有固定的规定,主要取决于具体评价股权基金应该选择的标准。此处与上述的 DD 参照收益率的选取大致类似。

不同类别市场的 β 系数值有所不同。Jones 和 Rhodes-Kropf 曾计算出创业基金(VC)的系数为 1.80,收购基金的系数为 0.66。纽约大学 Stern 商学院 Alexander Ljungqvist 和 Matthew Richardson 曾经提出从行业的角度来衡量股权基金的系统风险值,并计算出股权基金的系数约为 1.10。这个方法主要是依据 Fama 和 French 在 1997 年的研究成果计算而得,虽说这种方法计算出来的结果在当时很准确并被广泛使用,但是因为仅仅考虑到 1994 年的数据,随着时间的推移,这种方法计算出来的 β 系数值可能也不再适用,或许要重新计算,再或者需要根据现实情况调整计算模型中最初使用的各种变量。

虽然我们看到学者们在计算 β 系数值时有着自己的选择,但是现在越来越多的学者更乐意将股权基金的 β 系数值近似假设为 1,而不再计算复杂的 β 系数值。

β 系数描述的仅仅是市场的**系统性风险**,而标准差衡量的是市场的总风险,当投资组合多样化程度较高时,总风险中的非系统风险几乎能够被充分分散,因此此时标准差近似等于 β 系数。

4.4.4 基金风险调整后的收益指标

(1) 夏普(Sharpe)指数

夏普比率表示基金承受每单位总风险所获得的超额收益。夏普比率越大,基金业绩就越好;反之,基金业绩就越差。公式如下:

$$\mathrm{SR}_i = \frac{r_i - r_f}{\sigma_i}$$

其中,r_f 表示无风险收益率;r_i 表示基金 i 的收益率。

夏普指数是一个相对指标,考虑了股权基金收益的风险,此处采用的是标准差的形式,因此,夏普指数有以下优点:①它允许任意两只基金的风险调整收益进行直接的比较,而不需要考虑它们相对于基准组合的波动性和相关性;②由于夏普比率允许在基金投资中使用借贷杠杆,因此投资者能在提高风险水平的同时相应地提高收益,这样,投资者能够通过投资于具有最高夏普比率的基金而取得风险与收益的最佳组合。

(2) 调整夏普指数

正如上文中的解释,由于标准差要求正态分布等前提在实务中一般不满足,因此可用上文所说的下标准偏差(DD)和 BTP 来替换标准差来计算调整夏普指数。即

$$m\mathrm{SR}_i = \frac{r_i - r_f}{\mathrm{DD}_i}$$

$$m\mathrm{SR}_i = \frac{r_i - r_\mathrm{f}}{\mathrm{BTP}}$$

调整夏普指数能更充分地体现下行风险的思想,也就是评价了负收益的可能性。

(3) 特雷诺(Treynor)指数

特雷诺指数反映的是基金每单位系统风险所获得的超额回报。即

$$T = \frac{r_i - r_\mathrm{f}}{\beta_i}$$

特雷诺指数与夏普指数一样,同样是一个相对的指标,只是在计算的时候选择的风险指标是 β 系数,因此在投资组合分散程度较低时,特雷诺指数接近夏普指数,但是总是高于夏普指数,除非完全消除非系统风险。

(4) 詹森(Jensen)指数

詹森指数,又称为 α 值,反映了基金与市场整体之间的绩效差异,是衡量基金超额收益大小的一种指标。詹森指数越大,反映基金运作效果越好。

$$\text{詹森指数}(J_\mathrm{p}) = r_\mathrm{p} - [r_\mathrm{f} + \beta_\mathrm{p}(r_\mathrm{m} - r_\mathrm{f})]$$

其中,r_m 为市场基准收益率,r_p 为投资组合收益率。

优点:可以计算出基金优于基准的具体大小。投资者可以参考詹森指数,来对基金投资的期望收益与证券市场的期望收益比较。

缺点:假设基金的非系统风险已通过投资组合彻底地分散掉,而事实往往不如此,特别是对于那些采用积极管理策略的股权投资基金都是不适用的。

4.5 基金业绩评价的挑战

度量和评价一项投资或一种资产的业绩通常不仅要找到度量其收益率的合适指标,而且要比较这项投资或资产和其他投资或资产的收益水平。因此,如何评价股权投资基金的业绩就可以概括为三个基本问题:第一,如何度量单个股权投资基金的收益率;第二,如何比较不同股权投资基金的收益率以及股权投资基金作为一个资产类别和其他资产类别,尤其是公开市场股票、债券投资的相对收益率;第三,股权投资基金资产收益率和公开市场收益率的相关性。股权投资基金市场的特殊性使得度量和评价其业绩在以下 5 个方面都存在重大的挑战。

(1) 缺乏完整的基础资料

与上市交易的股票和债券不同,股权投资基金缺乏统一的公开市场。而且,股权投资基金业绩信息较难获取,基金或基金管理人出于种种原因,在披露信息方面总是不够全面甚至不披露。可以说,市场上没有任何一个机构拥有完备的股权投资基金数据库。

(2) 未来现金流的不确定性

对基金投资者来说,真正有实际意义的是,流出和流入现金的数量和时间。但是,基

金管理人什么时间会要求投资人支付已承诺的出资(在基于事件驱动而非基于预先计划的支付方式下),支付多少,什么时间会分到基金投资收益,收到多少等都具有很大的不确定性,投资人唯一可以确定的是管理人要求支付的资金不会超过自己承诺的出资。

(3) 现金流的非均衡性

由于股权投资基金特殊的运作模式,现金流出主要发生在基金成立后3~5年的投资期,包括基金开办费、基金管理费和投资支出;而现金流入主要发生在3~5年以后,包括持有的投资项目的分红和项目退出的收入。投资退出是基金的主要现金流入,它在年度之间通常也是很不均衡的。正因为如此,计算基金某一年份的收益率往往没有意义。股权投资基金行业通常采用"成立年以来收益率(vintage year return)",计算自基金成立年份起到计算年份的累计收益率。

股权投资基金的存续期平均在10年左右。从单个基金来看,基金刚封闭的前几年,投资陆续实现,但是投资增值不会马上发生,通常也还没有项目退出,而基金的费用则按年发生。有时投资项目失败,还要计提损失。因此,基金的现金流常常表现为净流出,年收益率比较低,开始的一两年一般都为负数。随着投资项目的商业价值逐步增加,特别是,随着项目逐渐退出,基金的现金流逐渐转为净流入,年收益率转为正值,并逐年上升。表现在图形上,类似英文字母"J",这就是股权投资基金业绩的"J曲线效应(J-curve effect)"。

(4) "过时价格"和未退出项目估值的不确定性

与公开上市企业股权每天都在实际交易不同,私人企业股权不是公开连续交易的,只有在出现新一轮融资时才有实际交易价格。在此之前,基金管理人一般按投资成本或账面价值对持有项目计价。几乎在任何时间,这都是一个"过时价格"。股权投资基金投资持有期较长,市场环境和受资企业自身状况较易变化,如何调整"过时价格"(调增或调减甚至核销),对未退出项目估值,具有很大的不确定性和操控空间。那些具有优秀过往业绩的管理人,由于不用担心下一只基金的募集,通常对未退出项目的估值都相对保守,他们往往把最好的项目留在最后;而许多首只基金的管理团队为了能够顺利募集到下一只基金,则常常利用这种不确定性在募集新基金时粉饰当前基金的业绩。

估值的不确定性不仅给投资者,特别是那些自身需要披露信息的机构投资者带来种种不便,也伤害股权投资基金自身。当需要对不同基金的收益(率)水平进行比较时,问题变得更加复杂。不同国家和地区之间以及同一国家和地区内部不同基金之间在估值方法和风格上存在很大的差别。于是,欧美的行业协会纷纷制定相关的估值指引,希望能够约束其会员以减少估值方面的人为操控。

(5) 私募基金业绩与公开市场收益的比较存在特殊困难

在公开交易的证券市场,投资者很容易通过购买指数基金复制市场的表现,而股权投资基金市场缺乏类似的指数基金;股权投资基金使用内部收益率或变现倍数作为业绩衡量指标,而证券市场投资通用的是时间加权收益率(TWR)指标,不能直接比较。股权投资基金业界开发了市场等价指标(PME)来代替内部收益率,但仍然存在一些问题。真正有意义的收益(率)比较应该是经风险调整的收益率,如夏普比率。但是,由于股权投资基金对未退出投资估值的时间间隔较长,估值和收益的波动性被人为降低,从而使股权投资基金的风险也被人为地降低。

本章小结

本章概述了股权投资基金收益来源、构成和特征,介绍了股权投资基金业绩评价的方法,对各种指标加以详尽解释。

基金业绩评价的内容结构参见图4-10。

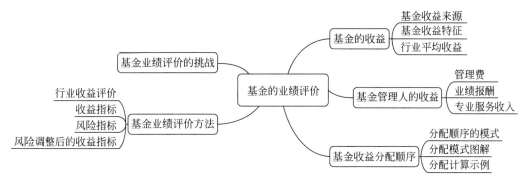

图4-10 基金业绩评价的内容结构图

关键术语

门槛收益率(hurdle return rate)
优先回报率(perfered return rate)
收益分配(distribution waterfall)
本金优先返还模式(all capital first/European waterfall)
按项目分配模式(deal by deal/American waterfall)
J曲线(J curve)
投入资本分红率(distribution over paid-in,DPI)
资本回报倍数(multiple of capital contributed,MOC)
夏普指数(Sharpe index)

练习思考题

1. 请分析股权投资基金的收益来源。
2. 请分析股权投资基金业绩评价的IRR指标在应用中往往会遇到哪些问题。

案例分析：鼎晖投资的投资收益

鼎晖投资2002年分拆于中国国际金融有限公司的直接投资部。核心管理团队经历了多轮行业周期的考验，积累了丰富的经验。截至2014年，鼎晖投资旗下各支基金已经投资了超过120家中国优秀企业及项目，其中超过30家在上海、深圳、香港、新加坡和纽约成功上市或退出，取得了骄人的投资业绩（参见表4-12）。

表4-12 鼎晖投资退出项目

企业名称	行业分类	退出方式	账面回报（倍数）	退出时间
绿叶制药	化学药品制剂制造业	IPO	2.55	2014-07-09
迪信通	通信设备制造业	IPO	4.64	2014-07-08
应流股份	机制、设备、仪表	IPO	71.66	2014-01-22
奥特佳	输配电及控制设备制造业	股权转让	—	2013-03-01
协众国标	制冷、空调设备制造	IPO	—	2012-06-18
赛维太阳能	其他能源发电	IPO	3.14	2007-05-31
永乐家电	零售业	IPO	1.65	2006-04-24
分众传媒	传媒业	IPO	21	2006-7-11

数据来源：格上理财，www.licai.com。

我们通过永乐电器和分众传媒的案例，简单介绍股权投资基金业绩评价指标的运用。

（1）永乐家电

投资：2005年1月，鼎晖投资和摩根士丹利以每股0.92港元、共5 000万美元的总价收购了永乐家电20%的股权。其中，鼎晖投资以约5 440万港元认购了约5 914万股永乐家电股份。

在上市前的2005年10月9日，摩根士丹利和鼎晖投资还行使了财务投资者购股权，分别购入8 549.91万股、1 385.56万股，总行使价约为1 765万美元，相当于每股1.38港元。

退出：上市半年后的2006年4月24日，鼎晖投资以每股3.225港元的价格向其他投资人配售了所持股份的一半，约套现1.177亿港元。另一半股权在2006年7月解禁时市值约7 750万港元。

（2）分众传媒

投资：2004年4月，鼎晖、华盈、中经合、麦顿资本等联合投资分众传媒1 250万美元，这些股票合计占分众传媒19.50%的股份。鼎晖投资出资600万美元，以0.24美元/股获得分众传媒9.37%的股份。

退出：2005年7月，分众传媒成功登录美国纳斯达克交易所，鼎晖投资出售了5 054 760股普通股，套现859万美元，剩下的1 994.52万股市值4 250万美元（2006年年底超1.25亿美元）。

（3）投资收益评价

我们假设将上述两项投资项目作为今年鼎晖投资的两项主要项目，下面将以表4-13列示各轮融资以及退出收益情况，并计算夏普指数和特雷诺指数。

需要说明的是，此处标准差采用Excel中的计算公式根据两项投资项目获得，R为投资收益率，而R_f为中国2014年10年期国债利息收益率，β系数采用的是4.4.3节以股权基金市场作为基准的数值。

表4-13 投资收益分析表　　　　　　　　单位：百万美元

项目1	永乐电器				
	金额	获利	R	夏普指数	特雷诺指数
第一轮投资	$701.22	$1 517.15		0.09	1.46
第二轮投资	$246.14	$998.98			
总额	$947.36	$2 516.13	165.59%		
项目2	分众传媒				
	金额	获利	R	夏普指数	特雷诺指数
第一轮投资	$600.00	$4 500.00		1.50	25.57
第二轮投资		$13 000.00			
总额	$600.00	$17 500.00	2 816.67%		
标准差	18.745 908 51				
R_f	4.45%				
β系数	1.1				

数据来源：安信证券、搜狐财经。

我们可以看到两项投资项目的夏普指数和特雷诺指数均大于零，并且分众传媒的指数明显大于永乐电器的指数，说明在考虑了风险以后分众传媒的投资项目收益高于永乐电器。特雷诺指数之所以大于夏普指数，也验证了我们前文提到的特雷诺指数只考虑了系统风险而夏普指数考虑了总风险（即系统风险和非系统风险）所导致的差异。

参考文献

[1] 王燕辉,著.私人股权基金[M].北京：经济管理出版社,2009.
[2] 段新生,著.私募股权基金治理、评价与会计信息披露研究[M].北京：中国金融出版社,2014.
[3] 厦门大学王亚南经济研究院,等,著.中国私募股权基金研究报告[M].北京：中国财政经济出版社,2007.
[4] 郭敏,编.财富裂变 私募股权基金运作解剖[M].北京：对外经济贸易大学出版社,2011.
[5] 何孝星,朱小斌,朱奇峰.证券投资基金管理学[M].大连：东北财经大学出版社,2005：197-300.
[6] 成思危,等.中国风险投资2014统计年鉴[C].北京：中国风险投资研究院,2016.
[7] 马超群,兰秋军,陈为民.金融数据挖掘[M].北京：科学出版社,2007：104-114.
[8] 唐欲静.证券投资基金评价体系——理论·方法·实证[M].北京：经济科学出版社,2006：39-57.

[9] 董方军,王军.我国私募证券投资基金发展的现状、问题及加强监管的若干建议[J].经济问题探索,2008,(06).

[10] 陈琳.我国私募股权投资基金发展状况与问题研究[J].商品与质量·科学理论,2011,(7).

[11] 宋欣健.风险投资基金的收益评价[J].经营与管理,2013,(1):76-79.

[12] 龙文标.投资基金风险防范与绩效评价研究[D].长沙:湖南大学,2002.

[13] 杜善友.2015'私募股权投资基金LP研究报告[J].首席财务官,2015,(20):42-46.

[14] 王宝琼.私募股权投资基金的组织形式及收益分配机制[A].云南省律师协会,2012:6.

[15] 郑超.中国私募股权投资收益率的影响因素研究[J].现代管理科学.2012,(2).

[16] 段新生.私募股权基金业绩评价的信度函数模型[J].会计之友,2012,(3).

[17] 周子凡,华章.关于私募股权基金业绩评价的思考[J].华章,2011,(32).

[18] 罗丽芬.PE/VC退出绩效评价指标体系研究[J].现代商业.2011,(23).

[19] 李晓周,韩清艳.私人股权基金投资业绩研究[J].商业研究,2010,(1).

[20] 何玲.私募股权投资基金的业绩评价指标体系[J].商业经济,2009,(6).

[21] 张晨宇,冉伦,李金林.风险资本退出时机和方式决策控制[J].北京理工大学学报,2004,(9).

[22] 王晓东,赵昌文,李昆.风险投资的退出绩效研究——IPO与M&A的比较[J].经济学家,2004,(1).

[23] 胡国晖,刘少英.风险投资家在风险投资中的实物期权的运用[J].科学学与科学技术管理,2002,(11).

[24] 吴正武,裘孟荣,袁飞.风险资本退出时机和退出方式的确定原理[J].商业研究,2002,(20).

[25] 范柏乃.我国风险投资退出机制的实证研究[J].上海交通大学学报(社会科学版),2002,(3).

[26] 谈毅,冯宗宪,邵丰.风险资本退出时机选择与企业股权价值的评估[J].中国软科学,2002,(5).

[27] 戴国强,王国松.信息不对称和风险资本退出[J].财经研究,2002,(2).

[28] 苏永江,李湛.风险投资项目的退出问题研究[J].预测,2001,(4).

[29] Draho J. The Timing of Initial Public Offerings: a Real Option Approach[J]. Electronic Journal, 2000,(6).

[30] Venture Capital Due Diligence: A Guide to Making Smart Investment Choices and Increasing Your Portfolio Returns[M]. Wiley Finance,2002.

[31] Fried V H,Hisrich R D. Toward a model of venture capital investment decision making[J]. Financial Management. 1994,23(3).

[32] Dixit A K,Pindyck R S. Investment under uncertainty[J]. Resources Policy,1996,22(3).

[33] Amram M,Kulatilaka N. Disciplined Decisions: Aligning Strategy with the Financial Maket[J]. Harvard Business. 1999,(1-2).

5 募 资

学习目标

- 了解股权基金募集的方式
- 掌握股权基金募集的流程
- 了解募资前期准备工作的内容
- 理解募资路演
- 掌握有限合伙协议的关键条款
- 了解不同类型基金注资时间的惯例

5.1 募资准备

5.1.1 募集方式

股权投资基金募集是指股权投资基金向符合合格投资者资格的不特定机构或个人募集资金的行为。基金募集是基金运营的一个重要环节,这种重要性主要体现为:

(1) 募资是投资的前提。没有充足资金的募集,就没有以后的投资,所以资金募集起着基础性的作用。

(2) 募资是获得投资者认同的过程。资金募集环节的路演、尽职调查、签订协议等活动,对增进投资者与基金管理人之间的信任、促成良好的合作有积极作用。

基金的募集方式分为自行募集和委托募集。自行募集是由发起人自行拟定募集说明材料、寻找投资人的基金募集方式。委托募集是指基金发起人委托第三方机构代为寻找投资人或借用第三方的融资通道来完成资金募集工作,并支付相应服务费。

根据募集资金拟投资的方向,还可以将募集方式分为两种。

(1) 确定投资项目的募集:普通合伙人已明确投资项目,专门为该特定的投资项目向特定机构和个人募集资金,这种募集方式往往目的明确,易于有限合伙人把握投资风险,受到诸多投资人的青睐。这种基金是对于特定项目的专项基金,虽然有基金之名,但实际上是直接投资项目的融资方式,不被视为股权投资基金。

（2）不确定投资项目的募集：普通合伙人依靠自身的品牌、管理团队与管理能力，先向特定机构和个人募集资金再确定投资项目。由于这种募集方式对普通合伙人的品牌、成功经验以及管理能力要求较高，同时有限合伙人对普通合伙人的信任程度要求也更高。

5.1.2　募集机构

募集机构是指私募基金管理人在中国证监会注册取得基金销售业务资格并已成为中国证券投资基金业协会会员的机构。

基金募集机构主要分为两种：直接募集机构和受托募集机构。直接募集机构是指基金管理人，受托募集机构是指基金销售机构。

（1）直接募集机构

基金管理人应当履行受托人义务，承担基金合同、公司章程或者合伙协议的受托责任。

（2）受托募集机构

私募基金管理人委托基金销售机构募集私募基金的，应当以书面形式签订基金销售协议，并将协议中关于私募基金管理人与基金销售机构的权利与义务划分以及其他涉及投资者利益的部分作为基金合同的附件。基金销售机构负责向投资者说明相关内容。基金销售协议与基金合同附件关于基金销售的内容不一致的，以基金合同附件为准。目前，基金销售机构一般为银行，也有第三方理财顾问机构，代理费用一般在1‰～2‰之间。

5.1.3　募资规划

基金管理人在开展募资前需要对影响募资成败的关键因素系统梳理，提前做好规划。

（1）组建有实力的团队

投资者通过股权投资基金间接投资股权的目的是享受基金管理团队的专家服务，所以基金发起人在募集基金之前就必须为基金组建一支强有力的管理团队。与证券投资基金的管理团队主要注重公司分析、行业分析与资本市场分析不同，股权投资基金管理是一项特定行业、特定阶段的投资管理、资产管理和金融技能于一体的复合性专业管理业务，而这些技能通常很难为某一位专家所拥有，所以在组建基金管理团队时要特别注意管理团队的技能互补性。

（2）确定有特色的定位

股权投资基金是一种积极管理的投资。因此，股权投资基金管理团队在投资管理过程中就应当特别注重在投资的行业、阶段、企业、资产的类型，形成有独特市场定位的投资策略，这样才可能打造出基金的品牌。在股权投资基金运营中，一个非常成功的投资案例，特别是那些并不是仅仅凭运气而是凭智慧和时机把握、具有典型借鉴意义的优秀案例，对于打造股权投资基金管理团队的品牌具有重要的意义。

（3）圈定有潜力的投资者

对潜在投资者特征的准确定位往往是决定一只股权投资基金能否募集成功以及能否高效地募集的关键因素。因为，股权投资基金的投资者除了希望从基金获得投资收益以外，还关注一起参与投资的其他投资人的背景。当基金具有产业特色时，最好能够先找产业的巨头和对该行业感兴趣的尤其是具有产业关联性的投资者作为基石投资者，以形成示范效应，有了这些有影响力的基石投资者，再找其他投资者就相对容易些。

（4）设计专业化的条款

股权投资基金作为一种专家管理型的资本经营载体，基金经理人的人力资本具有至关重要的作用。但是人力资本作用的增加并没有改变"所有者雇用经营者"这一铁律。特别是股权投资基金业是资本密集型行业，投资者的货币资本是股权投资的先决条件，而人力资本究竟能起多大作用，只有等到他最终使货币资本增值以后才清楚。正是因为人力资本是一种具有不确定性的资本形态，对于投资者的投资者主权，基金发起人应当有足够的认识，并在基金组织形式选择、管理架构设计和激励约束条款安排等方面对投资者利益保护予以充分关注。

5.1.4 撰写私募备忘录

股权基金正式推介前，需要聘请律师事务所编制私募备忘录（private placement memorandum，PPM），也称募集说明书。私募备忘录是正式的法律文件，发起人或管理团队对其披露和承诺的事项负有相应法律责任。

律师事务所在编制备忘录之前或在编制过程中会对发起人或管理团队进行尽职调查，以证实私募备忘录中披露事项的真实性和完整性。律师事务所的尽职调查可能只是程序式的，如通过书信或电邮进行的问卷调查、电话调查等，但管理团队必须对调查答案承担诚信的法律责任。

拓展阅读　有限合伙制基金的私募备忘录样本

5.1.5 募资操作原则

股权投资基金募资操作应遵循以下原则：

（1）严格按照非公开途径募集资金。无论是《公司法》发起设立中的特定对象募集，还是《合伙企业法》中的有限合伙设立，以及信托集合资金的不得公开营销宣传，都要求股权投资基金需严格按照非公开途径募集资金。

（2）严格限定投资对象人数。《公司法》明确限定非上市股份有限公司股东人数不得超过 200 人，《证券法》等相关法规明确限定向特定对象发行股票后股东累计不超过 200 人，《合伙企业法》规定有限合伙企业合伙人不得超过 50 人，《信托法》等相关法规明确单个信托计划的自然人人数不得超过 50 人。由此可见，股权投资基金在资金募集过程中应严格限定投资对象数量。

（3）自行决定资金募集规模。除了对自然人投资股权投资基金特别是集合资金信托计划有投资规模的限制外，《公司法》《证券法》《合伙企业法》等都未严格限定股权投资基金资金募集规模，这是符合股权投资基金本身特点的，因为只有股权投资基金了解自身的投资资金需求，并根据自身情况做出合理资金募集安排，因此法律在此问题上未进行具体的规定。在募集过程中，企业应拓宽募集渠道，并规范操作。这就需要企业加强宣传推广能力、沟通能力、整合第三方融资平台的能力。

5.2 募资对象

相较国外股权投资基金以大学捐赠基金、养老金、家族基金、母基金、主权财富基金等为主要募资渠道，国内股权基金 LP 队伍也日益壮大，全国社保基金、保险公司、母基金、政府引导基金、企业、财富管理机构、家族办公室、高净值个人等成为 LP 的主要类型。下面择其要分述。

5.2.1 全国社会保障基金

养老金、保险基金有着资金量大、资金期限长的特点，适合进行长期投资，因此可作为股权投资基金理想的 LP。而有这类长期基金作为出资人，也可以有力地提高股权基金的影响力与知名度，对其募资与投资都会带来非常积极的影响。

全国社会保障基金于 2000 年 8 月设立，是国家社会保障储备基金，由中央财政预算拨款、国有资本划转、基金投资收益和国务院批准的其他方式筹集的资金构成，由全国社会保障基金理事会（简称社保基金会）负责管理运营。全国社会保障基金与地方政府管理的社会保险基金（包括基本养老保险基金、基本医疗保险基金、工伤保险基金、失业保险基金和生育保险基金）是不同的基金，资金来源和运营管理不同，用途也存在区别。其具有资金量大、期限长、流动性低的特点，因此也是股权投资基金理想的机构投资者。2004 年社保基金初次尝试投资基金，2008 年国务院批准全国社保基金可投资经发改委批准的产业基金和在发改委备案的市场化股权投资基金，总体投资比例不超过全国社保基金总资产（按成本计）的 10%，然而从目前来看社保基金对 PE 机构投资的金额远小于理论可投资金额。

5.2.2 保险公司

2010年9月,保监会发布《保险资金投资股权暂行办法》,允许保险公司投资股权投资管理机构发起设立的股权投资基金等相关金融产品。保险资金投资PE首度开闸。

根据《保险资金投资股权暂行办法》和《关于保险资金投资股权和不动产有关问题的通知》,保险资金在投资股权投资基金时,投资规模不高于所投资基金资产余额的20%。对所投资基金的管理机构资格的规定,主要包括如下几点:

(1) 注册资本或者认缴资本不低于1亿元人民币;
(2) 管理资产余额不低于30亿元;
(3) 拥有不少于10名具有股权投资和相关经验的专业人员,已完成退出项目不少于3个;
(4) 募集或者认缴资金规模不低于5亿元;
(5) 保险资金投资的股权投资基金,非保险类金融机构及其子公司不得实际控制该基金的管理运营,也不得持有该基金的普通合伙权益。

根据《中国保监会关于保险资金投资创业投资基金有关事项的通知》,VC母基金首次被纳入险资可投资范畴。与保险资金投资股权投资基金类似,保险资金投资单只创业投资基金的余额也不超过基金募集规模的20%。其他对基金管理机构资格的规定,主要包括:

(1) 具有5年以上创业投资管理经验,累计管理创业投资资产规模不低于10亿元;
(2) 拥有不少于5名专业投资人员,成功退出的创业投资项目合计不少于10个;
(3) 保险资金投资的创业投资基金,应当不是基金管理机构管理的首只创业投资基金;
(4) 单只基金募集规模不超过5亿元;
(5) 单只基金投资单一创业企业股权的余额不超过基金募集规模的10%。

5.2.3 证券公司

2007年9月中信证券和中金公司取得了直接股权投资的试点资格,允许使用自有资金设立直投基金对企业进行股权投资或与股权相关的债权投资,或投资于与股权投资相关的其他投资基金。2017年发布的《证券公司私募投资基金子公司管理规范》及《证券公司另类投资子公司管理规范》规定,原来直投子公司应拆分为私募投资基金子公司和另类投资子公司两类公司,其中私募基金子公司不得从事与私募基金无关的业务,仅可从事私募基金业务以及依法依规从事第三方投资顾问服务等私募基金相关的业务,投资于本机构设立的私募基金的比例不得超过该只基金总额的20%;而另类子公司只能以自有资金进行投资,不能融资。

证券公司设立的私募基金子公司和另类投资子公司原则上均不得超过一家,私募基金子公司可以下设不限数量的基金管理机构,但下设基金管理机构不能再下设任何机构;而另类投资子公司不得下设任何机构。

5.2.4 母基金

母基金(fund of funds,FOFs),是一种以股权投资基金为投资标的的基金。FOFs通过对股权基金进行组合投资而实现间接投资于企业。在海外的VC/PE中,FOFs是重要的机构出资人,知名的包括欧洲的LGT Capital、美国的Adam Street和HarbourVest、中国香港的Asia Alternative等。FOFs由于可以进行成熟、专业的全球化、多元化资产配置,分散地域和政治风险,从而成为基金会、养老金等机构重要的投资对象。

自2005年起,随着中国股权投资市场的快速崛起,海外FOFs也开始关注中国市场的投资机会。一些大型的全球多元化资产配置的海外FOFs开始陆续投资中国市场,并在中国设立代表处,成为中国早期美元VC/PE的重要机构出资人,投资地域主要是以中国以及亚洲为主,小部分FOFs依旧会将投资范围布局全球。

我国FOFs自20世纪90年代的探索起步,后来经历快速发展阶段。如今,伴随着股权投资基金的快速发展,我国FOFs产业链也日益完善,行业参与者明显增多,已经步入规范运作的阶段。据投中研究院统计,2016年年中市场上约200家FOFs,而其中中资或有中资背景的FOFs约占比81%,而外资背景的FOFs约占19%。

股权投资基金募资时之所以青睐FOFs,主要有以下原因:

第一,FOFs能够为子基金构筑更优化的LP结构,成为GP长期稳定的资金渠道。不同地区不同类型的LP,会根据市场和政策环境的变化调整其在PE市场的资产配置,因此过分单一的LP构成是基金的资金来源稳定性的潜在隐患。而FOFs作为专注于股权市场的LP,通常情况下能够为业绩优秀GP所管理的基金长期注资,而不受股权市场资产配置比例的限制。

第二,FOFs的加入通常能够缩短子基金募集周期。FOFs作为专业投资人,在尽职调查方面和基金条款的谈判,以及后续GP表现的长期跟踪上都具有很强的专业度,因此FOFs在基金募集早期加入,或者作为基金的领投人对于基金的潜在LP是一个积极的信号,对于推进基金成功募集和缩短募集周期有积极的意义。

5.2.5 政府引导基金

引导基金是由政府设立的政策性基金,政府产业引导基金、创业投资引导基金以及科技型中小企业创新基金等都属于引导基金。它实际上是承担政策导向的非市场化的母基金。从现实看,全国各地省市政府及高新园区都有财政拨款,直接经营股权投资业务或投资于股权基金(即母基金),同时也都肩负政策目的,如国家发改委在全国范围内成立的20家创业投资基金,并提供财政专项资金予以支持,该类基金仅就投资区域及领域进行限制,而对于基金的管理和决策赋予了较大的自主权。

2002年,中关村创业投资引导资金的成立标志着我国政府引导基金发展的开端。2005年,在国务院十部委联合发布的《创业投资企业管理暂行办法》中第一次出现引导基金的概念;2008年,国家发改委联合财政部、商务部共同出台《关于创业投资引导基金规范设立与运作的指导意见》,第一次对创业引导基金进行了详细的定义,这份法规连同《科技型中小企业创业投资引导基金股权投资收入收缴暂行办法》《新兴产业创投计划参股创业投资基金管理暂行办法》《政府性基金管理暂行办法》《政府投资基金暂行管理办法》等文件,为引导基金的设立和运行提供了实质性的法律指导。全国各地政府迅速地做出了反应和对策,不但很快设立了一批地方引导基金,还相应地制定了一系列地方实施办法,引导基金进入一个繁荣时期。政府引导基金已不再仅局限于作为撬动社会资本、扩大财政的杠杆,开始更多地着眼于其作为杠杆的效果如何。现在,政府引导基金已经成为国内人民币基金的重要LP。

实务链接:引导基金的三个特点

2008年由国家发改委、财政部和商务部联合发布的《关于创业投资引导基金规范设立与运作的指导意见》(以下简称《指导意见》)中指出:"创业投资引导基金(以下简称'引导基金')是指由政府设立并按市场化方式运作的政策性基金,主要通过扶持创业投资企业发展,引导社会资金进入创业投资领域。引导基金本身不直接从事创业投资业务。"根据《指导意见》的要求,引导基金应具备以下三个特点:第一,非营利性。引导基金是不以营利为目的的政策性基金,并非商业性基金。第二,不直接参与创业投资。引导基金"主要通过扶持创业投资企业发展,引导社会资金进入创业投资领域",其本身并不直接参与创业投资。第三,市场化、有偿方式运作。引导基金应按照市场化的有偿方式运作,而不是通过政府拨款、贴息等无偿方式运作。

目前,我国政府引导基金的主要运作模式有参股设立子基金、跟进投资、风险补助、融资担保及投资保障等。

参股设立子基金是指与投资机构共同发起设立子基金,并对目标企业进行股权投资,最后依照投资约定退出。

跟进投资类似于股权投资机构跟投的方式,对已被投资机构所投资的企业,引导基金进行跟投。

风险补助是指政府引导基金对已投资于初创期科技型中小企业的创业投资机构给予一定的补助。

融资担保即对历史信用良好的创投企业采取提供融资担保的方式,支持其通过债权融资增强投资能力。而判断其历史信用则根据信贷征信机构所提供的信用报告。

投资保障指创业投资机构将正在进行高新技术研发,有投资潜力的初创期科技型中小企业确定为"辅导企业"后,政府引导基金对辅导企业给予奖励。

5.2.6 企业

企业投资者是中国本土 LP 的主要组成部分,也是最活跃的参与者。根据 CVSource 2016 年的统计,企业投资者在境内 LP 群体中数量占比超过 60%。企业投资者包括国有企业、民营企业、外资企业等,但其中的上市公司因与资本市场联系密切而成为较受关注的企业投资者。

A 股上市公司与 PE 共同成立基金(基金形式主要为有限合伙企业,同时还有部分有限责任公司或者资产管理计划),用于对新兴行业或者固定项目进行股权投资,这种合作被称为"**上市公司+PE**"模式。**具体合作方式有两种**:一是上市公司主导并通过旗下的投资平台进行资源整合,或是以基金管理人或普通合伙人的方式成为基金的核心管理者,而外部的 PE 机构也会以资金等形式参与;二是外部 PE 主导,即成立的基金管理人或者普通合伙人为 PE 机构而并非上市公司,但上市公司仍出资并享有投资项目并入上市公司的优先权,PE 机构则充当资源整合的作用。

上市公司+PE 这种模式创立于 2011 年硅谷天堂与大康牧业的合作中。此后,这种新兴模式被越来越多的机构所模仿,并在 2014 年与 2015 年达到了高潮。从 2014 年至 2016 年,通过"上市公司+PE"模式设立的基金案例超过了 250 个,基金总规模达 2 000 亿元。然而该模式在 2015 年经历了井喷现象之后,2016 年明显该模式的发展缓慢,其中一个原因是"上市公司+PE"模式第一案例硅谷天堂与大康牧业的合作于 2015 年 10 月后宣告终止,最终硅谷天堂要求大康牧业完成对武汉和祥牧业发展有限公司 91.63% 的股份收购,并支付给硅谷天堂 6 141.87 万元收购款、22.69 万元利息以及 484.74 万元利润分红损失。

5.2.7 高校教育基金会

大学基金会的特点为以捐赠为主,其发展起源于欧美,其中又以美国的大学捐赠基金发展最为典型。其中最著名的是耶鲁捐赠基金,其投资策略和运营模式已经在全球被视为教科书式的典范,其他著名的如哈佛捐赠基金、剑桥捐赠基金等。美国的大学捐赠基金如此发达,主要原因在于,第一,美国大学基金会资金规模较高,捐赠基金在高校教育基金中占有较高的比重,因此其发展受资金条件约束小;第二,美国大学基金会通常成立有专门的公司或机构并且聘请专业人员来负责基金的管理运作,基金运作有活力,并且根据市场化进行多元投资;第三,美国大学基金会投资收益已成为教育基金会资金的重要来源,教育基金投资运营的模式已趋成熟。

中国的高校教育基金会是由高校成立的依法营利组织,属于非公募性质的基金。其资金主要来源于社会捐赠、政府拨款,用途主要为高等教育支出,包括学生奖学金、兴建实验室和教学大楼、科研经费等。我国高校教育基金会共有五种运作形式：第一，市场运作型，如清华大学教育基金会、北京大学教育基金会；第二，行政管理型，如浙江大学教育基金会；第三，委员会型，如南京大学教育发展基金会；第四，海外拓展型，如上海交通大学教育基金会；第五，行业依靠型，如中国矿业大学、石油大学教育基金会。

相比欧美国家，我国高校教育基金的发展起步比较晚，1990年前后开始进入迅速成长期。2004年国务院颁布实施的《基金会管理条例》规定基金会应当按照合法、安全及有效的原则实现经济的保值、增值。目前，我国已有高校教育基金会在尝试投资 VC/PE，参见表 5-1。如清华大学教育基金会向南华创业投资基金投资 2 000 万元。2009 年 11 月，启迪创投与清华大学教育基金会签约，成为国内首家获得大学捐赠基金注资的创投机构，启迪创投也顺势成为首个国内大学基金会控股的创投。

高校教育基金会投资股权基金实例参见表 5-1。

表 5-1　高校教育基金会投资股权基金实例

基金会名称	时间	投资基金名称	基金管理人	基金规模/亿元	承诺投资额/亿元
清华大学教育基金会	2009 年	南华创业投资基金	海南南华汇金创投	10	0.2
	2014 年	江苏人才创新创业基金	毅达资金	1.5	N/A
北京大学教育基金会	2013 年	北京润信鼎泰投资中心（有限合伙）	中信建投资本	3.9	0.8

资料来源：公开资料，投中研究院整理. 2016 年 6 月。

总体来说，我国高校教育基金在 VC/PE 领域投资的尝试规模并不大。原因在于，一方面我国教育基金仍存在资金规模较小的问题，因此发展会很受束缚，尤其是在 VC/PE 投资方面的发展；另一方面，相较国外高校教育基金通常会设立专门的公司或者机构以及团队来管理运作基金，行政化的管理方式使我国高校教育基金缺少灵活性，与市场接轨较少。

5.2.8　高净值个人投资者

高净值个人的投资种类在近年的发展中逐渐由传统的地产、储蓄、固定收益产品、金融衍生品向股权投资领域转变，并日益多元化。根据 BCG 出版的《2020 中国资产管理模型》，2015 年中国高净值家庭（可投资资产规模在人民币 600 万元以上）户数为 200 万左右，2020 年预计将上升至 350 万户。这类客户通常为企业主、职业经理人、专业投资人以及文体明星等，特点为单位财富高，投资经验较丰富，投资行为与机构投资者趋同。

拓展阅读　海外机构 LP 典型类别

5.3 募资流程

根据中国基金业协会《私募投资基金募集行为管理办法》第十五条，募资流程为：公开宣传基金管理人→特定对象确定→投资者适当性匹配→基金非公开推介→基金风险提示→合格投资者确认→基金合同签署→投资冷静期→回访确认→划款，参见图5-1。对于专业投资者，以上部分环节可缺省。

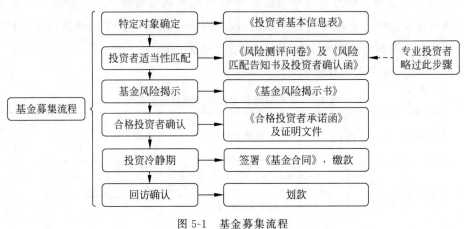

图 5-1　基金募集流程

5.3.1 公开宣传及特定对象确定

（1）基金管理人的公开宣传

私募基金管理人仅可以通过合法途径公开宣传基金管理人的品牌、发展战略、投资策略、管理团队、高管信息以及由中国基金业协会公示的已备案私募基金的基本信息，并对以上信息的真实性、准确性、完整性负责，参见图5-2。需要注意的是，虽然可以对基金管理人公开宣传，但不可以对拟设立的基金公开宣传。

（2）特定对象的确定

募集机构仅可向特定对象宣传推介基金。未经特定对象确定程序，不得向任何人宣传推介私募基金。

在向投资者推介基金之前，募集机构应当采取问卷调查等方式履行特定对象确定程序（参见图5-2），对投资者风险识别能力和风险承担能力进行评估，由投资者书面承诺其符合合格投资者标准。募集机构应建立科学有效的投资者问卷调查评估方法，确保问卷结果与投资者的风险识别能力和风险承担能力相匹配。评估结果的有效期不超过3年，逾期需要再推介需重新评估；同一私募基金的投资者持有时间超过3年的无须重新评估。

募集机构通过互联网媒介在线向投资者推介私募基金之前,应当设置在线特定对象确定程序,投资者应承诺其符合合格投资者标准。

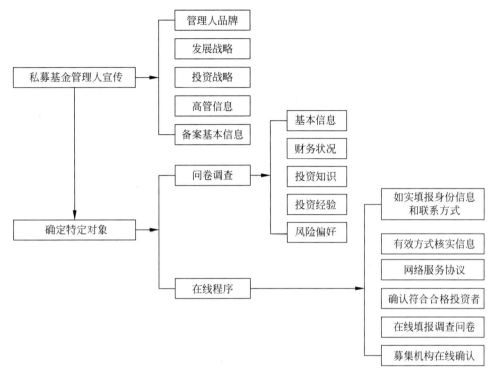

图 5-2　基金管理人的公开宣传及特定对象的确定

5.3.2　投资者适当性匹配

(1) 风险评级

在确定特定对象的基础上,私募基金管理人应当自行或者委托第三方机构对私募基金进行风险评级。

(2) 风险匹配

根据私募基金的风险类型和评级结果,向投资者推介与其风险识别能力和风险承担能力相匹配的私募基金。基金募集机构要按照风险承受能力,将普通投资者由低到高至少分为 C1(含风险承受能力最低类别)、C2、C3、C4、C5 五种类型。基金产品或者服务的风险等级要按照风险由低到高的顺序,至少划分为 R1、R2、R3、R4、R5 五个等级。

若普通投资者主动要求购买与之风险承受能力不匹配的基金产品或者服务的,则需要向基金募集机构提出申请,明确表示要求购买具体的、高于其风险承受能力的基金产品或者服务,且同时声明"基金募集机构及工作人在基金销售过程中没有向其主动推介该产品或服务"。

《基金募集机构投资者适当性管理实施指引(试行)》第四十四条规定,基金募集机构要根据普通投资者风险承受能力和基金产品或者服务的风险等级建立以下适当性匹配原则,参见表 5-2。

（一）C1 型(含最低风险承受能力类别)普通投资者可以购买 R1 级基金产品或者服务；

（二）C2 型普通投资者可以购买 R2 级及以下风险等级的基金产品或者服务；

（三）C3 型普通投资者可以购买 R3 级及以下风险等级的基金产品或者服务；

（四）C4 型普通投资者可以购买 R4 级及以下风险等级的基金产品或者服务；

（五）C5 型普通投资者可以购买所有风险等级的基金产品或者服务。

表 5-2　投资者风险承受能力与基金产品风险的适当性匹配

投资者风险承受能力等级	基金风险等级
C5	C5
C4	R4
C3	R3
C2	R2
C1(含风险承受能力最低类别)	R1

5.3.3　基金推介

基金推介也称为路演(roadshow),主要是通过介绍拟设立的基金情况和与投资者面对面地交流,激发投资者的兴趣并建立良好印象,以促进基金募资。路演同时也是与投资人深入交流并博得其认可的一个过程。

通过路演一般期望达到如下效果。

① 向投资者传达一致的投资机会、投资策略和项目储备。路演的首要目的是打动投资人,而有吸引力的投资机会可以作为切入点。成熟的投资人会关注拟设立的基金是通过怎样的投资策略把握投资机会、储备项目是否与投资策略相匹配等一致性判断来评估基金的可投资价值。

② 向投资者展示管理人的专业能力。路演的另一个目的是取得投资人的信任。投资机会一般不会是一只基金独占的,那么投资人即使认可投资机会,也会考虑为何投资于这只基金。所以,让投资人相信拟设立的基金有不同一般的专业能力并创造价值就尤为重要。这就需要让投资者知道是一个什么样的团队在操作这只基金。这时最好把核心成员配置及其团队成员履历一一呈现,并展示团队成员以前项目的完成情况、过往投资业绩及优势等来增加投资者的信心。

根据《私募投资基金募集行为管理办法》第四章的规定,私募基金推介应遵从如下规范。

(1) 推介原则

基金推介材料应由私募基金管理人制作并使用,同时应对其内容的真实性、完整性、准确性负责。

（2）禁止推介行为

募集机构及其从业人员推介私募基金时，禁止有以下行为：公开推介或者变相公开推介；推介材料虚假记载、误导性陈述或者重大遗漏；以任何方式承诺投资者资金不受损失，或者以任何方式承诺投资者最低收益，包括宣传"预期收益""预计收益""预测投资业绩"等相关内容；夸大或者片面推介基金，违规使用"安全""保证""承诺""保险""避险""有保障""高收益""无风险"等可能误导投资人进行风险判断的措辞；使用"欲购从速""申购良机"等片面强调集中营销时间限制的措辞；推介或片面节选少于 6 个月的过往整体业绩或过往基金产品业绩；登载个人、法人或者其他组织的祝贺性、恭维性或推荐性的文字；采用不具有可比性、公平性、准确性、权威性的数据来源和方法进行业绩比较，任意使用"业绩最佳""规模最大"等相关措辞；恶意贬低同行；允许非本机构雇用的人员进行私募基金推介；推介非本机构设立或负责募集的私募基金；法律、行政法规、中国证监会和中国基金业协会禁止的其他行为。

（3）禁止推介渠道

募集机构不得通过下列媒介渠道推介私募基金：公开出版资料；面向社会公众的宣传单、布告、手册、信函、传真；海报、户外广告；电视、电影、电台及其他音像等公共传播媒体；公共、门户网站链接广告、博客等；未设置特定对象确定程序的募集机构官方网站、微信朋友圈等互联网媒介；未设置特定对象确定程序的讲座、报告会、分析会；未设置特定对象确定程序的电话、短信和电子邮件等通信媒介；法律、行政法规、中国证监会规定和中国基金业协会自律规则禁止的其他行为。

5.3.4 基金风险揭示

（1）推介材料中的风险揭示

私募基金管理人应在私募基金推介材料中采取合理的方式揭示基金风险，风险提示环节尤为重要，要求相关内容清晰、醒目，并以合理方式提请投资者注意，让投资者在充分了解基金风险的情况下做出投资与否的决定。

（2）风险揭示书

在投资者签署基金合同之前，募集机构应当向投资者说明有关法律法规，说明投资冷静期、回访确认等程序性安排以及投资者的相关权利，重点揭示私募基金风险，并与投资者签署风险揭示书。

风险揭示书的内容包括但不限于：

（1）私募基金的特殊风险，包括基金合同与中国基金业协会合同指引不一致所涉风险、基金未托管所涉风险、基金委托募集所涉风险、外包事项所涉风险、聘请投资顾问所涉风险、未在中国基金业协会登记备案的风险等。

（2）私募基金的一般风险，包括资金损失风险、基金运营风险、流动性风险、募集失败风险、投资标的的风险、税收风险等。

（3）投资者对基金合同中投资者权益相关重要条款的逐项确认，包括当事人权利义务、费用及税收、纠纷解决方式等。

风险揭示书的内容参见图 5-3。

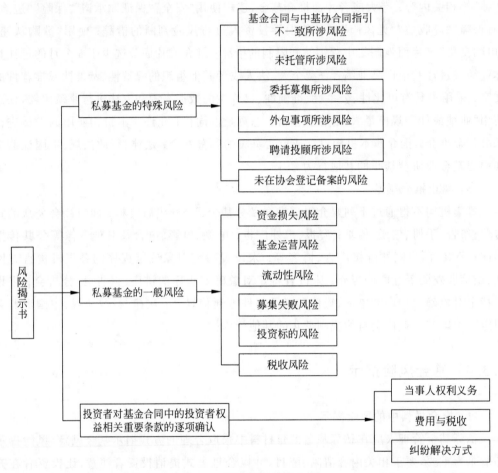

图 5-3 风险揭示书的内容

5.3.5 合格投资者确认

在完成私募基金风险揭示后，募集机构应当要求投资者提供必要的资产证明文件或收入证明。

（1）审查资格

募集机构应合理审慎地审查投资者是否符合私募基金合格投资者标准，依法履行反洗钱义务，并确保单只私募基金的投资者人数累计不得超过《证券投资基金法》《公司法》

《合伙企业法》等法律规定的特定数量。

（2）合格投资者的界定

根据 2018 年发布的《关于规范金融机构资产管理业务的指导意见》（也被称为资管新规），合格投资者是指具备相应风险识别能力和风险承担能力，投资于单只资产管理产品不低于一定金额且符合下列条件的自然人和法人或者其他组织。

① 具有 2 年以上投资经历，且满足以下条件之一：家庭金融净资产不低于 300 万元，家庭金融资产不低于 500 万元，或者近 3 年本人年均收入不低于 40 万元。

② 最近 1 年末净资产不低于 1 000 万元的法人单位。

③ 金融管理部门视为合格投资者的其他情形。

合格投资者投资于单只权益类产品的金额不低于 100 万元，且投资者不得使用贷款、发行债券等筹集的非自有资金投资资产管理产品。

（3）当然合格投资者

以下投资者视为当然合格投资者：

① 社会保障基金、企业年金等养老基金和慈善基金等社会公益基金。

② 依法设立并在中国证券投资基金业协会备案的投资计划。

③ 投资于所管理基金的基金管理人及其从业人员。

④ 中国证监会和中国证券投资基金业协会规定的其他投资者。

以合伙企业、契约等非法人形式，通过汇集多数投资者的资金直接或者间接投资于私募基金的，私募基金管理人或者私募基金销售机构应当穿透核查最终投资者是否为合格投资者，并合并计算投资者人数。但是符合前述第①、②、④项内容规定的投资者投资于股权投资基金时，不再穿透核查最终投资者是否为合格投资者和合并计算投资者人数。

（4）穿透核查

以合伙企业、契约等非法人形式，通过汇集多数投资者的资金直接或者间接投资于私募基金的，私募基金管理人或者私募基金销售机构应当穿透核查最终投资者是否为合格投资者，并合并计算投资者人数。各类基金投资者人数的法定标准参见图 5-4。

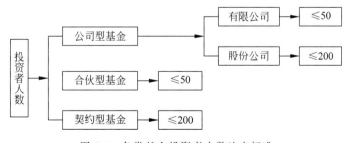

图 5-4　各类基金投资者人数法定标准

5.3.6 签署基金合同

机构投资者对股权投资基金的投资通常有规范的投资程序,其中在投资前对基金管理人的尽职调查是必不可少的环节。对基金管理人进行尽职调查的目的不仅仅是对基金有一个比较全面的了解,从而判断这项投资是否具有投资价值,更重要的是避免一些不必要的财务及法律风险。

拓展阅读 对基金管理人的尽调

在投资者决策投资后,投资双方通常会对投资条款进行谈判,在达成一致后将签署一系列投资协议。

对于有限合伙制基金,普通合伙人、有限合伙人及基金通过有限合伙协议、委托管理协议等系列协议(参见图 5-5),约定相关权利和责任,同时也对基金运作的相关事宜进行事先规范。

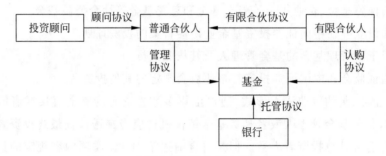

图 5-5 有限合伙制基金设立涉及的协议

(1) 有限合伙协议(LPA)

根据《合伙企业法》的规定,合伙协议应当载明:合伙企业的名称和主要经营场所的地点;合伙目的和合伙经营范围;合伙人的姓名或者名称、住所;合伙人的出资方式、数额和缴付期限;利润分配、亏损分担方式;合伙事务的执行;入伙与退伙;争议解决办法;合伙企业的解散与清算;违约责任。

对于有限合伙企业,还需载明:普通合伙人和有限合伙人的姓名或者名称、住所;执行事务合伙人应具备的条件和选择程序;执行事务合伙人权限与违约处理办法;执行事务合伙人的除名条件和更换程序;有限合伙人入伙、退伙的条件、程序以及相关责任;有限合伙人和普通合伙人相互转变程序。需要说明的是,以上事项在约定时需同时考虑相关自律规则的要求。

与股权投资业务相关,下述事项的约定也为必备内容:

- 合伙期限。
- 管理方式和管理费。合伙协议中应明确管理人和管理方式,并列明管理人的权限及管理费的计算和支付方式。

- 费用和支出。合伙协议应列明与合伙企业费用的核算和支付有关的事项,具体可以包括合伙企业费用的计提原则,承担费用的范围、计算及支付方式,应由普通合伙人承担的费用等。
- 财务会计制度。合伙协议应对合伙企业的记账、会计年度、审计、年度报告、查阅会计账簿的条件等事项作出约定。
- 利润分配及亏损分担。合伙协议应列明相关事项,具体可以包括利润分配原则及顺序、利润分配方式、亏损分担原则及顺序等。在合伙利润的分配方面,一般做法是:首先支付普通合伙人的管理费(priority share);其次偿还有限合伙人的债权出资;再次支付有限合伙人的优先收益(preferred return);最后在有限合伙人与普通合伙人之间分配收益。
- 托管事项。根据资管新规,合伙企业成立后,应委托托管机构进行托管,通过托管机构对本合伙企业资产的管理和对资产管理公司的监督,以确保合伙企业资金的安全。合伙企业也需要向托管企业支付托管费。在该部分要明确托管机构的义务。
- 合伙人会议。合伙协议中需列明合伙人会议的召开条件、程序及表决方式等。
- 投资事项。包括投资范围、投资运作方式、投资限制、投资决策程序、关联方认定标准及关联方投资的回避制度,以及投资后对受资企业的持续监控、投资风险防范、投资退出、所投标的担保措施、举债及担保限制等。
- 税务承担事项。应列明合伙企业的税务承担事项。

除了前述的必备条款外,考虑股权投资业务的特殊性,合伙协议可能会包括关键人条款、投资决策委员会、投资咨询委员会等。

(2) **管理协议**

管理协议是基金授权普通合伙人(基金管理人)管理基金事项的法律协议,主要包含管理人、管理期限、管理权限、费用承担情况、争议解决办法等规定。

(3) **认购协议**

认购协议是投资者与基金管理人签订的确认认购基金份额,成为基金出资人的协议。其主要目的是获得投资者的投资资本承诺,保证基金管理者的利益。主要包括协议双方的基本信息以及二者的权利及义务。

(4) **顾问协议**

顾问协议是基金管理人代表基金同其关联顾问公司达成的要求基金顾问为基金寻找投资机会、构造交易并监控投资组合的协议。包括服务范围、服务方式、服务期限、费用收取情况、双方的权利与业务、违约及法律责任等规定。

5.3.7 投资冷静期和回访

在签署基金合同前基金管理人应充分向投资者说明投资冷静期、回访确认等程序性安排以及投资者的相关权利。

(1) 投资冷静期设置要求

基金合同应当约定给投资者设置不少于二十四小时的投资冷静期,募集机构在投资冷静期内不得主动联系投资者。

(2) 投资冷静期起算时间

冷静期的起算时间点因基金类型不同而不同(参见图 5-6)。私募证券投资基金合同应当约定,投资冷静期自基金合同签署完毕且投资者交纳认购基金的款项后起算。股权投资基金、创业投资基金等其他私募基金合同关于投资冷静期的约定可以参考前款对私募证券投资基金的相关要求,也可以自行约定。

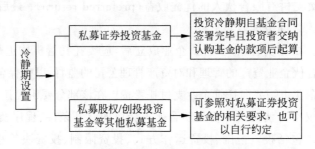

图 5-6　不同类型基金的投资冷静期起算时间

(3) 投资回访

募集机构应当在投资冷静期满后,指令本机构从事基金销售推介业务以外的人员以录音电话、电邮、信函等适当方式进行投资回访。募集机构在投资冷静期内进行的回访确认无效。回访过程不得出现诱导性陈述。

5.3.8　缴款

注册股权基金和实际注资并不是同时进行的,通常是先注册股权基金,再实际注资。资金也往往不是一次性全部注入,而是根据基金投资的具体情况分阶段注入。

投资进度和投资收益的权衡是基金管理人决定提款进度的最主要因素。一次性注资的基金,在资金投出前存在资金的闲置,管理人面临现金管理的压力。按项目提款通常可以减少资金闲置而提高投资收益率,但在投资人不履行出资承诺的情况下,可能因投资出资不能及时到位而延误了项目的投资并形成负面的形象。分期提款是根据投资进度将投资期划分为若干阶段,每一阶段投资人根据基金管理人的提款申请而缴款,较好地平衡了一次性注资和按项目缴款的利弊。

公司制股权投资基金可以根据《创业投资企业管理暂行办法》规定,设立时缴足首期实收资本不低于 1 000 万元人民币且全体投资者承诺在注册后的 5 年内补足不低于 3 000 万元人民币实收资本。

集合基金信托要求所募集的投资人资金首先到位,在全部募集到位后,受托人方可进行其后的投资和运营。因此,信托制的投资人无法分期出资。

有限合伙制没有任何的法律规定,完全可以根据合伙人的约定执行。

如果对注册资本要求过高,容易产生虚假注资和抽逃注资等问题,管理人也可能会挪用资金。所以,注资的时间与规模控制十分必要。

对于投资管理人和足额出资的出资人而言,分阶段注资的公司制和有限合伙制基金存在后续资金不到位的风险。

三种类型基金注资要求对比参见表5-3。

表 5-3 三种类型基金注资要求对比表

类型	公司制基金	信托制基金	合伙制基金
注资规模	设立时缴足首期实收资本不低于1 000万元人民币且全体投资者承诺在注册后的5年内补足不低于3 000万元人民币实收资本	根据契约执行	根据合伙人的约定执行
注资时间	设立时注资部分,注册后5年内补足(分期注资)	在投资运营之前全部募集到位	根据合伙人的约定执行
注资形式	发起人可用货币注资,也可用实物、工业产权、非专利技术、土地使用权作价出资	参与集合资金信托计划的委托人应该是合格投资者	普通合伙人一般使用现金出资,也可以用劳务出资,有限合伙人只能以现金出资
监管法规	《创业投资企业管理暂行办法》	《信托公司集合资金信托计划管理办法》	无法律规定

本章小结

募资既是投资的前提,也是基金管理人获得投资者认同的过程。

募资前需要着手募资准备。首先要确定基金管理人作为直接募资机构来自行募集,还是委托基金销售机构作为受托募集机构进行委托募集,还要对影响募资成败的关键因素系统梳理,比如组建有实力的团队、确定有特色的定位、圈定有潜力的投资者、设计专业化的条款,提前做好募资规划。当然,这些内容还应体现在私募备忘录中,作为募资书面文件方便与投资者交流。

拓展阅读　股权投资基金16个合规要点

募资对象是潜在能为基金出资的投资者,一般包括养老金(如全国社保基金)、金融机构(如银行、保险公司)、母基金、政府引导基金、企业、捐赠基金(如耶鲁捐赠基金)、财富管理机构、家族办公室、高净值个人等。

募资流程需要遵从监管规定,大体需要经过如过环节:公开宣传基金管理人→特定对象确定→投资者适当性匹配→基金非公开推介→基金风险提示→合格投资者确认→基金合同签署→投资冷静期→回访确认→划款。

本章主要内容如图 5-7 所示。

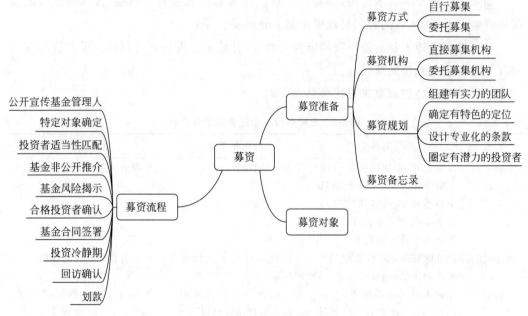

图 5-7　募资的内容结构图

关键术语

私募备忘录（Private Placement Memorandum，PPM）
有限合伙协议（Limited Partnership Agreement，LPA）
路演（Roadshow）
母基金（Fund of Funds，FOFs）

练习思考题

1. 允许私募基金管理人公开宣传与仅能以非公开方式募集股权投资基金的监管规定矛盾吗？为什么？

2. 近年出现了不少百亿美元甚至千亿美元的巨型股权投资基金。请从基金投资人和基金管理人两个角度分别分析一下基金规模是不是越大越好？

拓展阅读　凯雷的募资

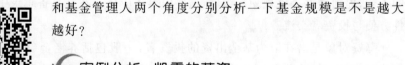

案例分析：凯雷的募资

请扫二维码阅读。

参考文献

[1] 罗曦.私募股权基金业务运作流程分析[D].天津:天津大学,2013.
[2] 周哲骋.私募股权基金管理的国际经验与我国现有模式研究[D].江苏:东南大学,2016.
[3] 李志阳.我国私募股权基金的融资问题研究[D].上海:华东师范大学,2011.
[4] 陈洁.我国私募股权投资的运作流程研究[D].武汉:武汉理工大学,2013.
[5] 王鑫.私募股权基金资金募集法律规制研究[D].青海:青海民族大学,2016.
[6] 周圆.我国私募股权基金募集对象法律规制研究[D].湖南:湘潭大学,2015.
[7] 聂毓晨.我国私募股权基金运行机制研究[D].天津:天津财经大学,2009.
[8] 金晓萍.我国私募股权投资基金募集模式的比较分析[D].北京:中央民族大学,2016.
[9] 黄韬.股权投资基金募集法律制度研究[D].南京:南京大学,2013.
[10] 娄成武,罗国锋,李鑫,刘岩.我国风险投资基金募集立法改革方向[J].行政科学论坛,2014(5):28-37,62.
[11] 李靖.我国私募股权资本募集渠道多元化研究[J].海南金融,2016(3):50-53.
[12] 罗显华.私募股权投资基金的运作与银行发展[M].北京:中国书籍出版社,2015.
[13] 叶小荣.创投[M].北京:电子工业出版社,2017.
[14] Brad Feld,Jason Mendelson.风险投资交易[M].北京:机械工业出版社,2012.
[15] 黄卫东.中国私募股权基金:问题与发展[M].北京:中国发展出版社,2015.
[16] 基金从业人员资格考试辅导教材编写组.私募股权投资基金基础知识[M].北京:经济科学出版社,2013.
[17] 基金从业资格考试研究中心.私募股权投资基金基础知识[M].北京:中国发展出版社,2017.
[18] 基金从业资格考试辅导教材编写组.私募股权投资基金基础知识[M].北京:中国石化出版社,2016.
[19] 潘启龙.私募股权投资:实务与案例[M].第3版.北京:经济科学出版社,2016.
[20] 刘正民.私募股权与科技创新[D].上海:华东师范大学出版社,2014.
[21] 荀旭杰.股权投资实战解析[M].北京:北京理工大学出版社,2017.
[22] 熊威.私募沉思录[M].上海:上海财经大学出版社,2015.
[23] Douglas Cumming.私募股权投资:基金类型、风险与收益以及监管[M].北京:中国金融出版社,2016.
[24] 季境.私募股权投资交易:法律适用于实践[M].北京:人民出版社,2017.
[25] 汪来喜.私募股权基金运作实务与创新研究[M].郑州:河南人民出版社,2015.
[26] 上海市律师协会基金业务研究委员会.私募基金业务律师实务[M].北京:法律出版社,2017.

6 投 资

学习目标

- 了解投资流程
- 了解如何筛选投资项目
- 掌握估值方法和各方法适用性
- 理解交易结构设计所涉及的收购方式、支付方式、控制结构、融资结构
- 理解优选权条款和特殊权利条款

6.1 投资流程

股权投资基金的投资流程涵盖从项目筛选到交割等多个环节,参见图 6-1。具体来看,投资的主要流程为获得项目信息→初步筛选→前期调研→投资委员会审核项目立项→签署投资备忘录→尽职调查→投资主体合同谈判→投资委员会投资决策→投资双方签署投资协议→履约与交割。

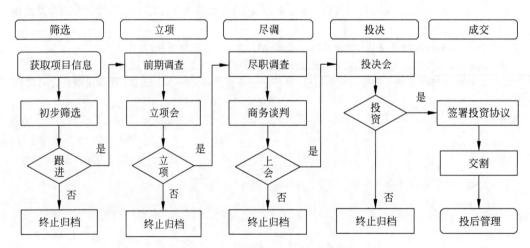

图 6-1 股权投资基金的投资流程

履约阶段需要完成离岸公司的设立(如涉及境外操作)、境内公司的设立或变更、获得相关行政审批或许可、补充尽职调查等工作。

6.2 项目筛选

股权投资基金通过内部和外部渠道获得大量的商业计划书或项目信息,如何从这些备选投资项目中甄选出符合股权投资基金投资标准的投资标的,需要投资前对目标公司进行有效的评估和筛选,这对于最终达成投资、控制风险、提高投资收益是至关重要的。

6.2.1 项目开发

获取投资机会是股权投资基金投资的起点,也是投资团队的重要工作内容。因此,拥有成熟而广泛的项目来源渠道是股权投资基金投资活动得以顺利进行的基础。股权投资基金项目来源渠道分为外部渠道和内部渠道。

项目信息大多数来源于外部渠道,主要包括项目中介、各类专业会议和行业活动以及行业专家。通常,项目中介提供的项目信息质量最高。投资银行、咨询公司、财务顾问、律师及会计师是主要的项目中介,他们可以代表卖方也可以代表买方,并从所代表的一方获得相应的报酬,但其只有在投资交易结束之后才能取得中介费。项目中介在买卖双方的谈判中起着重要的桥梁作用。股权投资基金也会选择性参加专业会议和行业活动来获得项目信息,同时扩展关系网络,增加与其他股权投资基金联合投资的机会以及与中介接触的机会。行业专家既可指导股权投资基金规划行业整合战略及已收购公司的发展战略,也可帮助股权投资基金寻找并接洽业内其他企业作为整合收购目标。

除上述外部渠道外,股权投资基金的业务开发人员、合伙人、旗下所投资公司的管理层以及朋友等内部渠道也会主动开发或提供项目信息。现代信息通信技术的发展也为股权投资基金有效地获取项目信息提供了技术支持。我们可以通过一个小案例来看出一个强大的顾问委员会在股权投资基金投资中的重要作用。

实务链接:美国凯雷投资集团——总统俱乐部

美国凯雷投资集团成立于1987年,公司总部设在华盛顿,有"总统俱乐部"之称,拥有深厚的政治资源。截至2018年3月31日,管理资本规模约达2 010亿美元,是全球最大的股权投资基金之一。

凯雷集团的顾问委员会中有很多的前任政要,例如:美国前总统乔治·布什(George

Bush)、英国前首相约翰·梅杰(John Major)、菲律宾前总统拉莫斯(Fidel Ramos)、泰国前总理潘雅拉春(Anan Panyara-chun)、美国前国务卿詹姆斯·贝克(James A. Baker Ⅲ)、克林顿政府的白宫办公厅主任麦克拉提(Thomas McLarty)、前美国证券交易委员会(SEC)主席阿瑟·里维特(Arthur Levitt)。

在凯雷的交易中,这些前政要起着重要的作用,如：1989年美国前国防部长弗兰克·卡路西(Frank Carlucci)加盟,并于1990年促成了凯雷在国防工业中的一项重大投资——从美国陆军那里赢得了200亿美元的军火合同;1999年老布什代表凯雷访问韩国,也为凯雷在韩国金融方面高达10亿美元的投资培养了商业与政治上的纽带;在亚洲,老布什起到了明显作用,在布什访问汉城(现首尔)并同金大中政府的高级官员会晤后,凯雷立即收购了韩美银行。

6.2.2 前期调研

项目初步筛选一般从研读项目信息开始,股权投资基金的投资经理通过阅读融资企业的商业计划书形成对项目的初步判断。

在书面初步审查后,一些项目被淘汰,保留的项目进入现场初步调研阶段。通过调研,股权投资基金可以初步判断项目是否符合投资标准,并为投资及投后的企业整合或增值服务进行必要的知识与信息储备。一般情况下都是投资人到企业现场去实地调研实际经营状况,以确定企业所提供相关材料的真实性。他们会了解企业实际的经营管理和生产流程,发现企业存在的问题,倾听企业对于问题的态度和解决方案。他们通常也会与企业的决策层直接沟通,通过更深一步了解企业的现状和发展战略判断是否需要对企业进行重新的市场定位,并对投资方案与股权投资比例进行初步的讨论。

一个成熟的股权投资基金通常会有一套经过实践检验的投资标准,例如行业偏好、最低投资金额、市场容量、企业行业地位、成长性、估值倍数的要求等,在行业研究和公司调研之后,股权投资基金的项目小组会对照其投资标准来决定项目的取舍。

(1) 行业调研

股权投资基金前期调研首先要进行的是行业调研。股权投资基金高度重视行业研究,从某种意义上,选择一个具有成长性或具有整合机会的好行业对股权投资基金而言,比选择一个好的管理团队更重要。虽然目标企业提供了商业计划书,但是股权投资基金仍会独立进行调研验证,这充分体现了基金投资的谨慎性。

行业调研并非只是研究行业,而是从行业的视角来判断标的所在行业及标的本身的投资价值,实际上是从标的外部看标的。行业调研的内容主要包括交易背景、市场概况、竞争状况、投资亮点和投资风险等。行业调研后,股权投资基金将根据行业调研的结果提出是否继续追踪或放弃项目的建议以及继续追踪的后续操作步骤建议。行业调研的主要内容与具体调查事项如表 6-1 所示。

表 6-1 行业调研的主要内容与具体调查事项

内　　容		调 查 事 项
交易背景	项目真实性	项目信息的来源
	目标公司概况	目标公司历史与经营状况
	股权融资计划	企业未来的发展规划
市场概况	产业链	确定企业所处的产业及产业链的具体位置
	市场容量	推算潜在的市场容量
	行业周期	行业的周期性、季节性
	市场驱动/限制因素	中长期内推动/限制市场容量持续增长的因素
	政策影响	是否有相关政策变动会带来短期的冲击和中长期结构性影响
竞争状况	运用波特的"五力模型"对目标公司在市场中所面临的竞争格局进行分析	与上游供应商的谈判能力
		与下游客户的谈判能力
		现有竞争者的竞争能力
		潜在竞争者的竞争能力
		替代品的替代能力
投资亮点	目标公司行业在未来具有良好的成长性或具有整合机会	
	目标公司的行业地位及竞争格局理想	
	目标公司的估值有吸引力	
投资风险	财务风险	历史业绩、财务预测、营运资金、资本性开支、敏感性分析等
	商业风险	环保问题、监管问题以及竞争分析中相关问题
	法律风险	诉讼/索赔、合同安排、知识产权、或有负债、贷款及银行事项
	其他风险	经理层素质、退出渠道/收益、声誉风险、投资计划事项等

(2) **公司调研**

当股权投资基金的行业调研显示目标公司所在的行业具有良好的成长预期或整合机会时,股权投资基金团队会深入调查目标公司的经营状况。公司调研可以帮助股权投资基金验证目标公司在商业计划书中所陈述的企业经营信息的真实性;了解商业计划书中没有描述或没有表达的内容;增进对行业的了解,判断企业未来发展战略、市场定位的合理性等。

股权投资基金对目标公司进行公司调研,一般直接或通过项目中介安排参观目标公司的经营现场,与目标公司的企业主或高层管理人员会谈,或者寻访行业内的专家、随机拜访目标公司的客户及供应商等,如图 6-2 所示。

(3) **项目立项**

前期调研结束之后,股权投资基金团队需要准备一份完整而简要的立项材料,综合

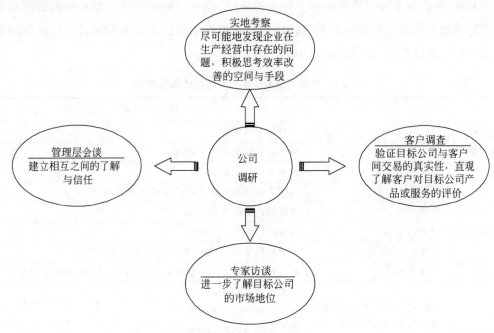

图 6-2 公司调研的内容及目的

商业计划书、行业研究、公司调研的全部有效信息。立项申请将被提交给股权投资基金投资委员会决定是否立项并继续开展尽职调查。

6.3 尽 职 调 查

尽职调查又称谨慎性调查或尽调,是指投资人在与目标公司达成初步合作意向后,经协商一致,投资人对目标公司的历史状况和发展前景、管理人员的背景、市场风险、管理风险、技术风险和财务风险等所实施的全面深入调查和分析,它是解决投资人相对于被投资人信息不对称的一种重要手段。

尽职调查的目的有两点,一是发现企业潜在价值。同一个项目对不同的投资人价值可能不同。通过尽调,有经验的投资人往往能发现他人未认识到的价值。二是发现和评估风险。尽职调查是发现投资风险的重要过程。此外,尽职调查也是交易结构设计的基础。

尽职调查的内容主要包括财务尽职调查、法律尽职调查、业务尽职调查,以及其他尽职调查,例如环境尽职调查、技术尽职调查、人力资源尽职调查等。前三项尽职调查是每个项目必要的调查,其他尽职调查要根据目标公司的特点来选择进行。尽职调查的过程如图 6-3 所示。

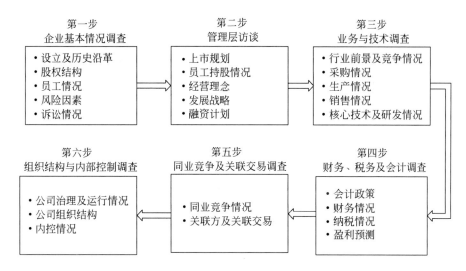

图 6-3 尽职调查的过程

6.3.1 常规尽职调查

一般情况下,财务与税务尽职调查、法律尽职调查和业务尽职调查是必不可少的调查内容,这几项调查的内容与作用如表 6-2 所示。

表 6-2 一般尽职调查的基本内容及作用

尽职调查	执行机构	基本内容	实施目的
财务尽职调查	会计师事务所	目标公司概况; 评估完整财务报告; 识别节省成本的机会; 评估公司前景	尽早发现目标公司财务报表中未披露的与投资相关的交易风险和商业风险等信息
税务尽职调查	会计师事务所	目标公司的税务概况; 各项税收的具体情况; 与关联企业往来的文件	寻找并提高税务有效性的机会
法律尽职调查	律师事务所	目标公司签署的合同或相关文件的真实性; 目标公司拥有的权利/资质凭证是否完备、是否已过期; 目标公司雇员的社保资金的缴付比例与实际缴付情况是否符合法规规定、是否签署非竞争条款; 目标公司可能存在的诉讼	帮助交易双方了解投资活动本身的法律障碍和法律风险,以及帮助股权投资基金了解卖方未结的及潜在的诉讼等法律问题

续表

尽职调查	执行机构	基本内容	实施目的
业务尽职调查	股权投资基金的项目团队或聘请行业专家协助执行	分析价值链上的各个对象； 评估对交易可行性的影响； 评估相关风险； 发现协同优势	及早发现企业业务中的问题，目标公司的市场地位，增进与目标公司管理层的相互信任并深入了解其能力与愿景

6.3.2 特别尽职调查

除上述几种尽职调查外，视具体情况，股权投资基金还会有选择地实施其他尽职调查。股权投资基金实施其他尽职调查的目的以及基本内容如表 6-3 所示。

表 6-3　其他尽职调查的基本内容及实施情况

尽职调查	执行机构	基本内容	实施目的
商业尽职调查	独立的商业尽职调查机构	评估市场规模和增速， 了解主要的商业模式， 分析盈利驱动因素， 对比和评价商业模式， 分析竞争优势， 行业监管和风险评价	验证此前对目标公司所在行业及其市场地位的判断
环境尽职调查	独立的专业环境调查评估机构	评估环境、健康和安全相关标准及法规的遵循情况， 有关经营和产品质量的声誉评价， 产品和业务的市场影响力和供应链关系	判断目标公司是否存在环保风险
信息技术尽职调查	专业机构或业内专家	评估现有信息系统， 发现信息系统技术和运营对交易的潜在影响， 评价信息系统管理的组织结构和人员情况等，为信息系统的成功整合制订计划	判断目标公司的信息系统在交易前和交易后是否能满足高效管理的要求
人力资源尽职调查	专业背景调查公司	识别文化冲突的风险， 评估劳动合同合规、薪酬福利、员工激励和岗位胜任力问题	判断目标公司是否存在文化冲突和关键人员流失风险

尽职调查还可以按照执行主体进行分类，分为投资方尽调和目标方尽调。按照合约签订时间分类，分为签约前尽调和签约后尽调，如果投资方想要评估风险或估值，则进行签约前尽调；而当交易条件变更时，可能需要执行签约后尽调。

尽职调查是以买方付费的形式解决信息不对称的问题,它对于股权投资基金最终决定是否对受资企业进行投资起着至关重要的作用。通过尽职调查,股权投资基金可以了解被调查对象的情况,并判断该情况是否能使交易具备继续操作的可能性;帮助调查方决定是否调整交易价格及确定价格调整的幅度;帮助各方按照现实情况进一步合理、合法地调整交易结构以及决定交易完成的时间表;帮助各方更加准确地确定交易完成的前提条件以及各方完成交易所需从事的进一步工作;避免被调查对象隐瞒问题的情况出现。

投资方的尽职调查可能出现以下问题:

(1) 人员素质不胜任。每个调查人员的指导思想和出发点的不同会对尽职调查的结果产生直接影响,如果调查人主观想取得一个好的调查结果,那么他就会回避可能带来的不利影响的因素,简化调查内容,降低调查的深度和广度。

其次是调查人员的技术水平。调查人员的财务审计能力、对资料分析汇总能力、对行业的理解程度不高的话,有可能无法识别出不真实的数据资料,对投资项目的价值和风险无法作出合理的判断。

(2) 工作方法不规范。由于尽职调查的人员较多,调查专业跨度大,调查内容烦琐,通常情况下时间紧、任务重,调查人员可能只是机械地按照调查清单列示的项目进行逐一调查,并不能准确地把握每项调查内容根本的目的和有效的方式,随意性较强,在此情况下无法深入地开展工作,各方面不能协调统一,造成效率低下和结论偏差。

(3) 风险控制不到位。在项目尽职调查阶段,风控团队只做一些形式上的工作,信息主要来源于投资团队的报告,实际深入项目一线的时间较少,调查的深度和广度不够,受其他因素干扰较大,这些都会影响风控的质量。

实务链接:尽职调查不充分导致投资失败——PPG

PPG 于 2005 年 10 月成立,业务模式是通过互联网售卖衬衫。轻资产、减少流通环节的概念,加上狂轰滥炸的电视、户外广告,迅速让 PPG 建立起市场领导者的地位,满世界都是"Yes! PPG"的广告语和吴彦祖自信的微笑。

2006 年第三季度,PPG 获得了 TDF 和 JAFCO Asia 的第一轮 600 万美元的联合投资。2007 年 4 月,PPG 获得了第二轮千万美元的投资,除了第一轮的 TDF 和集富亚洲追加投资之外,还引入了 KPCB(KPCB 是美国最大的风险投资基金之一,与红杉齐名)。

2007 年底,PPG 已经开始被媒体披露出一些问题,比如拖欠货款、货品质量投诉等,但数家风投机构仍然看好 PPG 发展前景并且在不进行充分尽职调查的情况下盲目进行投资,其中三山投资公司击退其他竞争对手,向 PPG 投了超过 3 000 万美元的资金。三山投资宣称选择 PPG 是因为很看好其市场、模式及团队,并透露 PPG 已计划于 2009 年初去美国纳斯达克上市。

2008年，PPG模式出现了VANCL（凡客诚品）、优衫网、CARRIS等几十家模仿者，PPG不但丢掉了行业老大的地位，而且官司缠身、高管流失。创始人李亮将投资人的钱作为费用变相记入自己的名下。钱转移光了，李亮也没了。

2009年末，一度被誉为"服装业的戴尔""轻公司的样板"的商业神话终于还是像肥皂泡那样破碎了。PPG累计从上述多家知名VC获得了5 000万美元左右的投资，它的彻底关门也意味着5 000万美元血本无归。搜狐IT在2009年互联网大会上曾评选出5年来投资最失败网站，PPG名列榜首。投资PPG的失败，一方面说明充分的尽职调查在投资前的必要以及重要性，另一方面也说明在尽职调查中，创业团队品行调查也是极其重要的。

6.4 估 值

估值是投资人基于尽职调查所得到的目标公司和行业的相关资料，通过专业的价值评估方法对企业价值进行评估的过程。估值是股权投资的前提，它的意义不仅在于可以为买方出价或卖方报价提供基准，还在于严谨的估值过程也促进对行业趋势和企业价值的理解。

公司估值方法通常分为两类：一类是相对估值方法，特点是主要采用乘数方法，较为简便，如P/E估值法、P/B估值法、EV/EBITDA估值法、PEG估值法、市销率估值法、EV/销售收入估值法、RNAV估值法；另一类是绝对估值方法，特点是主要采用折现方法，如股利贴现模型、自由现金流模型等。此外，还有重置成本法、清算价值法、经济增加值法等，其中清算价值法则常见于杠杆收购和破产投资策略，经济增加值法主要应用于一些特殊的行业。

相对估值方法的种类最多，相对估值法是创业基金较常用的方法，定增基金、并购基金等也往往以之作为参考。如果目标企业现金流稳定，未来可预测性较高，则现金流折现价值更有意义，它多用于以成长和成熟阶段企业作为投资标的的成长基金和并购基金。

6.4.1 相对估值法

相对估值法简单易懂，也是投资者广泛使用的估值方法。在相对估值方法中，常用的指标有市盈率（PE）、市净率（PB）、EV/EBITDA乘数等。

估值乘数是公司价值与公司价值关键驱动因素的比值。公司价值的关键驱动因素因行业差别而可能有所不同，一般为收入、利润或现金流，但也有特殊的关键驱动因素，例如在石油开采业是石油储量（以桶计），在消费互联网行业是用户数。

而估值乘数根据到底是采用企业价值还是股权市值又可以分为两种，一种是权益型乘数(equity multiples)，如市盈率(PE)、市净率(PB)和市销率(PS)，它们表达了对股东价值的诉求；另外一种是企业价值乘数(enterprise value multiples)，其表达了对整个企业价值的诉求(包括股东、债权人等)，如 EV/EBITDA、EV/EBIT、EV/NOPLAT。

运用相对估值方法所得出的倍数，用于比较行业内部公司之间的相对估值水平，而不同行业公司的指标值并不能做直接比较。相对估值法反映的是，公司股票目前的价格是处于相对较高还是相对较低的水平。通过行业内不同公司的比较，可以找出在市场上相对低估的公司。但这也并不绝对，如市场赋予公司较高的市盈率说明市场对公司的增长前景较为看好，愿意给予行业内的优势公司一定的溢价。因此采用相对估值指标对公司价值进行分析时，需要结合宏观经济、行业发展与公司基本面的情况，具体公司具体分析。

相对估值法比较短视，相当于在横截面上的"拍照"，在一个相对稳定的市场下，估值比较合理，但是在大幅波动的市场环境下，相对估值法得到的结果会根据大盘的调整而变化巨大。另外，相对估值法没有考虑资本成本(cost of capital)，这是一个比较大的缺陷。

与绝对估值法相比，相对估值法的优点是比较简单，易于被普通投资者掌握，同时也揭示了市场对于公司价值的评价。但是，在市场出现较大波动时，市盈率、市净率的变动幅度也比较大，有可能对公司的价值评估产生误导。

(1) 市盈率法(P/E)

市盈率等于企业股权价值与净利润的比值(或每股价格/每股收益)。相应地，企业股权价值等于企业净利润乘以市盈率。市盈率是中国股权市场应用最为普遍的估值指标。市盈率的计算公式为：

$$市盈率 = 股价/每股收益$$

相应地，

$$企业价值 = 市盈率 \times 目标企业的可保持收益$$

为更准确反映股票价格未来的趋势，应使用预期市盈率，即在公式中代入预期收益。企业的可保持收益是指并购(交易)以后目标公司继续经营所取得的净收益，它一般是以目标公司留存的资产为基础来计算取得的。每股税后利润(每股收益)的计算通常有两种方法：

① 完全摊薄法。用发行当年预测全部税后利润除以发行后总股本数，直接得出每股税后利润。

② 加权平均法。计算公式如下：

每股(年)税后利润 = 发行当年预测全部税后利润 ÷ 发行当年加权平均总股本数
= 发行当年预测全部税后利润 ÷ [发行前总股本数 +
本次发行股本数 × (12 - 发行月数)/12]

对受资企业利润的初步预测通常是由受资企业管理层在商业计划书中做出，但这种预测是建立在通过一系列预测假设得出的企业业务计划的基础上,因此股权投资基金通常需要对利润预测进行审核和调整。审核的重点有两个:一是业务计划是否切合实际,二是预测假设是否合理。股权投资基金会在审核结果的基础上,考虑企业在得到投资后所能获得的改善,对未来利润进行重新评估。

未来利润的预测可采用下列公式:预期利润=市场容量×市场份额×销售净利润率

市盈率法的评估程序包括以下五个步骤。

第一步:选择可比公司或可比交易。

第二步:找出必要的财务信息。

第三步:制表计算关键性数据、比率和交易乘数。

第四步:进行可比公司或可比交易的基准比较。

第五步:确定估值。

下面以市盈率的可比交易分析法为例说明具体评估程序。

第一步:选择系列可比交易案例

筛选系列可比交易案例是进行可比交易分析的第一步,这项工作可能常常颇具挑战性,要求对目标公司及其所在行业有着扎扎实实的理解。作为一个起点,分析员一般都会咨询同行或者资深同事,看看内部是否已经存在一组相关的可比交易案例。假如分析员是从零开始这项工作的,我们建议通过投资数据库进行搜寻,研究目标公司及其可比公司的历史,同时通过审阅可比公司的收购报告书等交易公告来找出专业机构精选的可比交易案例名单。目标公司(如果是上市公司的话)、它的可比公司和整个所在行业的股票与债券研究报告也可以提供可比交易案例名录,包括相关财务数据(仅用于参考目的)。一般应选取在行业、主营业务或主导产品、资本结构、企业规模、市场环境以及风险度等方面相同或相近的交易。

作为这一步工作的一部分,分析员要尽可能多地了解每笔交易的具体情形和交易细节。精挑细选系列可比交易案例并最终浓缩提炼出"最佳"可比交易案例,这一步非常重要。

第二步:找出相关的交易信息和财务信息

这一步的重点是找出交易相关的交易信息和财务信息,无论涉及的是上市公司还是非上市公司。如果涉及的是上市公司(包括有公开发行债券的非上市公司)的交易,因为有披露的要求,找寻可比交易案例信息的工作就比较方便。然而,由于竞争的原因,交易双方有时会保护细节信息,只披露法律或法规强制披露的信息。如果交易涉及的是非上市公司,要想获得确定其交易乘数所必需的信息,就会十分艰难,有时甚至毫无可能。

第三步:制表计算关键性数据、比率数和交易乘数

在找到了相关的交易信息和财务信息后,分析员就准备制表计算每一笔选定的交易了。这项工作涉及要在输入页面输入与收购价格相关的关键性交易数据、对价支付方式和目标公司财务数据,并在该页面计算每笔交易的相关乘数。用于可比交易分析的关键性乘数与可比公司分析完全相同(例如:企业价值对 EBITDA 比和股权价值对净利润比)。跟可比公司分析一样,有些行业有可能还要依赖额外或其他指标来得出估值。最显著的差别是,用于可比交易分析的乘数常常能够反映出来收购方为获取控制权和潜在协同效应而支付的溢价。此外,用于可比交易分析的乘数通常都以实际 LTM(last twelve months,过往 12 个月)财务数据(交易宣布时可获得该数据)为基础进行计算。

第四步:进行可比交易案例的基准比较

下一个层面的分析涉及深入研究可比交易案例,以便找出对于目标公司的估值来说最具相关性的交易案例。作为基准比较分析的一部分工作,分析员要审视相关公司的关键性财务数据和比率,重点关注对目标公司而言最具可比性的数据,当然其他相关的交易情形和细节也要研究。

每个选定的可比交易案例的交易乘数都与输出页面链接,从而方便进行彼此之间与整个系列的基准比较。每一笔可比交易都要进行细致研究,以便对该系列做最终提炼,识别出最佳可比交易、剔除显然异常的交易。最后,要咨询某个经验丰富的行业专家,以便帮助确定最终系列。

第五步:确定估值

分析员通常都将系列可比交易案例的平均乘数和中位乘数作为设定目标公司初步估值范围的基准,并以高点数和低点数作为参考点。这些计算常常是更深入分析之前的一个前奏——分析员用最具相关性的交易的乘数来锁定最终的估值范围。分析员常常是把重点仅仅放在 2~3 笔最相似的交易上。在咨询某个经验丰富的分析员以最终确定所选乘数范围后,结果数据再乘以目标公司的适当的 LTM 财务数据,可得出隐含估值范围。目标公司的隐含估值范围需要进行稳健性检验,与通过其他估值方法得出的结果进行比较。

市盈率是一个反映市场对公司预期收益的相对指标,使用市盈率指标要从两个相对角度出发,一是该公司的预期市盈率和历史市盈率的相对变化,二是该公司市盈率和行业平均市盈率相比。如果某公司市盈率高于之前年度市盈率或行业平均市盈率,说明市场预计该公司未来收益会上升;反之,如果市盈率低于行业平均水平,则表示与同业相比,市场预计该公司未来盈利会下降。所以,市盈率高低要相对地看待,并非高市盈率不好,低市盈率就好。如果预计某公司未来盈利会上升,而其股票市盈率低于行业平均水平,则未来股票价格有机会上升。

市盈率这一工具适用于发展稳定、行业不具有明显周期性的企业,发展稳定企业的市盈率波动幅度不大,具有参考价值。不适用没有利润的企业,不适用项目主导型企业(例如房地产企业)。

市盈率又分静态市盈率和动态市盈率,在计算估值时不同成长类型的行业可以参考的市盈率倍数大致如下:

- 常规成长性行业：静态市盈率为 8～10 倍；动态市盈率为 5～8 倍。
- 成长性较高行业：静态市盈率为 10～15 倍；动态市盈率为 12～20 倍。
- 低成长性行业：静态市盈率为 3～4 倍；动态市盈率为 4～6 倍。

（2）市净率法（P/B）

市净率，也称市账率，指的是每股股价与每股净资产的比率。市净率的计算公式为

$$市净率 = 每股市价(P)/每股净资产(book\ value) = (P/BV)$$

相应地，公司估值＝市净率×净资产。

市净率法适用于有大量固定资产、账面价值稳定、流动资产较高的企业（例如银行、保险、生产型企业）；不适用发展快速的企业，不适用轻资产的企业，制造企业和新兴产业的企业往往不适合采用这种估值方法。非上市公司的市净率可参照同行业的上市公司 PB 值乘以 0.5～0.8 的系数来确定，VC 和 PE 一般参照 2～3 倍 PB 对公司进行估值。

（3）市销率法（P/S）

市销率（price-to-sales，PS）越低，一般反映该公司股票目前的投资价值越大。其计算公式为

$$PS = 总市值/主营业务收入 = 股价/每股销售额$$

市销率法的特点在于：

① 创业企业的净利润可能为负数，账面价值比较低，而且经营净现金流可能为负。在这种情况下，市盈率、市现率及市净率都不太适用，用市销率估值反而更有参考价值。

② 它比较稳定、可靠，不容易被操纵。

③ 收入乘数对价格政策和企业战略变化敏感，可以反映这种变化的后果。

④ 不能反映成本的变化，而成本是影响企业现金流量和价值的重要因素之一。

⑤ 只能用于同行业对比，不同行业的市销率对比没有意义。

⑥ 目前上市公司关联销售较多，该指标未能剔除关联交易的影响。

（4）修正市盈率法（PEG）

PEG 是在市盈率的基础上结合企业增长率 G（growth，增长率，一般使用未来 5 年的预计年增长率）的评估参数。PEG 更适合具有较高成长性的企业。如果 CAGR（复合年均增长率）低于 20%，不适合再用 PE/G 估值，因为它已经落入成熟行业队伍中。它的计算公式为

$$PEG = P/E \div 每股每年度预测增长率（通常为 3 年复合增长率）$$

这种方法的核心是，计算未来 3 年利润的成长情况，再结合当期市盈率，得到公司的 PE/G 水平，它既兼顾了短期性，分子是当期的 PE；又考虑到了长期性，即未来若干年的成长性。那么为什么如此不错的估值方法 A 股似乎不常用呢？因为 A 股历史上稳定增长的科技企业太少，或者说真正的互联网标的太少，往往把电子（消费周期）、通信（2B 客户投资周期）、计算机（2B 客户需求周期）等准周期类的公司打包到 TMT 一个大篮子里，而周期性公司做 3 年预测往往误差极大。后来，市场所指的"G"慢慢开始指的是当年或

者次年的 G,而非未来三年的 CAGR 的 G。

修正市盈率的优势在于,尽量避免太多的人为因素对于拟上市公司估值的影响。寻找到足够多的上市参照公司,将每家上市参照公司的流通股、非流通股的市价、市盈率计算出来,并得出上市参照公司合理的市盈率。然后利用德尔菲法将每家上市参照公司分以不同的权重,从而体现出估值对象在整个上市参照公司中的竞争位置。考虑投资周期的三年至五年内宏观因素对于估值的影响,向下或者向上调整对于估值对象的市盈率估值。

投资人可根据 PEG 系数评估一家公司的投资价值,参考 PEG 系数通常如下。

0~1:极具投资价值,估值偏低。

1~1.5:投资价值中性,估值适中。

1.5 以上:投资价值较低,估值已较高。

(5) 市现率法(EV/EBITDA)

市现率指的是企业股权价值与税息折旧摊销前收益(EBITDA)的比值。企业股权价值等于 EBITDA 乘以市现率。EBITDA 为税后净利润、所得税、利息费用、折旧和摊销之和。

$$EBITDA = 企业的毛利 - 营业费用 - 管理费用 + 折旧 + 摊销费用$$

$$EV = 市值 + 净负债 = 股票市值 + 公司债务 - 现金$$

如果一家企业的所有权涉及普通股股东、优先股股东、少数股东、债权人等,则 EV=普通股市值+优先股市值+负债市值+少数股东权益+退休金负债-现金及有价证券。

相应地,公司估值=(市值+负债)÷EBITDA×息税折旧摊销前盈利

市现率法的优点在于:第一,全面,而不仅仅是通过一个股东的视角看估值;第二,受到公司资本结构(负债杠杆比例)扭曲的影响较小;第三,受不同的会计规则扭曲的影响较小,EV/EBITDA 不受公司折旧摊销规则的影响;第四,受非核心业务扭曲的影响较小(如使用核心 EV 估值)。EBITDA 适用于资本密集型企业,也适用于净利润亏损、但营业利益并不实际亏损的企业。由于 EBITDA 需要扣除折旧与摊销,而固定资产更新较快的情况下,摊销较大,对 EBITDA 的计算影响也较大,因此不适用于固定资产更新快速的企业,另外,也不适用高负债、存在大量现金的公司。

使用该方法的注意事项有:第一,不要忽略关键项。一般如果用 EV=市值+净负债来计算 EV,很可能会漏掉诸如养老金负债、少数股东权益这些项目,导致低估了企业价值。第二,应使用市场价值。有可能有些项目不得不用账面价值来代替市场价值,但 EV 是一个市场价值的概念,如果有市价,一定要用市值。第三,如果公司业务有较强的季节性或者周期性,应该进行调整,不然 EV 会有很大的起伏。第四,应把非经营性的资产妥当分割出去,比如公司账面上的有价证券投资,这部分应该和现金一起被排除。

市现率通常在 7~9 倍较为合理,以该种方式计算,对应到市盈率中,通常为 15~20 倍,可相互印证计算结果的合理性。

6.4.2 绝对估值法

在绝对估值方法中,常用的股利折现模型和自由现金流折现模型采用了现金流的资本化定价方法,通过预测公司未来的股利或者未来的自由现金流,然后将其折现得到公司股票的内在价值。

与相对估值法相比,绝对估值法的优点在于能够较为精确地揭示公司股票的内在价值,但是如何正确地选择参数则比较困难。未来股利、现金流的预测偏差、贴现率的选择偏差,都有可能影响到估值的精确性。投资者在进行公司投资价值分析时,需要结合宏观、行业和公司财务状况、市场估值水平等各类信息,同时区别影响公司股价的主要因素与次要因素、可持续因素和不可持续因素,对公司作出客观、理性的价值评估。下面着重介绍绝对估值法中的现金流贴现法。

(1) 基本原理

现金流折现模型的基本原理是将受资企业各年度的自由现金流量进行折现后再累加,即得出受资企业的价值。

其计算公式的演算过程如下:

股权价值＝企业价值－(债务价值－现金)－少数股权价值

企业价值＝营业价值＋非核心资产价值

营业价值＝详细预测期现金流量现值＋永续期现金流量现值

现金流量净现值＝$\sum t$ 年预期自由现金流量$/(1+$折现率$)^t$

自由现金流量＝息税前利润$\times(1-$所得税$)+$折旧与摊销－资本开支－营运资本增量

(2) 计算步骤

根据上述公式,运用现金流折现模型计算受资企业的价值,主要有六大基本步骤。

① 对各年度自由现金流进行预测。包括制订绩效情景;预测个别会计科目;计算扣除所得税的净营业利润与投资支出;检验总体预测的合理性。

② 根据各年度自由现金流计算详细预测期现金流量现值。其间,通常必须根据非股权投资和股权投资的不同成本来确定适当的折现率。

③ 详细预测期后的各年度自由现金流折现值累加得出永续期现金流量现值。

④ 计算企业价值。即将前面各年度累加得出的营业价值估值加上其间的非核心资产价值。

⑤ 计算企业股权价值。即将企业价值扣除净债务价值(＝债务价值－现金)和少数股权价值后的余额。

⑥ 结构校验与敏感性分析。

6.4.3 重置成本法

重置成本法,就是在现实条件下重新购置或建造一个全新状态的评估对象,所需的全部成本减去评估对象的实体性陈旧贬值、功能性陈旧贬值和经济性陈旧贬值后的差额,以其作为评估对象现实价值的一种评估方法。它的计算公式为

$$评估价值 = 重置成本 - 实体性贬值 - 功能性贬值 - 经济性贬值$$

设备实体性贬值与重置成本之比称为实体性贬值率,功能性贬值、经济性贬值与重置成本之比称为功能性贬值率与经济性贬值率。实体性贬值率、功能性贬值率与经济性贬值率之和称为总贬值率或综合贬值率。因此有

$$评估价值 = 重置成本 \times (1 - 综合贬值率)$$

评估中,通常将(1-综合贬值率)称为成新率。所以,上述公式可写成

$$评估价值 = 重置成本 \times 成新率$$

重置成本法的评估程序如下。

第一步:被评估资产一经确定即应根据该资产实体特征等基本情况,用现时(评估基准日)市价估算其重置全价。

第二步:确定被评估资产的已使用年限、尚可使用年限及总使用年限。

第三步:应用年限折旧法或其他方法估算资产的有形损耗和功能性损耗。

第四步:估算确认被评估资产的净价。

重置成本法是国际上公认的资产评估三大基本方法之一,具有一定的科学性和可行性,特别是对于不存在无形陈旧贬值或贬值不大的资产,只需要确定重置成本和实体损耗贬值,而确定两个评估参数的资料,依据又比较具体和容易搜集到,因此该方法在资产评估中具有重要意义。它特别适宜评估单项资产和没有收益、市场上又难找到交易参照物的评估对象。但成本法主要作为一种辅助方法存在,主要原因是企业历史成本与未来价值并无必然联系。

6.4.4 估值方法比较

企业估值有三种基本角度:着眼于历史、着眼于现在、着眼于未来,对应的三种估值方法分别是基于资产的评估方法、基于市场的评估方法、基于盈利能力的评估方法。

基于资产的评估方法主要是重置成本法,是用现时条件下重新购置或建造一个全新状态的被评估项目所需的全部成本,减去被评估项目已经发生的实体性陈旧贬值、功能性陈旧贬值和经济性陈旧贬值,得到的差额作为被评估项目价值的一种价值评估方法。

基于市场的评估方法被称为市场比较法，是指在市场上选择若干相同或相似的项目或企业作为参照物，针对各项价值影响因素，将被评估项目分别与参照物逐个进行价格差异的比较调整，再综合分析各项调整结果，确定被评估项目价值的一种价值评估方法。在股权投资实践中，还经常使用近期融资价格参考法，适用于被投资项目进行了新的股权融资，且自融资日至评估基准日项目经营未发生重大变化的情形。如果最新融资为优先股，需要考虑基金的投资工具与最新融资发行的优先股在优先权方面的差别，必要时，采用股权价值分配法计算。

基于盈利能力的评估方法是指通过估算被评估项目在未来的预期收益，并采用适宜的折现率折算成现值，然后累加求和，得出被评估项目现值的一种价值评估方法。根据预期收益估算方式的不同，收益法又可分为实体现金流量折现法、股权现金流量折现法、股利现金流量评估法等。

企业的商业模式决定了估值方法。重资产型企业（如传统制造业），以净资产估值方式为主，盈利估值方式为辅。轻资产型企业（如服务业），以盈利估值方式为主，净资产估值方式为辅。互联网企业，以用户数、点击数和市场份额为远景考量，以市销率为主。新兴行业和高科技企业，以市场份额为远景考量，以市销率为主。

三种评估方法的比较见表6-4。在实务中，通常同时使用至少两种方法，以确定估值结果的区间，并起到相互校验的作用。

评估价值并不一定等于最终的交易价格，除估值结果外，买卖双方还要独立考虑更多因素以最终达成交易价格，例如交易条件、交易结构的潜在影响，政策的变化，对风险的判断，替代关系及机会成本等。除此之外，交易范围、目的等也会对最终的交易价格造成影响。

表6-4 企业价值评估的方法

方法	使用前提	优点	缺点	适用范围
成本法	（1）目标企业的表外项目价值对企业整体价值的影响可以忽略不计；（2）资产负债表中单项资产的市场价值能够公允客观反映所评估资产价值；（3）购置一项资产所愿意支付的价格不会超过具有相同用途所需的替代品所需的成本	（1）直观易懂；（2）资料容易取得	（1）不能反映企业未来的经营能力，特别是企业获利能力较强时；（2）对不同资产需要不同方法，计算烦琐；（3）不适用于拥有大量无形资产（或商誉）的企业评估	在涉及一个仅进行投资或仅拥有不动产的控股企业时，所评估的企业的评估前提为非持续经营

续表

方法	使用前提	优 点	缺 点	适 用 范 围
市场法	(1) 要有一个活跃的公开市场; (2) 市场上要有与评估对象相同或者相似的参考企业或者交易案例; (3) 能够收集到与评估相关的信息资料,同时这些信息资料应具有代表性、合理性和有效性	(1) 从统计角度总结出公司的特征,得出的结论有一定的可靠性; (2) 计算简单、资料真实,容易得到股东的支持	(1) 缺乏明确的理论支持; (2) 受会计准则和市场因素影响; (3) 难以找到具有完全可比性的参照物	目标企业属于发展潜力型同时未来收益又无法确定
收益法	(1) 目标企业的未来收益能够合理地预测,企业未来收益的风险可以客观地进行估算; (2) 目标企业应具有持续的盈利能力	(1) 注重企业未来经营状况及获利能力; (2) 具有坚实的理论基础,较为科学、成熟	(1) 模型中众多参数难以确定; (2) 计算步骤冗长	处于成长期或成熟期并具有稳定持久收益的企业

6.5 交易结构设计

在少数股权投资或收购交易中,交易结构是指由交易双方以合同条款的形式所确定的、协调交易双方最终利益关系的一系列安排。本节以收购的交易结构设计为例来说明。

交易结构通常包括交易标的(资产/股权)、支付方式(现金/股票互换)与支付进度、控制结构、融资结构、风险分配与控制、退出机制等方面的安排。交易结构的复杂程度往往体现了交易所面临的风险范围与强弱程度。安排复杂的交易结构的目的是控制交易风险。而过于复杂的交易结构本身可能带来新的交易风险并提高交易成本,因此交易结构设计需要遵循平衡的原则,即在交易结构的复杂程度、交易风险与交易成本之间取得平衡;从当事人的角度看,亦即在交易双方的权利、义务与风险承担方面取得平衡。

一个好的交易结构需要平衡各方的风险与收益关系,以尽可能少的条款涵盖所有可能发生的情况,并适用于交易各方,最后也要提供灵活的退出方式。需要考虑的大类风险问题包括交易风险、交割后的运营风险以及退出风险等。在每一个项目的决策过程和执行过程中,稳健型的投资人花在考虑风险上的时间要往往多于花在考虑投资收益上的时间。

6.5.1 交易标的

笼统地讲,股权投资基金收购的对象是目标公司,但交易标的具体是目标公司的股权还是资产,却需要仔细地权衡。构造不同的标的会给交易双方带来不同的税收与财务影响。对于非并购基金而言,通常仅涉及股权交易。

(1) 资产交易

资产交易是以经认定的目标公司资产为标的的交易。资产交易涉及的前期工作包括:

① 确定交易的范围,即哪些资产构成交易标的。被交易的资产要具有产权的完整性,同时要考虑标的资产与目标公司正常运营的关联程度。交易双方会就交易资产范围进行谈判,存货、应收账款、固定资产(特别是其中的闲置资产)、无形资产(包括专利权、专有技术和市场网络)等通常会成为谈判的焦点。

② 标的资产核查与盘点。交易双方将共同核查、盘点交易范围所涉及的各项标的资产的实际数量与状态。

③ 标的资产的价值重估。

资产交易可以使股权投资基金获得剥离债务风险的经营性资产。资产交易解除了在标的资产上设置的任何抵押权限,屏蔽了与目标公司关联的潜在债务、税务等风险,从而可以集中精力于价值创造过程。

资产交易导致卖方股东双重纳税。目标公司出售资产所取得的收入在公司层面就账面增值部分缴纳企业所得税、企业主在公司收益分配后取得的所得要缴纳个人所得税。而且,在累进税率的情况下,因为收入集中在某一时段,往往适用较高的税率。

资产交易还面临行业准入问题。从事某些特殊行业的企业需要具备特殊的经营资质,例如,从政府主管部门获得核准或获得许可证。股权投资基金需要注册新的公司以完成目标公司的资产收购,而新公司通常不能直接继承原企业已经获得的经营资质。

资产交易涉及员工、客户或合同问题。股权投资基金作为资产收购方不能直接继承原企业的劳动合同、客户关系或销售合同。另外,收购方与原企业的经销商或代理商、供应商的关系也需要重新建立。

(2) 股权交易

股权交易是以目标公司的股权(原有的或新增的)为标的的交易,在交易之后目标公司继续存在,但股东名册发生变更。股权交易有两种基本类型:一种是转让,即企业原股东转让部分或全部股权给股权投资基金以实现部分变现或全部退出;另一种是增资,即企业原股东不退出,股权投资基金投资获得相应的新增加的股份。

股权交易的卖方避免了重复纳税。企业原个人股东只就转让股份获得的收益缴纳个人所得税。在支付方式上,股权交易还可以被安排成股票互换,即股权投资基金为交易而设立的控股公司(名义买方)以自身股票支付收购对价,目标公司股东通过持有名义买方股票可以延迟纳税,这意味着只有在以后出售所换得的股票时才需纳税。

股权交易的买方需要承担目标公司债务、税务以及诉讼等风险。通常,买方会要求卖方就某些可能的潜在事项作出承诺,即由卖方承担某些或有事件的全部后果;或者设计特殊的支付方式,即将一定额度的收购价款存放在某个特殊托管账户内并由交易双方共管,在收购后的一定时期内获得买方许可后卖方分批提取。

资产交易与股权交易的比较参见表6-5。

表6-5 资产交易与股权交易的比较(假设现金交易)

	税 收	风险	为更方式	受影响的第三方
股权交易	个人所得税20% 印花税0.1%	将债务转移给买方	因为股东变动须在相应的工商行政管理部门办理变更手续	受影响最大的是目标企业的其他股东
资产交易	企业所得税25% 个人所得税20% 营业税5% 印花税0.03% 契税3%~5% 其他资产增值税17%	卖方承担债务	一般不需要办理变更手续,但收购不动产或全部资产时须办理过户或者注销手续	受影响的是享有该资产权利的人,如担保人、抵押人、商标权人、专利人等,资产的转让须得到相关权利人的同意

(3) 组合交易

组合交易是综合运用股权交易和资产交易来完成收购活动,以有效利用两种交易方式各自的优点并剔除缺点。常见的一种组合方式的主要步骤是:

第一步,卖方注册新公司并将目标公司标的资产以较低的公允溢价转移到新公司,该项资产交易卖方公司只需承担较低的企业所得税。由卖方注册新公司,则获得经营资质的风险由卖方承担。此时,新公司是"干净"的,即不存在隐性债务或诉讼风险。

第二步,买方或买方的控股公司以股权交易方式并以双方合意的价格(通常情况下,比卖方资产转让价格更高的价格)收购卖方注册的新公司。

6.5.2 支付方式

根据支付方式,收购可分为现金收购、股票收购和综合证券收购。

现金收购是由股权投资基金以现金支付全部交易对价,以取得目标公司的所有权的支付方式。其主要优点是作为一种最简单迅速的收购方式,对目标公司股东而言,不必承担证券价格波动风险和利息率及通货膨胀变化的影响,交割简单明了,常常是目标公司股东最乐意接受的一种方式。其缺点是目标公司股东无法推迟资本利得的确认,从而不能享受税收上的优惠,而且也不能拥有新公司的股东权益。对股权投资基金来说,现金收购是一项大额的即时现金负担,要求股权投资基金有足够的现金头寸和筹资能力,交易规模也常常受到筹资能力的制约。

股票收购是指收购方采取增发本公司的股票,以新发行的股票替换目标公司股票的支付方式。

综合证券收购是指收购方的出资不仅有现金、股票,还可能有认购权证、可转换债券和公司债券等多种证券的支付方式。

由于股权投资基金通常投资的是非上市企业,因此股票收购和综合证券收购应用较少。换句话说,依支付方式而言,现金收购为主要收购方式。

6.5.3 控制结构

控制结构是指投资人为实现便利投资与退出目的而搭建一组形成恰当控制权安排的公司的结构。控制结构往往决定了企业未来在境内还是境外上市,如果最初在设计控制结构时选择不当或者后来中途变卦,把架构推倒重来的代价是惨重的,不仅要花费不菲,而且耗时良多,甚至还会耽搁上市进程,并影响投资人退出的时间表。

(1) 资产交易的控制结构

资产交易主要有境内资产收购、境内合资、境内合资后收购、境外合资后收购。

资产收购的优点在于买方无须承担目标公司的债务、或有负债和潜在诉讼等风险。

境内合资与资产收购相比,合资方式不涉及收购交易中的各项税收。但同时,在合资情况下,目标公司的中国居民或外国居民投资者都无法直接从该项交易(即合资)中获得收入。

与单纯境内收购相比,境内合资后收购的方式可以将目标公司创始人、管理层及其他投资者留在合资公司中,有利于保证合资公司持续稳健运营。

境外合资便于未来实施退出计划。但自2006年中国六部委联合发布《关于外国投资者并购境内企业的规定》(2006年第10号,也被业界称为"10号文")后,中国居民在境外投资/设立特殊目的公司并收购境内企业需要严格的审批程序,从而使得这一结构设计在近年来难以实施。

(2) 股权交易的控制结构

2006年10号文实施前,中国市场上的股权投资基金对于拟海外上市的控制结构偏好采用红筹架构,但因2006年发布的一系列法规,对以股权为收购对价并通过SPV(特殊目的公司)进行跨境换股等技术手段形成限制,由此产生两种新的结构模式,即在岸直投架构与离岸直投架构。

① 纯内资架构

纯内资架构是一种最为简单的架构,在法律上不更改原企业的任何性质,原企业直接进行增资扩股,基金以人民币溢价认购企业增资后入股企业。基金的投资部分作为企业的增资,部分作为企业的资本公积金由新老股东共享。

企业以纯内资方式私募融资的最终目标是在境内A股主板、中小板或者创业板上市。随着国内证券市场融资功能不断完善,民营企业家越来越倾向于在国内上市。而相比于私募交易的合资架构与红筹架构来说,纯内资架构无论在政府审批上,还是在交易便捷上都具备无可比拟的优势。因此,如果企业家在选择私募基金上有多个选项的话,外资资金往往在竞争中处于下风,企业家更喜欢找内资身份的资金来快速完成交易。这也是近年人民币基金得以大量募集,特别是黑石、红杉等海外 PE 巨头们都要募集人民币基金的一个重要原因。

先做私募,后做股改是通常的做法。在私募融资前,企业一般是有限责任公司形式,私募交易完成(基金增资)以后企业仍然维持有限责任公司形式,待日后再择机改制成股份有限公司,日后的上市主体是整体变更后的股份有限公司。当然,在实践中,先股改后私募亦无不可,只是企业股改后治理结构更加复杂,运营成本更高,做私募交易更为复杂。

② 红筹架构

在新的并购规定实施前,外资股权投资基金投资人主要采用类似于图 6-4 的红筹架构来实现中国境内的小额投资。

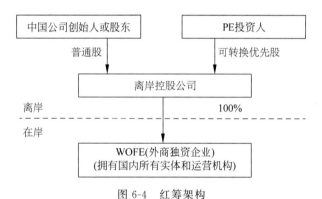

图 6-4　红筹架构

注:离岸控股公司和 WOFE 之间可能还存在一个中间控股公司。

这种结构通常被称为红筹架构,中国创始股东应将主营业务改组成立一个离岸控股公司,通过该离岸公司收购其在岸公司。中国股东获得离岸控股公司的普通股,而投资人则对离岸公司投资以获取可转换优先股。因为离岸立法管制较为宽松,可保护投资人在优先股以及公司治理等方面的权利,也便于转让控股公司的股份并实现投资退出,所以一度成为股权投资基金投资人的首选。另外,这种结构也便于离岸控股公司日后进行离岸 IPO 上市操作。

所谓离岸公司是泛指在离岸法域内依据离岸公司法规范注册成立,只能在公司注册地以外法域从事经营的公司。世界上离岸金融中心如英属维尔京群岛(B.V.I)、开曼群岛、巴哈马群岛、百慕大群岛、塞舌尔群岛、萨摩亚群岛、马恩岛等纷纷以法律手段确定并培育出一些特别宽松的经济区域,允许国际人士在其领土上成立一种国际业务公司,这些区域一般称为离岸管辖区或离岸司法管辖区。

离岸公司具有以下优点:

税收优惠。离岸公司通常税收负担极低,所有离岸法域均不同程度地规定了离岸公司所取得的营业收入和利润免交当地税赋或以极低的税率(如 1‰)交纳,有的甚至免交遗产税等。公司只需要每年支付当地政府一项固定的费用。

法律环境宽松,保密性好。英属维尔京群岛、开曼、百慕大等地是部分自治的英国殖民地,其公司法以英国商业公司法为基础,公司有关股东及董事的资料均是保密的,不需要向公众透露[①]。宽松的法律环境以及对公司业务的高度保密,使上市公司自身安全具备充分保障,极大减少了各种风险因素。

便利海外投资和股权转让。离岸公司为个人和企业在海外发展创造了条件,可作为开拓国际业务的海外平台。成立的海外公司也可以在大陆返程投资,成为外资企业或合资企业,享受外资的待遇及产销等经营上的优势。以海外公司名义进入像中国这样的市场,还有保护自身利益的特殊功能,外资公司在中国的注册和投资股份,在进入和退出、转股等方面都有较为宽松的待遇,这对于需要获利后安全退出的人是很有意义的曲线防御经营。

一般这类离岸地区和国家与世界发达国家都有良好的贸易关系。因此,海外离岸公司是许多大型跨国公司和拥有高额资产的个人经常使用的金融工具。希望在国外上市的公司有许多是通过成立海外离岸公司实现其目的的。

③ 在岸直接投资架构

10 号文规定,无论投资规模大小,所有红筹架构投资都必须提交中国商务部审批。而在 10 号文实施的前两年内,商务部未审批通过任何此类投资。为了继续投资中国企业,股权投资基金投资人开始考虑不需向商务部提交审批的投资结构。

投资人可行的第一种方式是直接投资在岸实体(如图 6-5 所示)。而股权投资基金投资人可直接投资的中国国内公司又包括两种形式:中外合资公司(EJV)以及外商投资股份有限公司(FICLS)。

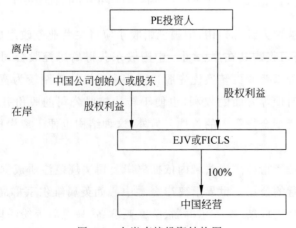

图 6-5 在岸直接投资结构图

---

① 2013 年以来,受全球反洗钱、反腐败监管趋严的影响,上述"离岸公司天堂"均已承诺在缔约国之间交换非居民金融账户信息,并将在 2023 年前公开离岸公司受益所有权登记信息,这些地方的保密时代即将终结。

在岸直接投资选择 EJV 还是 FICLS，需要考虑以下几个因素。

退出：仅 FICLS 能在中国境内上市。如果需要考虑在中国 IPO，那么投资时应选择 FICLS。如果选择 EJV，那么上市前，EJV 也必须转换成为 FICLS。

时机：成立 FICLS 的审批时间比成立 EJV 时间长（通常 FICLS 需要 8~12 周，而 EJV 只需要 2~6 周）。尽快完成交易非常重要，因此部分股权投资基金投资人可能更愿意一开始就使用 EJV，之后在 IPO 前转换成 FICLS。

投资者保护：从保护投资人的角度来看，EJV 和 FICLS 分别适用于不同的规定。例如：根据 EJV 管理规定，修改机构文件以及股权转让要求全体股东一致同意，而 FICLS 则较为宽松。

近年，使用在岸直接投资结构的股权投资案例显著增加，尤其是以 EJV 的形式。

④ 离岸直接投资架构

通过合法的途径，对境内企业的权益进行重组，将境内企业的权益跨境注入海外公司（将来的境外上市主体），是搭建离岸直接投资架构的基本步骤。这种重组属于"外资并购"的范畴，因此重组就不仅仅是股东的简单变更，不可避免地面临着中国政府对于外资并购监管政策的影响。对于拟进行红筹上市的企业来说，其海外控股公司进行并购重组，必须明确企业所在行业是否存在政策限制，根据《指导外商投资方向规定》（国务院令〔2002〕346号）和《外商投资产业指导目录》①的规定，确定该行业是否允许外商独资或控股，进行海外重组。

如果境内企业所在的产业允许外商独资控股，进行海外重组一般是通过海外控股公司进行返程投资，收购境内企业的全部股权，将企业变更为外商独资企业（即红筹架构），实现海外控股公司对企业财务报表的有效合并。

但如果境内企业所在的产业不允许外商独资（如电信、媒体和网络平台等），海外重组则需要根据具体情况采用不同的方案。一般的做法是根据美国会计准则下"可变利益实体"（various interests entity，VIE）的要求，通过海外控股公司在境内设立外商独资企业，收购境内企业的部分资产，通过为境内企业提供垄断性咨询、管理和服务类和（或）垄断贸易等方式，取得境内企业的全部或绝大部分收入。同时，该外商独资企业还应通过合同，取得对境内企业全部股权的优先购买权、抵押权和投票表决权。通过以上安排，将境内企业变成海外控股公司的可变利益实体，实现海外控股公司对境内企业财务报表的有效合并，达成所谓的协议控制。

这种结构中，中国公司创始人或股东以及外资股权投资基金投资人共同投资一家离岸控股公司，而这家离岸公司拥有一家在中国新成立的在岸实体，称为 WFOE（外商独资企业）。与红筹架构相同，中国公司创始人或股东拥有离岸实体的普通股，而股权投资基

---

① 该文件不断修订。其中《外商投资产业指导目录（2017年修订）》是较新版本。另外，国家发展和改革委员会、商务部发布的《外商投资准入特别管理措施（负面清单）（2019年版）》自2019年7月30日起施行，《鼓励外商投资产业目录（2019年版）》自2019年7月30日施行，这些也是与外国投资者在中国投资相关的法规。

金则获得可转换优先股。

离岸直接投资架构参见图6-6。

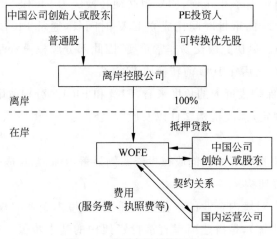

图6-6 离岸直接投资架构图

离岸直接投资架构与红筹架构不同的是WOFE实际上并不获取或拥有在中国运营业务的任何股权利益,实际运营仍由中国公司的创始人或股东控制。更确切地说,WOFE会与现有国内业务实体以及中国创始人或股东签订契约安排,包括利润安排、贷款安排、股权质押以及对控股国内实体股权的代理权和单边购买选择权。

采用这种结构上市的中国公司,最初大多数是互联网企业,比如新浪(参见图6-7)、百度。这类企业为规避禁止外资投资电信业务的规定,安排国际投资者通过投资离案控股公司控制中国境内技术服务公司,将网站内容与技术相分离,通过独家服务合作协议的方式将境内目标公司和海外离岸控股公司连接起来,实现合并报表的目的,进而实现海外上市。通过VIE模式,境外离岸公司就可以申请在发达资本市场上市和筹集资金,并可方便股权投资基金在境外退出投资。

股权投资基金在离岸直接投资架构中往往会安排多层次的控股结构。例如:
- 由股权投资基金在B.V.I设立项目投资公司;
- 由项目投资公司在开曼设立离岸控股公司,开曼离岸控股公司将成为未来上市的主体;
- 由离岸控股公司在中国香港设立次级离岸控股公司;
- 由香港控股公司在中国境内设立外资独资公司或合资公司;
- 由境内独资或合资企业完成对目标公司资产或股权的收购,或者以一揽子合同的方式实现对目标公司收益的要求权。

设计多层次、复杂的控股结构会增加交易成本,但也会为股权投资基金带来便利——降低从收购到退出整个交易流程的风险。

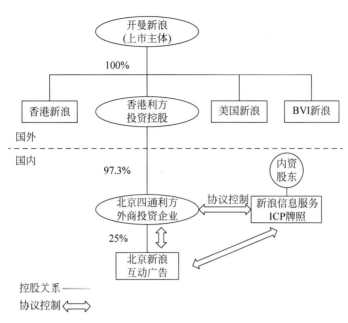

图 6-7 新浪的 VIE 架构

实务链接：携程的离岸直接投资架构

携程的创始人非常清楚境外上市的种种便宜之处，公司在设立之初即许下登陆海外资本市场的宏愿，采取了设立离岸控股公司的离岸直接投资架构模式，如图 6-8 所示。

第一步，在开曼群岛成立携程国际(Ctrip.com International,Ltd.，上市主体)。主要目的：在离岸地中，开曼群岛因其完善的司法体制、稳定的法制环境、良好的公司治理标准和便利的公司运作程序被认为是最佳的海外控股公司法域，被美国上市监管机构和交易所普遍接受。因此，开曼群岛是中国企业以红筹模式在美国证券市场发行股票的首选地。

第二步，携程国际 100% 控股子公司——携程香港公司(Ctrip.com (Hong Kong) Limited)。主要目的：多一层资本投资融资平台，且香港公司易获得当地政府认可，容易通过中国境内各当地政府的审批；而离岸的 BVI/开曼公司因存在信息不公开、注册管理简单、注册资本小等特点，在某些地方政府并不受欢迎。

第三步，通过携程香港公司 100% 控股国内业务实体——携程上海公司(Ctrip Computer Technology (Shanghai) Co.,Ltd. and Ctrip Travel Information Technology (Shanghai) Co.,Ltd.)。主要目的：实现以海外公司为直接上市主体(母公司)，以大陆外资企业(合资或独资)为业务实体，采取以"红筹模式"登陆海外市场的"集团"架构。

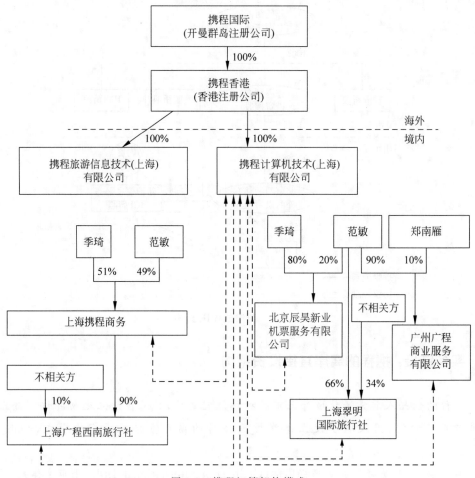

图 6-8 携程红筹架构模式

本案中,因面对所在行业存在诸多外资限制问题,其重组安排较为复杂。在携程的业务模式当中,涉及网络公司、广告公司、电信增值服务、机票代理、旅行社服务等多个在当时中国受到"重点控制"的行业。这种控制体现在:机票代理机构外资比例不得高于50%,广告公司外资比例应低于49%,电信增值服务外资比例不能超过50%(包括互联网内容提供)等,并且外资旅行社不得设立分支机构,不得安排客人到大陆以外的国家和地区(包括港、澳、台)旅游。因此,如果以在大陆设立的外商独资企业——携程上海开展业务,将受到重重限制。为此,携程采取了堪称复杂的架构安排。首先,由范敏、季琦以自然人身份持有上海携程商务、北京辰昊新业、上海翠明、广州广程等公司绝对控股权,其中,上海携程商务持有广告及网络内容方面的许可,其子公司还握有境内旅游和机票代理执照;北京辰昊新业、广州广程有机票代理资格;上海翠明有权从事境内外旅游服务。然后,携程与这几家公司签订"技术顾问、人员培训、信息咨询"等排他性服务协议。这样,上述关联公司在外资比例上完全符合中国有关外资准入的规定,以各自的牌照合法经营,而携程通过排他性服务协议从其身上"抽取"利润。根据招股书披露,上海携程商务每季度向携程(上海)公司交纳 24 万元"服务费",从事机票代理的几家关联公司则按每张机票 18 元的标准缴纳服务费用等。通过以上安排,最终携程上海成为携程国际的"可变利益实体"。

6.5.4 融资结构

融资结构是指一宗交易所支付的总价款中自有资金与债务融资额的比例关系。当股权投资基金收购资金的融资方式中债务融资占比较高时(通常为 70% 以上),该项收购可以被称为杠杆收购。

拓展阅读 杠杆收购

在整个融资结构中,并购方的自有资金只占较小的一部分,通常为 20% 左右,其余部分都是通过发行债务的方式进行筹资。在典型的杠杆收购中,商业银行提供的短期和中期优先级债务通常比例为 5%~20%;由机构投资者、银行和杠杆收购基金提供的长期债务或次级债务的比例高达 40%~80%。因此,杠杆收购实际上是并购方采用的一种激进型的融资策略,通过高负债水平同时承担较高的风险,希望获得较高的回报。

股权投资基金可以利用如此高的财务杠杆比率取决于两个客观条件:一是有发达的金融市场可以为股权投资基金提供多样化的债务工具选择,二是有大量的社会闲置资本。

多数时候,因杠杆收购而产生的债务是以目标公司的资产或股权为抵押,并以目标公司未来的经营现金流量并结合目标公司部分资产出售的方式进行偿还。这也是股权投资基金高度重视目标公司 EBITDA(税息折旧及摊销前利润)稳定性的原因之一。

6.5.5 权益结构

权益结构反映了融资后融资方股权的归属情况。一个公司刚组建时,全部权益会分配给主要创始人。但当公司股权融资后,由于新股东的进入将导致权益结构变动。我们通过一个案例来了解这一点。

假设首次融资前创始人持有 200 万股股份,融资前公司估值为 1 000 万美元,股权基金投资 500 万美元。假设条款清单中规定预留一部分的新员工期权激励,其价值相当于公司融资后估值的 20%。由此,权益结构如表 6-6 所示。

表 6-6 权益结构表

类型	股份	优先股股价	估值/美元	占比
创始人	2 000 000			A
员工期权池	B			20%
风险投资人	C	D	5 000 000	33.33%
总计	E	D	15 000 000	100%

我们现在来计算表中字母所代表的未知项。

创始人拥有的份额 $A = 100\% - 20\% - 33.33\% = 46.67\%$

总股数 $E = 2\,000\,000 / 46.67\% = 4\,285\,408$

员工期权池的股份数 $B = E \times 20\% = 4\,285\,408 \times 20\% = 857\,082$

风险投资人的股份数 $C = E \times 33.33\% = 1\,428\,326$

优先股股价 $D = 5\,000\,000 / 1\,428\,326 = 3.5$（美元）

最后，再来检查一下计算过程。融资前公司价值为 1 000 万美元，那么融资前的股份数（创始人拥有的 200 万股和 20% 的期权预留）×每股价格应该等于 1 000 万美元。经过计算，$(2\,000\,000 + 857\,081) \times 3.5 = 9\,999\,783.5$（美元），结果少了 216.5 美元，即 61.857 股股份。这提示我们，在计算的中间步骤中，计算结果至少要保留两位小数。

6.6 投资风险管理

6.6.1 宏观风险类别

所谓宏观风险，是指企业外部全局性的不确定性所引起的投资收益的变动，无论投资人还是受资企业都可能遇到，只是受影响的程度不一样。对于投资机构而言，系统性的宏观风险难以通过分散投资加以消除，所以基本策略应是回避风险、构建适当的投资组合、转移风险、在风险到来时及时发现并采取措施尽量降低其损害。

（1）政策法规风险

政策法规风险是指国家的政策、法律法规的不完善及变化给股权投资带来的无法控制的不良后果。我国已经对股权投资颁布了一些法规，如《证券投资基金法》《国务院关于进一步促进资本市场健康发展的若干意见》《私募投资基金监督管理暂行办法》等，但仍不够完善。新旧法规之间的未充分衔接导致的监管严厉程度的变化仍可能对股权投资行业带来政策连贯性方面的干扰。例如，2018 年颁布的《关于规范金融机构资产管理业务的指导意见》（也被业界称为"资管新规"）即因规范金融机构的理财业务而使股权基金募资陷入寒冬。

（2）金融市场风险

股权投资的金融市场风险主要来自利率的波动、证券价格的涨跌、汇率的浮动以及国家外汇储备的增减等。例如,利率的波动直接关乎资本市场上资金的收放,股权投资,特别是杠杆收购的融资成本也随之升与降,最终导致投资收益的波动。

(3) 经济风险

经济风险即购买力风险,指市场经济在运行过程中可能产生的给股权投资带来的不确定性。经济风险主要来自通货紧缩、通货膨胀的发生以及经济增长与衰退等。

6.6.2 微观风险类别

所谓微观风险,是指非全局性的不确定性所引起的投资收益的变动,这类风险可以通过多元化投资消除,是可以分散的,又称为可分散风险。

(1) 项目选择风险

项目选择阶段存在着逆向选择问题。逆向选择是指在信息不对称情况下,劣质品驱逐优质品,进而出现交易产品平均质量下降的现象。在股权投资市场上,真正优秀的项目在某个阶段可能并不愿意引入股权投资基金的投资,一个很重要的原因是在股权投资这个信息不对称的市场中,股权难以获得一个合理的估值,优秀企业担心自己的股权被贱卖。所以,项目选择风险实质是错过了优质项目而投资了较差项目的风险。

(2) 估值风险

在股权投资过程中,对被投资项目的价值评估将影响投资方在受益企业中的股权比例,过高地评估价值将导致投资的收益率下降,过低的估值将可能失去一个好的投资机会。股权投资中融资方在其商业计划书中美好的盈利前景描述和众多投资人追逐同一个明星项目而相互竞争都可能使得标的价值出现高估。由于未来市场、技术和管理等方面都可能存在着很大的不确定性,这些不确定性的存在使得投资的价值评估风险成为股权投资的直接风险之一。

(3) 信用风险

信用风险是指股权投资的投资方与融资方未能履约而造成的风险,不按照合约执行的一方必定造成另一方的利益受损。信用风险的发生不一定缘于主观故意,有时风险来源是客观被动的,比如一些难以抵抗的外力干扰造成的违约。因为从项目的选择到退出阶段整个流程都伴随着信用风险,而且每一个环节都很容易出现问题,所以每一个阶段的信用风险都应引起足够的重视。

(4) 道德风险

道德风险是指经营活动参与的一方为实现自身利益的最大化而损伤其他参与者利益的行为,是主观刻意地去通过违约来谋取不正当的利益。由于投融资双方的信息不对称,被投资方与投资人之间存在利益不一致的情况,这就产生了委托代理中的"道德风险"问题,可能损害投资人的利益。其主要表现为企业为了获取投资而刻意隐瞒不利信息,或是编造虚假信息以营造自身的良好形象,哄骗股权投资机构,误导其判断,就本质而言是一种欺诈行为。

6.6.3 投资风险控制

(1) 遵从严格的风控

股权投资的各个环节都存在风险源,任何一个不确定因素的不利变化都可能导致投资的失败。为了最大限度地降低风险,需要对投资过程中的各个风险源进行有效的控制,这需要一套严密的制度和工作流程来保证。在投资中,投资经理的尽职调查和投资决策委员会的审核是两个重要的环节。

投资委员会成员应该具有很强的金融行业专业技术能力,以及行业研究能力,具备丰富的投资经验,拥有良好的职业操守,能对涉及股权投资、风险管理等方面的复杂问题做出正确的判断。

在必要时,基金可以通过聘请专家顾问或专业机构参与评估的方式,提高决策的科学性。

(2) 执行严谨的项目筛选

股权投资基金在准确把握国家宏观环境的大前提下,应选择合适的行业进行投资。确定了产业领域之后,就应对产业中的相关企业进行甄别梳理。

企业管理者的管理能力、合作意识、创业热情和职业道德等,都是影响企业发展的重要因素。对一个具体的企业来说,投资风险与收益表现出一种负相关的关系。高质量的企业,未来发展潜力大,成功的概率高,投资风险小,预期收益高;低质量的企业,未来发展潜力小,成功的概率低,投资风险大,预期收益低。股权基金通过严格的项目筛选,过滤掉那些低质量的企业,可以有效地降低投资风险。

(3) 进行周密的尽职调查

尽职调查在股权投资中作用重大,尽职调查的质量直接影响到投资的成败。对目标企业的尽职调查理论上是全方位的,是一项系统工程,但由于时间、成本等制约因素,应贯彻重要性原则,对交易中的重点问题给予重点关注。

(4) 制定完备的投资协议

投资协议是事前约定各方责任与义务的合同约束机制。在股权投资中,投资方最主要的风险控制策略都包括在双方签署的投资协议中。股权投资协议中约定的对投资人的保护性条款通常包括优先权条款和特殊条款。下一节内容将详细讲述。

(5) 设计灵活的支付工具

可转换证券是指持有者可以在一定时期内按一定比例或价格将其转换成一定数量的另一种证券,包括可转换债券、可转换优先股。股权投资市场中可转换证券的使用,有利于解决信息不对称带来的道德风险;如果企业经营不善,投资方不执行转换权而收回投资的本金和利息,企业为了能够留住投资方,就会竭尽全力将企业经营好。

股权投资中常用的是可转换债券,可转换债券同时具有债券和期权的双重属性,在信息不对称的情况下,债券与普通股之间的可转换性,可保证股权投资基金的收益。

(6)争取有效的投后监督机制

投后监督机制包括获得董事会席位与表决权或否决权,以及对企业生产经营状况和对财务的持续关注。这些措施都会对融资企业有较好的监督效果,能防止企业发生转移资产等重大投机行为。

6.7 权益保护条款

股权投资基金在投资过程中,应当设置适当的保护机制以管理投资风险。所谓保护机制是指在投资行为中,有着风险防范功能的要素间相互发生作用以规避风险的关系和过程,它主要表现为管理投资不同阶段风险的应对策略和相关措施的集合。

在投资阶段对投资者权益的保护主要考虑投资工具的选择和投资契约的安排。投资工具的选择一般是根据投资者的需要,不同的投资工具的风险和收益都不尽相同。一般来说,股权投资基金不管是选择股权还是选择具有转换性质的投资工具都是投资者出于对投资风险和收益的综合考虑。对收益要求高的,自然会选择收益弹性大的股权;对安全性顾虑较多的,多偏向于具有债权性质的优先股和可转换债券。

除此之外,还应该在谈判阶段进行合理的投资契约条款安排,通过投资契约条款可以详细规定投资者和被投资者的权利和义务,对投资、投后管理、退出各阶段的风险予以预判,并安排防控措施。

投资者权益保护条款中有两类保护性条款必不可少,它们是优先权条款和特殊权利条款。

6.7.1 优先权条款

优先权条款赋予投资者一定的优先权利,其可以是优先股权利的一部分,也可以高于优先股权利之上,是投资双方经过协商约定的额外优先权利,其目的是控制投资风险。优先权条款一般包括四种:优先分红权条款、优先清算权条款、优先认购权条款和优先购买权条款。

(1)优先分红权条款

优先分红权条款约定的是股权投资者优先于受资企业的其他股东分配红利的权利。优先分红权是投资工具优先股的权利之一。优先分红权条款在保护投资者权利方面表现为两点:①优先分红权可以有效促进受资企业发展,增加投资者的收益。因为投资方分红具有优先性和累积性,受资企业必须在满足投资者的分红要求之后才能拿剩余利润分配给其他股东,这势必激励受资企业创造更多的利润,而受资企业利润的增长正是投资者所希望的。②优先分红权可以有效规避受资企业的道德风险,保护投资者的利益。优先分红权的目的不在于分红,而在于遏制分红。如果受资企业持续分红,而不是把企业收益投资到企业的再发展中去,就不能保证企业的快速发展,而使投资者的长远利益受到损害。同时受资企业持续分红有可能意味着原始股东套现退出,可能会造成企业经营的重大变更,不利于企业的发展。优先分红权使分红利益实际转移给的不是受资企业的原始股东而是股权投资者,能够有效地遏制受资企业恶意分红的道德风险产生。

(2) 优先清算权条款

优先清算权条款约定的是受资企业在清算或者结束营业时,股权投资者具有优先于其他普通股东获得分配的权利。优先清算权由实际清算优先权(preference)和参与分配权(participation)两部分组成。

实践中清算优先权条款一般表述为:在公司清算或结束业务时,A系列优先股股东有权先于普通股股东获得每股 x 倍于原始购买价格的回报以及已宣布但尚未发放的股利。其中,按原始购买价格的1倍或等于投资额返还给优先股投资者一般为标准条款。

按照优先股投资者在获取优先清算回报后能否同其他普通股东一起按照持股比例参加剩余清算财产的分配,参与分配权可分为完全参与权、附上限参与权和无参与权三种。

完全参与权指投资人除了会获得相应的优先清偿额,还可按相当于转换后持股比例分配剩余清算资金。转换后比例意思是当优先股股票依转换比例转换成普通股后所占比例。完全参与权条款一般表述为:在支付给A系列优先股股东清算优先权回报之后,剩余资产由普通股股东与A系列优先股股东按相当于转换后的股份比例进行分配。

附上限参与权指优先股在转换后按比例参与分配剩余清算资金,直到获得约定的回报上限。该条款一般表述为:在支付给A系列优先股股东清算优先权回报之后,剩余资产由普通股股东与A系列优先股股东按相当于转换后的普通股股份比例进行分配;但A系列优先股股东获得的回报达到 x 倍于初始购买价格以及已宣布但尚未发放的股利后,将停止参与分配。剩余的资产由普通股股东按比例分配。

无参与权指优先股股东不参与分配。在这种情况下,该投资人要么获得优先清偿额,要么将其股份转换成普通股,再按照转换后的股权比例分配公司可分配资产。

下面我们通过几个案例来具体了解不同参与权对投资人利益的影响。

【案例一】 假设只进行了一轮融资(A系列投资),投资前估值1 000万美元,投资额500万美元。A系列投资人的股份比例为33.3%[500/(1 000+500)],创业者股份比例为66.7%,股份比例约等于33%/67%。公司收到了一份价值3 000万美元的收购要约。

情景一:1×(1倍)的优先权,无参与权。此时,A系列投资人会得到股份比例33%的清算价值,也就是约1 000万美元,创业者股份比例为67%,可以拿到约2 000万美元。

情景二:1×(1倍)的优先权,有参与权。此时,A系列投资人会拿到第一笔500万美元的投资本金,然后拿到剩余清算价值的33%,也就是830万美元(2 500万美元的33%),总共收益是1 330万美元。创业者拿到2 500万美元的67%,也就是1 670万美元。

情景三:1×(1倍)的优先权,3X(3倍)上限的参与权。此时,优先股的回报没有到达上限(1 500万美元),所以结果同情景二。

【案例二】 现在,假设公司收购价格是1亿美元,仍然只进行了一轮A系列融资,投资后估值1 500万美元,投资额500万美元。

情景一:1×(1倍)的优先权,无参与权。A系列投资人会得到33%的清算价值,也就是3 300万美元,创业者股份比例为67%,也就是6 700万美元。

情景二:1×(1倍)的优先权,有参与权。同样,A系列投资人会拿到第一笔500万美元,然后拿到剩余清算价值的33%,也就是3 135(9 500的33%)万美元,总共收益是3 635万美元。创业者拿到9 500万美元的67%,也就是6 365万美元。

情景三:1×(1倍)的优先权,3×(3倍)上限的参与权。在公司出售价格为1亿美元的情况下,如果A系列投资人选择行使优先权,只能得到最多3倍本金的回报(1 500万美元),所以在这种情况下,投资人都会放弃行使优先权,最后结果则同情景一。

正如从这个案例中看到的,参与分配权在公司低价出售时影响更大,高价出售时影响较小。它的影响还会随着后续含参与权的融资(例如,B系列和C系列)的进行而影响更大。

【案例三】 公司融了5 000万美元,投资人占60%股份,创业者占40%。假设公司以1亿美元的价格被收购。

情景一:1×(1倍)的优先权,无参与权。投资人会拿到60%的收入,也就是6 000万美元,创业者股份拿到40%,就是4 000万美元。

情景二:1×(1倍)的优先权,有参与权。同样,A系列投资人会拿到第一笔本金5 000万美元,然后继续参与分配剩余清算价值,拿到5 000万美元的60%(3 000万美元),总共收益是8 000万美元。创业者拿到5 000万美元的40%,也就是2 000万美元。

情景三:1×(1倍)的优先权,3×(3倍)上限的参与权。在刚才的例子里,投资人没有创造高于3倍的回报,所以结果同情景二。

当公司经历持续融资后,通常对不同轮次的投资人优先清算权的权利有两种约定方式。

层叠优先权,后轮投资人将会把他们的优先权置于前轮投资人之上。比如,B系列投资人先获得回报,然后A系列投资人再获得回报。

平等优先权,所有投资人权利平等。比如,A系列和B系列投资人按股份比例分配回报。

【案例四】 公司进行两轮融资,A系列(投资前估值1 000万美元,投资500万美元)和B系列(投资前估值3 000万美元,投资2 000万美元)。在收益较低的情况下,以1 500万美元出售公司。

若为**层叠优先权**,那么 B 系列投资人会拿走全部的 1 500 万美元。此时 B 系列的投资前估值已经无关紧要了,无论如何他们都会拿走 100% 的收购价格。

然而,如果为平等优先权,A 系列投资人会拿到每一元钱的 20%(在这个案例里是 300 万美元),B 系列投资人会拿到 80%(1 200 万美元),这是基于他们各自投资资本占他们全部投资资本的比例。

A 系列投资人投资了 500 万美元,B 系列投资人投资了 2 000 万美元,所以 A 系列投资人相对比例是 20%[500/(500+2 000)],那么 A 系列投资人的清算收益是 1 500 万美元 × 20%=300 万美元。

在上述两种情境中,无论优先权有无参与权,创业者都拿不到一分钱,因为优先权回报是 2 500 万美元,而公司只卖了 1 500 万美元,小于优先权回报。

优先清算权也是优先股权利的一部分,其保护投资者权益的作用在于可以遏制受资企业原始股东利用清算侵占私募股权投资者资金的冲动,并有效防止受资企业在信息不对称的情况下以侵占投资资金而非发展投资企业为目的作出的欺诈、隐瞒、侵害投资者权益的行为。

(3) 优先认购权条款

优先认购权条款约定的是当受资企业再次股权融资发行新股时,股权投资者拥有按照其原先的持股比例优先于第三方认购新股的权利。优先认购权条款的典型表述为,"投资者有权认购最多与其持股比例相当的公司任何新发行证券的优先认购权,且购买价格、条款和条件应与其他潜在投资者的购买价格、条款和条件相同,如果其他初始股东放弃其优先认购权,则投资者有权认购其放弃的部分。"优先认购权条款对于股权投资者权益的保护有两个作用:首先,优先认购权可以保证股权投资者持股比例的稳定性,防止受资企业发行新股后投资者的股权受到稀释,保证其对受资企业具有稳定的控制权,同时防止企业通过发行新股转移收益,侵害投资者的权益。其次,优先认购权使股权投资者获得了再次投资和提高股权比例的优先权,防止企业滥发新股损害企业股本和经营的稳定性,有利于企业的发展和投资者收益的保障。

(4) 优先购买权条款

优先购买权条款约定的是当受资企业其他股东对外出售股权时,股权投资者拥有在同等数量、价格等受让条件下,优先于其他受让者取得拟转让股权的受让权的权利。优先购买权条款对股权投资者权益的保护表现在两个方面:其一,优先购买权可以防止受资企业原始股东的变动,保障投资者的权益。股权基金投资一个企业,往往出于对受资企业发展前景的预期,这与受资企业的创业团队密切相关,如果企业创建团队卖股套现,放弃企业,将严重损害企业的发展,从而影响投资者利益的实现。且新的股东不一定与原股东相互认同,容易造成沟通协调上的困难,加大管理成本。其二,优先购买权使股权投资者享有未来获得更多企业控制权和股权的可能性,可以防止企业转让股份稀释投资者所持有的股权,保障投资者的权益。

6.7.2 特殊权利条款

特殊权利条款大概有十几种,是投资谈判双方针对性地就某个方面对股权投资者权利的约定,在具体某个投资契约文本中并不是每个条款都必须存在,主要看双方博弈的结果。这些条款对于股权投资者权益的保护非常重要,其中包括:赎回权条款、共同出售权条款、强制随售权条款、反稀释条款、董事会条款、内部审查权条款、估值条款和估值调整条款、排他性条款、陈述和保证条款、保护性条款、创始人股份限制条款等。

(1) 赎回权条款

赎回权条款是投资契约中约定在受资企业的业绩未达到融资时双方约定的预期值,或者双方在订立投资契约时所约定的赎回条件发生时,股权投资者有权要求受资企业或者受资企业的其他股东按照事先约定的价格和数量买回其所持有受资企业股权的条款。赎回是股权投资退出的一种方式,赎回价格往往是投资额加上一定的资本溢价,旨在保护投资者资本的安全性。

赎回权条款帮助股权投资者规避风险的作用表现在:①赎回权条款的设定能够激励受资企业的原始股东和管理层为企业利益的最大化勤勉工作。一般情况下,投资者会在受资企业发展不济,无法获得预期收益的时候选择行使赎回权。投资者行使赎回权,提前收回投资对于受资企业的发展来说是一种巨大的打击,为了避免这种情况的出现,受资企业的原始股东和管理层只能努力工作。②赎回权条款可以充分保护投资者的权益。赎回权所要达到的效果是投资者在必要时可以选择以收回资本并获得一定资本溢价的方式安全退出受资企业。当受资企业发展无望时,投资者可以行使赎回权,同样当受资企业出现了其他投资者认为不能继续合作下去的情况时,比如与受资企业原始股东和管理层就重大问题产生了严重分歧,或者受资企业内部人利用信息优势侵害投资者的权益被其发觉,投资者都可以通过行使赎回权达到安全退出的目的,从而可有效地保障其自身利益。

(2) 共同出售权条款和强制随售权条款

共同出售权条款是投资双方约定的在受资企业除股权投资者之外的其他股东欲向第三方转让其所持有的受资企业的股权时,股权投资者有权按照持股比例,以同样的转让价格与该股东一起向第三方转让其所持有的受资企业股权的条款。与共同出售权条款相对应的是强制随售权条款,该条款约定的是:当股权投资者向第三方转让其所持有的受资企业的股权时,受资企业的其他股东须按照股权投资者与第三方确定的转让价格、条件和比例,与私募股权投资者一起向第三方转让其所持有的受资企业的股权。

共同出售权条款和强制随售权条款是股权投资者与受资企业股东之间就股权处置的惯用条款,但是两者在投资者权益保护方面的作用完全不同,共同出售权条款有保障股权投资者与受资企业的原始股东利益一致性的作用,而强制随售权条款的突出作用是保障股权投资者的顺畅退出。共同出售权的主动权看似掌握在受资企业的原始股东手中，其实并非如此。股权投资者的投资很大程度看中的是受资企业的创业团队的管理能力，也就是原始股东，如果原始股东融资后套现退出，这将对受资企业的发展极其不利，也会影响到股权投资者依赖企业发展获得增值的未来收益，因此，与受资企业原始股东约定共同出售权给原始股东退出企业造成了一定的障碍，同时保证了双方利益的一致性。而强制随售权的主动权确确实实是掌握在股权投资者的手中。不能实现最终退出或者退出路径不畅都会给股权投资者造成极大的损失。最有效的退出方式是企业发行股票并上市，资本市场的高市盈率和流动性可以满足投资者所期望的高收益，但是上市有很多不确定性，如果不能成功上市，投资必须考虑并购或者清算的途径退出企业，这时所面对的障碍就是其他股东，而强制随售权就可以在此时发挥作用，保障股权投资者顺畅退出。因此，这两个股权处置条款对于保护股权投资者的权益，防范投资阶段和退出阶段来自受资企业其他股东的风险来说也有重要的意义。

（3）反稀释条款

一个企业的发展过程中往往会有多轮融资，多轮融资之间的投资者之间的利益是会发生冲突的，为了防范后续融资对投资者利益的损害，投资契约中往往会约定反稀释条款以保证后来进入企业的投资者等额投资所拥有的权益不超过先于其进入的投资者。

反稀释条款一般可以分为两类，第一类是结构型反稀释条款，约定当企业发行新股时，应当按照双方认可的价格给予投资者相应的股份，保证股权投资者所持有的股权比例不因增发而变小。第二类是价格型反稀释条款，约定当出现约定的事项，投资者持有的股权比例必须减小时，必须采取补偿措施防止投资者持有的股权价值被稀释。这种补偿措施往往是赠送股票或者给予现金补偿。

反稀释条款在保护股权投资者权益方面的作用在于：①保证股权投资者股权比例的稳定性，防止表决权稀释。股权投资者目的虽然不在于对受资企业的控制，但是控制力的减弱对投资者来说也就意味着风险的增大，为了使受资企业按照投资预期发展，保证投资的安全和获益，一定且稳定的控制权对投资者来说非常重要。②保证股权投资者股权价值的稳定性，即在企业的多轮融资中，投资者持有的单位股权所对应的企业价值不会因其他投资者的进入被稀释。为此双方往往会约定：公司增发股权类证券且增发价格的估值低于投资者股权所对应的公司估值时，投资者购股价格将减至新发行股票的每股发行价。这样约定可以有效保护投资者权益，防范股份贬值风险。

（4）董事会条款和内部审查权条款

董事会条款和内部审查权条款都是为了实现投资人对受资企业的控制而约定的条款。董事会条款是指股权投资者与受资企业关于董事会席位的约定，一般作为仅次于原始股东的股权投资者会要求在公司董事会中占到1~2个席位，以掌握对企业的一定控制权，从而影响企业的经营管理，也是作为企业股东的投资者行使其经营参与权、知情权、监督权以及提供其咨询、建议等投资增值服务的需要。内部审查权条款是董事会条款的延伸条款，约定受资企业的某些重大决策或者重大经营管理事项必须获得董事会中代表股权投资者的董事的批准才可以实行,这实质上赋予了投资者对于受资企业事务的一票否决权。

董事会条款和内部审查权条款对于投资者权益的保护非常重要:其一,董事会条款保障了投资者对于被投资者企业日常经营管理的知情权和参与权,对于投资者来说可以消除投资双方存在的信息不对称,并可以在近距离接触中给予企业及时的督促,有效保障投资者的利益。其二,内部审查权条款可以有效防止企业中存在的"一股独大"和"内部人控制"问题所带来的风险。作为小股东,如何保障自己的利益不被大股东和公司的内部人损害,不仅仅是私募股权投资者考虑的,也是每一个小股东需要深思熟虑的。内部审查权条款赋予投资者对公司事务的一票否决权,可以有效防止公司原始股东和管理层的不当行为对公司和投资者权益的损害,相较于股东的诉权,这种事先保护的约定更为有效。

(5) 估值条款和估值调整条款

估值条款是投资双方对估值方法、投资金额以及股权投资者获得的股权比例所作的约定。估值是每个股权投资人进入企业前都要做的工作,也是公认的投资中最为困难的一部分。估值是在对受资企业进行充分调查之后,在综合受资企业所有信息基础之上做出的。估值所要确定的是拟购买受资企业股权/股票的每股售价,主要依据的是受资企业现时的经营业绩和对未来经营业绩的预测,由于投资者和受资企业之间信息的不对称性,估值往往具有很大的风险。

为了规避估值风险,投资者和受资企业之间往往约定估值调整条款,也就是对赌协议。估值调整条款可以促使受资企业原始股东和管理层如实反映受资企业的真实信息以防止估值过高不能完成预期业绩在"对赌"中赌输,同时估值调整条款所创造的一荣俱荣、一损俱损的利益联结机制又能起到很好的激励作用,使受资企业的发展与投资者的利益期望保持一致。

(6) 排他性条款

排他性条款是指禁止受资企业在与投资者进行谈判的同时和其他投资方接触的条款。实践中,融资企业很可能同时与多个投资者进行谈判接触,有时甚至会利用一个投资者去逼迫另一个投资者,即利用投资者之间的竞争,谋取利益。排他性条款通常有明确的时间限制。

(7) 陈述和保证条款

投资人的投资决策相当程度上依赖于企业提供信息的真实性,主要包括公司资本结构、财务状况和经营成果、重大合同等。如果事后发现这些信息是不真实的,或保证人所承诺的事情发生了重大变化,投资人通常要求增加企业的股权作为赔偿。

陈述和保证条款经常出现在英美法系国家所使用的合同文本中,除了收购合同以外,贷款、出版、合资、雇佣等合同中也经常使用这一条款。从字面看,陈述和保证条款包括了"陈述"(representations)与"保证"(warranties)两个部分。其中,陈述是指陈述人对既存事实的说明,保证则是保证人所做的一项允诺(promise):如其所陈述的事实是虚假的,则将承担某种责任。陈述和保证条款二者联系十分密切,因为二者可能同时基于某一事实作出的,而在该事实被证明为不真实的情况下,能够同时发生违反陈述与违反保证的责任。因此实践中通常不对陈述与保证作明确的分明,而统称为"陈述和保证条款"。

（8）保护性条款

保护性条款是指投资人出于对自身作为小股东利益的保护,而在股东会和董事会层面要求对公司重大事项的否决权。保护性条款是保护股权投资人作为企业小股东权益的有效机制。简而言之,这个条款要求受资企业在进行某些可能损害股权投资人利益的具体行为之前,必须事先通过投资人的批准,否则此类行为不应实施。

在设计保护性条款时,一方面应注意将保护性条款载入公司章程;另一方面,应审慎审查和确保保护性条款的合法性。

（9）创始人股份限制条款

投资人对创始人的股权通常在确权机制（vesting）、转股限制、优先购买权（right of first refusal）及共同出售权（co-sale）的机制安排等几个层面加以约束,以保持经营团队的稳定性。

惯常表述:

"各创始人[25]①%的股份将于交割后的一年时悉数归属,其余[75]%的股份将在之后三年内按月等额分期归属与确权;上市或公司出售前创始人不得处分其持有的公司股权。"

"经投资人同意的创始人的股权转让,投资人有权以同等条件优先于第三方受让全部或部分股权,或按股权比例与创始人一同向第三方出售股票。"

股权确权机制条款适用的情况下,创始人持有的股票为限制性股票。限制性股票不影响创始人行使及享有完全的表决权和收益权,但是如果在确权期限届满前离职的,剩余未确权的股票将由公司无偿收回。对早期高科技公司而言,这是相对惯常的股权限制机制。偏后期的公司,或者根据创始人在公司的服务年限以及投资资金的不同,相关确权股权的分配比例和确权期限也会有所不同。如确权期要求从公司成立之日起算,或要求投资人投资完成日即确权50%或更多股权等。从另一个角度,拥有多名联合创始人的初创公司,设立限制性股票的确权机制有利于便捷地处理离职创始人的股权分配问题,保护坚守创始人及投资人的共同利益。

对于创始人股权转让限制条款,在偏后轮的融资中,创始人可以适当要求允许转让少数比例的股权,实现一定程度的财务退出。

优先购买权及共同出售权是在投资人同意创始人转让股票的前提下,给予投资人避免股权旁落或与创始人共同实现退出的权利。

🎯 本章小结

投资流程包括项目开发、初步筛选、前期调研、项目立项、签署框架协议、尽职调查、谈判投资协议、投委会决策、签署投资协议、交割等环节。

---

① "[ ]"在投资协议中出现,表示"[ ]"内的事项是可谈判的。

项目筛选是指对内部渠道与外部渠道获得的项目信息进行行业与公司调研,筛选出基本符合投资机构投资标准的项目的过程。

尽职调查的目的是发现和确认价值以及发现和评估风险。常规的尽调关注经营、财务和法律方面,但依据行业和公司的特点也可能实施对环境、信息技术、知识产权、人力资源等方面的特别尽调。

估值是股权投资基金基于尽职调查所得到的目标公司和行业的相关资料,通过专业的价值评估方法对企业价值进行评估的过程。收益法、市场法和成本法三类价值评估方法在实务中通常结合使用并相互校验。

交易结构设计是为交易设计一揽子的解决方案。在交易标的方面要权衡资产交易还是股权交易;在支付方式方面要权衡是现金支付还是股票支付;对于在境内上市的控制结构可以选择纯内资架构,而对于拟在境外上市的控制结构则需要权衡在岸直投架构还是离岸直投架构;对于可以使用债务融资的交易而言,需要权衡自有资金与债务融资的比例。

投资的风险管理首先是识别宏观与微观的投资风险,其次是评估风险,然后是采取适当的措施控制风险。

投资机构的权益保护条款包括优选权条款和特殊权利条款。

本章主要内容如图 6-9 所示。

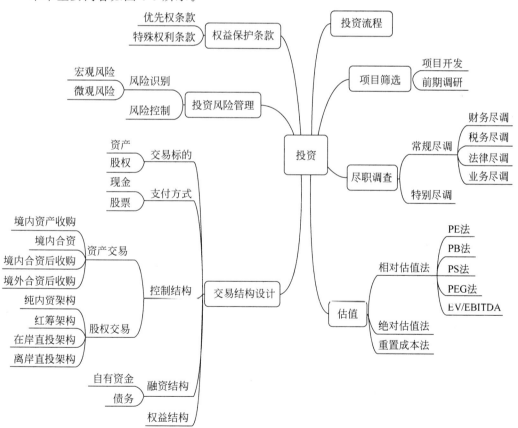

图 6-9 投资的内容结构图

关键术语

尽职调查(due deligence)
可变利益实体(variable interest equity)
项目筛选(deal screening)
交易结构(deal structure)

练习思考题

1. 请结合本章项目筛选内容所学,谈谈你对投资前期准备的认识。
2. 请结合所学,思考如何设计交易结构。
3. 请结合现行做法,谈谈你对 PE 权益保护的理解。

案例分析：软银亚洲投资盛大网络

2004 年 5 月,盛大网络(股票代码：SNDA)在美国纳斯达克股票交易市场正式挂牌交易。虽然盛大将发行价调低了 15%,从原先的 13 美元调到了 11 美元,但公开招募资金额仍达 1.524 亿美元,当天收报于 11.97 美元。2004 年 8 月,盛大网络(股票代码：SNDA)首次公布财务报告之后,股价一路攀升至 21.22 美元,此时盛大市值已达 14.8 亿美元,成为纳斯达克市值最高的中国概念网络股。与此同时,盛大网络也超越了韩国网络游戏公司 NCSOFT 的市值,成为全球最大的网络游戏股。盛大创始人陈天桥掌握的股票市值达到了约 11.1 亿美元,以 90 亿元人民币的身家超过了丁磊,成为新的中国首富。

盛大网络的成功上市以及其股价的卓越表现,为其主要创投机构——软银亚洲信息基础投资基金带来不菲的收益。成立于 2001 年 2 月的软银亚洲信息基础投资基金(以下简称"软银亚洲"),是日本软银公司与美国思科战略合作的结果,10.5 亿美元资金来自思科,第一期资金为 4 亿美元,主要投资领域为亚太区的宽带、无线通信、有线电视网等。2003 年 3 月,"软银亚洲"向国内拥有注册用户数最多的互动游戏公司盛大网络投资 4 000 万美元,这是软银亚洲在上海的第一个投资项目。软银认为,中国网络游戏产业正进入高速发展阶段,市场增长空间很大,根据预期,此项投资 7 年后的回报将达 10 倍。与大部分在线游戏界人士看法不同,软银公司更看重盛大的运营能力而非游戏产品本身。

软银亚洲对盛大投资的决策是建立在假设纠纷调停不成功,盛大失去《传奇》运营权的基础上的。2002 年 7 月,在盛大与韩国合作伙伴 Actoz 由于《传奇》这个游戏的著作权纠纷矛盾逐渐公开化的时候,软银亚洲开始接触盛大。据说大多数国外的投资商都看到了这个项目,而且大都考察过。但是由于盛大游戏单一而且私服泛滥,家族控制又有关联交易,加上与 Actoz 的纠纷缠身而带来的法律风险,大多数投资公司都不敢接手盛大这个案子。

2003 年 3 月,在韩国游戏商 Actoz 宣布要起诉盛大后不久,软银亚洲正式与盛大公司签署 4 000 万美元的投资协议,软银亚洲因此持有盛大 24.9% 的股份。软银亚洲当时对外表示其预期是"7 年 10 倍"的回报率。

(1) 项目选择和估值

① 投资前评估盛大的行业前景,重视盛大运营能力。

软银亚洲投资一个公司之前,会对它所在的行业本身进行很多考察。由于网络游戏作为互联网应用的一个范畴,软银亚洲在投资盛大之前就已经做了至少 6 个月的行业研究。软银亚洲之所以不投资韩国公司是因为韩国游戏公司的现金流非常好,不需要风险投资。而对于盛大考察更多的重点则是在于盛大运营游戏的能力上面。

② 评估盛大的核心竞争力。

软银亚洲经过自己的评估之后,觉得盛大核心竞争力是运营游戏的能力。这个出色能力如果保持住,即使他们失去了《传奇》,也照样能运营好其他的游戏。软银亚洲把预期上市的时间以及退出的时间拉得很长。

③ 协调盛大与韩国两家游戏商的纠纷。

即便软银亚洲在考虑对盛大投资时,是以纠纷调停不成功,盛大失去《传奇》运营权为假设的,但是软银亚洲在韩国的团队也立即投入协调盛大和韩国两家游戏商纠纷的斡旋中,还介绍了韩国一个公关公司帮助盛大在韩国做公关,以回应盛大当时在韩国游戏界面临的声誉方面的挑战。

在不到两个月的时间内,盛大决定和软银单独达成 4 000 万美元的成交价码。当时,可以一下子拿出 4 000 万美元的风险投资商的确不多,所以盛大愿意向软银亚洲投怀送抱,至于软银可以果断做出投资决策的重要原因,则是软银拥有一个涵盖中国、韩国,贯穿亚洲市场的分析团队。

(2) 交易结构

在美国上市的盛大网络,其上市结构使用的就是红筹架构。

上海盛大网络发展有限公司成立于 1999 年 12 月 29 日。盛大互动娱乐有限公司(Shanda Interactive Entertainment Ltd.)于 2003 年 11 月在开曼群岛注册成立,并于 2004 年 5 月 13 日在美国纳斯达克上市。但盛大集团的网络游戏运营实体实际上是内资企业"上海盛大网络发展有限公司"。盛大互动娱乐有限公司的最大股东是由陈天桥、陈大年和雒芊芊单独持有的地平线媒体有限公司,占盛大股份的 74.9%,剩下的 25.1% 盛大股份由软银亚洲基金持有。

图 6-10 所示为软银亚洲投资盛大公司交易图。

软银的 4 000 万美元融资带来的不仅是资金,同时带来了国际化的管理理念与资源。对于资金的使用,盛大方面表示将集中投入相关新业务领域,同时运用于巩固提高企业

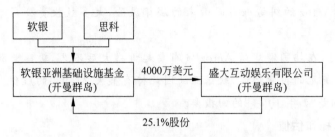

图 6-10 软银亚洲投资盛大公司交易图

的核心竞争力。

(3) 退出

2005年1月12日,软银亚洲基础基金转让了盛大 20 600 000 股普通股股票,相当于 10 300 000 ADS,转让的对象是该基金直接和间接的合作伙伴,包括思科系统公司、软银亚太投资有限公司,直接造成了盛大十几美元的股市下跌。在此次股票转让之前,软银亚洲基础基金持有盛大 10 628 749 股 ADS,约占盛大发行流通股本的 15.2%。软银共减持了 5.6% 的盛大股份,套现 17 250 000 美元,减持后其仍持有盛大股份 19.3% 的股份。

图 6-11 所示为软银亚洲投资后盛大股权结构图。

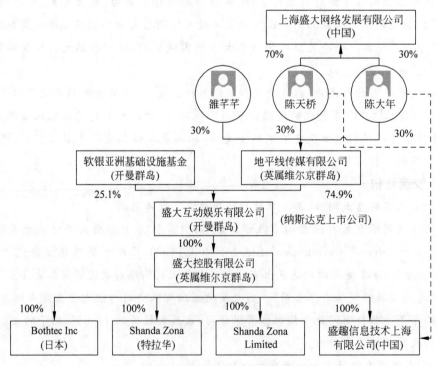

图 6-11 软银亚洲投资后盛大股权结构图

参考文献

[1] 梁慧.浅谈杠杆收购在新一轮国企改革中的作用[J].中国总会计师,2014,(6):47-49.
[2] Jensen M,Meckling W. Theory of the firm:Managerial behavior, agency costs, and ownership structure[J]. Journal of Financial Economics 3,1976:305-360.
[3] 程淑珍.我国企业杠杆收购财务风险形式与控制[J].企业经济,2008,(6).

7 投后管理

学习目标

- 了解投后管理的内容和模式
- 理解增值服务的内容与模式
- 理解经营监督的内容与方式
- 理解整合管理的内容
- 了解我国投后管理现状

7.1 投后管理概述

7.1.1 投后管理的内容

投后管理(post-investment activities)是投资人在投资之后为管理投资风险和提升投资价值而实施的一系列活动。投后管理的内容包括投资协议执行、增值服务、经营监督、整合管理等四项,其中整合管理仅对于并购基金适用。

投后管理不同于一般项目管理,不能狭义地理解为投资后对企业的日常管理,也不能简单地将其理解为投资后的风险管理。股权投资基金通常并不直接参与受资企业的日常管理,受资企业的日常管理工作仍然由受资企业的管理团队来完成。

投后管理工作本身可区分为日常管理和重大事项管理。日常管理主要包括与受资企业保持联系,了解企业经营管理情况,定期编写投后管理报告等管理文件;重大事项管理包括对受资企业股东会、董事会、监事议案进行审议、表决等有关事项。

企业发展的阶段不一样,对应的投后管理工作也不一样。从融资轮次角度,每个阶段上投后管理应有侧重点。融资轮次,大体分为4个阶段:A轮之前,A+轮到C轮,D轮到Pre-IPO,以及IPO及以后。各轮次股权投资关注的要点参见图7-1。

(1) A轮之前

① 组团队,搭班子,优化股权架构

A轮之前的企业,往往团队配置不完善,股权架构也不够合理。在这个阶段,与其说

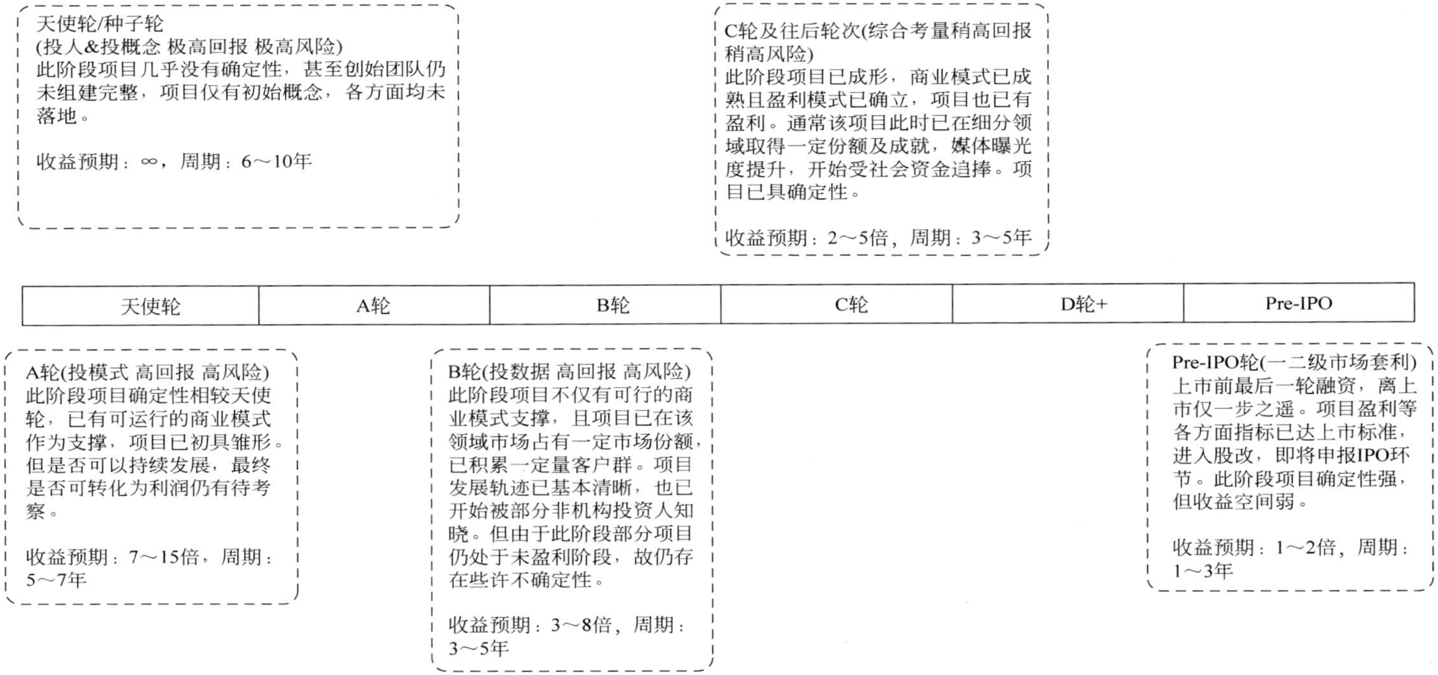
天使轮/种子轮
(投人&投概念 极高回报 极高风险)
此阶段项目几乎没有确定性，甚至创始团队仍未组建完整，项目仅有初始概念，各方面均未落地。
收益预期：∞，周期：6～10年
C轮及往后轮次(综合考量稍高回报稍高风险)
此阶段项目已成形，商业模式已成熟且盈利模式已确立，项目也已有盈利。通常该项目此时已在细分领域取得一定份额及成就，媒体曝光度提升，开始受社会资金追捧。项目已具确定性。
收益预期：2～5倍，周期：3～5年
天使轮
A轮
B轮
C轮
D轮+
Pre-IPO
A轮(投模式 高回报 高风险)
此阶段项目确定性相较天使轮，已有可运行的商业模式作为支撑，项目已初具雏形。但是否可以持续发展，最终是否可转化为利润仍有待考察。
收益预期：7～15倍，周期：5～7年
B轮(投数据 高回报 高风险)
此阶段项目不仅有可行的商业模式支撑，且项目已在该领域市场占有一定市场份额，已积累一定量客户群。项目发展轨迹已基本清晰，也已开始被部分非机构投资人知晓。但由于此阶段部分项目仍处于未盈利阶段，故仍存在些许不确定性。
收益预期：3～8倍，周期：3～5年
Pre-IPO轮(一二级市场套利)
上市前最后一轮融资，离上市仅一步之遥。项目盈利等各方面指标已达上市标准，进入股改，即将申报IPO环节。此阶段项目确定性强，但收益空间弱。
收益预期：1～2倍，周期：1～3年

图 7-1　各轮次股权投资关注的要点

是投资项目,不如说是投资创始人或者核心团队。对于早期项目,人的因素起着至关重要的作用。团队在种子期就已经十分合理完善的项目是很稀缺的。资方为了更快地孵化出优质项目,就需要多费功夫协助企业完善团队,并且在股权方面予以建议。等发展到 A 轮时,核心骨干班子的完美搭建,也为后期的爆发式增长打下基础。有的投资机构为此甚至设立专门的人员招聘部门,长期为所投企业物色合适的人选。

② 梳理商业模式

不同领域的商业模式梳理不尽相同。例如,处在天使轮或者 Pre-A 轮阶段的 TMT 公司,前期要能抓住核心业务,快速迭代,并且不断试错业务方向和模型。一旦发展到 A 轮,产品形态和模式需要基本稳定,这时需要更注重产品的完备和稳定,包括稳定度、完善度、安全性等各个方面。资方在这一阶段上协助企业方多探讨更合理、更有想象空间的商业模式,减少企业的试错成本,避免为走弯路交学费的情况发生。

③ 对接融资

考虑到引入下一轮的投资机构还需要一段时间的接洽和磨合,在这种情况下,资方与项目方需要未雨绸缪,在企业账面资金能够支撑,当然最好是在企业融资之初,就定好规划,比如企业的运营状况达到某一层级时,启动某轮融资,而不是因为需要钱而融资。

投后部门一方面帮助企业梳理融资规划,另一方面协助企业确定投后估值和节奏。

(2) A+轮到 C 轮

① 梳理盈利模式

在这个阶段,资方投后部门一方面协助企业完善商业模式,但更多值得深究的是变现渠道的打通,即盈利模式的梳理和开发。纵使对天使轮而言,盈利模式也是一直思考的点,但在 A+ 轮尤为重要。当项目发展到 A+ 轮到 C 轮时,合理的盈利模式会为企业带来更多的流量和现金流,开始大规模启动造血功能。例如到了 B 轮的 TMT 公司,在规模上已经具有一定的优势,着力点要转变成扩展性和性能效率,以及细节处理和变现渠道。

② 战略融资

对于这个阶段上的企业,融资不单单是找资金,更多的是搜寻符合企业文化,契合企业未来战略的投资机构,这样不仅能够带来资金上的帮助,更多的是带来资源上的补充和支持。在这一阶段,投后部门要更加深入地了解企业未来发展战略和规划,并对当前符合企业文化属性的资方进行梳理,然后再牵线进行资本对接,其实就是相当于专业 FA 的角色。在资本对接过程中,不断解决资方的质疑,梳理清楚企业未来的发展方向。

(3) D 轮到 Pre-IPO

① 战略布局

接盘 D 轮或者 Pre-IPO 的一般是大体量的基金。在这一阶段的企业往往具备较成熟的商业模式,也有很好的盈利增长点。在这一阶段,投后部门需要协助项目方进行有效的战略布局,例如业务并购,佐以补充完善产业链,为上市做准备。

② 战略融资或并购

吸纳中小型企业,并购补充企业短板成为这个阶段上的企业发展的重点。从当前的投后管理工作来看,这一阶段上的投后角色开始减弱,更多的是定期跟进,资源补充对接。至于到战略层面,例如融资或并购,投后管理工作的深度还需要加强。

当然,被并购也是实现资本退出的路径之一。一般企业在 B 轮左右就大致敲定被并购的意愿和可行性。当企业发展到 D 轮左右,如果希望被并购时,投后部门在此时应该协助对接产业内或者可以形成战略补充的企业,并协助对接。

(4) IPO 及以后

IPO 及以后的投后管理工作相比较于前期而言,价值增加点就少了很多,但并不是代表不需要。定期的财务回访,及必要事件的披露和跟进,确保企业在上市后能够有效地增长和扩张,从而确保投资机构的利益。在这个阶段,投后部门更多地担任起医生的职能,定期地体检把脉,确保企业一直在健康地发展。

投后管理的具体工作可以分为以下几类。

① 文件管理。包括完成收集项目交割法律文件,完成收集项目财务报告,完成收集受资企业年度、临时股东会、董事会相关会议议案,完成收集项目经营数据、发展规划、其他财务和交易信息等。

② 调研访谈。定期或不定期对受资企业访谈,与行业龙头企业、产业上下游、中介机构、金融机构交流。

③ 项目报告。投后管理团队要准备的报告包括投资交割报告、投资协议落实报告、季度与年度报告、董事会参会报告、完成退出报告,其他不定期报告。报告的格式与内容要求应基本一致。

④ 重大事项决策。项目重大事件,股东会、董事会议案等都需要投后管理团队出具意见,而这可能涉及在投资机构内部的一系列沟通与决策。一般以涉及利益变化为最重要内容,根据规定的程序形成统一的意见回复受资企业。

⑤ 增值服务。针对不同项目拟定投后管理方案,促成企业改善管理的百日服务计划、专项服务计划(比如投贷联动,中介机构咨询帮助,督促尽调中发现问题的规范,机构已有的上下游客户的联络)。

⑥ 工作底稿集成。书面或电子的文档归集、归档工作。这是项目档案的定期归档问题,项目经理要根据要求总结一年的工作,归集成册,统一归档。为方便管理,项目经理要序时连续记录并归集项目档案,防止断档。

⑦ 退出决策与实施。项目组起草退出方案,根据有权决策意见实施退出。退出过程可能较长,要定期报告再决策,分阶段实施。

⑧ 项目后评价(报告)。主要是对项目经验教训的总结而非仅针对收益的评价。

⑨ 建立项目数据库。一个项目存续时间少则三四年,多则十来年,所有项目一开始就要设立符合投后管理的序时资料库,以方便对照检查与交接,避免因人员变动带来的

工作不连续问题。这个基础工作非常重要,可以达到事半功倍的效果。现在电子技术比较成熟,所有投后工作都可以记录在案,数据连续可对比。

以上工作内容都有时间的要求和程序的要求,负责监督的工作人员要定期、定项跟踪这些工作的落实情况并将结果反馈给分管经营层成员或主要领导,必要时直接参与了解工作的真实情况,共同查找问题,分析原因,提出对策。

7.1.2 投后管理的目标

股权投资基金决定一项投资时需要经过仔细的项目筛选、充分的前期调研与详细的尽职调查,然而投资后基金仍然面临诸多风险,其首要原因就是信息的不对称。总体来说,股权投资基金投后管理主要有以下两个风险,即受资企业管理层本身的道德风险,以及受资企业无法使投资带来预期收益的风险。

第一,管理层的道德风险。股权投资基金与受资企业的利益本身并不完全契合,两者之间存在委托代理问题。管理层可能更关注短期效益最大化,而股权投资基金更关注公司中长期发展情况以实现退出获益,也可能关注点相反。

第二,投资未能达到预期收益。由于导致公司经营效果不佳的原因较多,即使股权投资基金在尽职调查时进行了较全面的考察与分析,但行业缩水、政策打压或技术与产品的淘汰很难在投前准确预测,股权投资基金在投资后仍应关注受资企业的经营状况,以控制投资风险。

股权投资基金实施投资后管理的总体目标是规避投资风险,加速资本增值,追求最大的投资收益。为了达到总体目标,股权投资基金要根据已投资企业情况制定投后管理各个阶段的可操作性强、易于监控的目标。

分阶段来看,投后管理前期的目标应是深入了解受资企业,与股权投资管理专家建立相互之间的默契,尽可能地达成一致的经营战略,及建立有效的公司治理,完成企业的蜕变,达到企业规范管理的目标。投后管理中期的目标则是通过不断地帮助受资企业改进经营管理,控制风险,推动受资企业价值增值。

7.1.3 投后管理的必要性

(1)把控投资风险

投后部门所需要把控的不仅包括了基金的经营风险,也涵盖了已投企业在经营环境和市场大趋势不断变化下,周遭各因素带来的不确定性。此时投后管理,可以尽可能降低企业的试错成本,尽量少走弯路,从而缩短完成初设目标所需要的周期,或者减少企业失败的概率。

(2) 增厚投资收益

投后管理的目的是最大限度地实现受资企业的价值增值。大多数处于创业阶段的创业者在一定程度上缺乏企业管理等方面知识，缺少市场营销的经验，此时股权投资机构互补的经验和资源就可以帮助创业者加快发展，促进企业价值增值。

企业在 A 轮之前，尤其是在种子轮和天使轮，财务体系和人员配备甚至于商业模式，几乎都不够完善，投后管理的作用既可以是听诊号脉的医生，又可以是服务入微的管家，它从政策、市场、管理、资金链（财务）等多个维度发现价值改善的空间并有效解决问题，从而实现投资的保值增值。

股权投资的收益来源于两个方面，一是估值差，即企业由于上市这一事件而实现的企业价值增值；二是受资企业自身的成长性。近年来，随着我国资本市场的完善与竞争的加剧，估值差越来越小，股权投资机构很难通过估值差提高收益，而必须通过挑选并扶持有高成长性的企业实现投资项目的价值增值，因此真正能助力企业成长的能力越来越成为投资机构差异化竞争的关键能力。

(3) 检验投资逻辑

在投资后定期进行投资后评估，有助于投资机构形成投后与投前的联动。所谓投资后评估是指在投资后从投资逻辑、投资交易和投后管理三个方面对被投资的企业进行评估，总结亮点与经验，分析失误与教训，给予投资团队具体的反馈，并形成投资机构的组织经验。具体形式包括：结合具体投资案例针对某一领域的分析研究、失败案例的总结汇报、投资退出的建议研究等。投后评估的结果汇总成规范的投后评估报告，一方面对投资逻辑予以检验，另一方面在股权投资机构内部实现知识共享，反哺投前。

比如当初投资某平台，是打算通过下游人员的引入吸引到上游企业，最终开放电商平台。资方也希冀企业通过一年的打磨后，电商平台的流量可以达到一定规模。但经过大半年发展后，企业发现之前的商业模式很难走通，转而成为一个专门面向下游产业人员的服务提供商，而这一条路虽然好走，但却没有多少吸引力，门槛也降低了不少。在这个时候，投后部门就要对该项目亮起红灯，帮助企业梳理商业模式的同时，及时地反馈给投前项目负责人。投前人员一方面解决当前企业存在的问题，另一方面在考察类似项目时规避这类风险。

7.1.4 投后管理的策略

投后管理是积极的股权投资人与一般财务投资人的区别，这是因为股权投资的收益相当程度上由投后管理所能创造的价值决定。一般来说，投资人在投资后有四种价值管理策略：坐等风起、改善机制、改善资本运营、改善业务运营。

坐等风起是指在投资前对行业进行深入的研究，投资后等待预期的行业或者资本市场的改善出现，它需要扎实的研究能力与深邃的行业洞察能力，它是通过研究创造价值。

改善机制是指改善受资企业的公司治理机制和管理层激励机制,通过建立合理有效的机制激发管理团队的潜力并使企业良性运转而创造价值。

改善资本运营则是通过金融工程(如增加债务而获得利息抵税,或者优化资本结构而降低融资成本)、资本市场套利、帮助筹集追加资本、帮助组织公开上市、收购、分拆等资本手段创造价值。

改善业务运营则是通过帮助企业更好地执行战略或者重新定位、帮助招募关键员工、帮助开发重要的客户和供应商、增加收入、降低成本等手段改善业绩进而创造价值。

7.1.5 投后管理的模式

在股权投资基金投资后的管理,主要有监控与增值活动两方面内容。基金管理人一方面通过对受资企业的帮扶,确保其在发展过程中决策的正确性,追求最大化增值;另一方面基金管理人要保护自己的股权基金利益,预防企业实施一切危害基金管理人利益的行为出现,这就需要及时参与到被投资方的管理工作中去,实施监控。根据基金管理人所涉及内容的侧重可将投后管理分为如下两类。

(1) 参与管理型投后管理

这一类型是指股权投资基金将资金投给受资企业之后,参与到对受资企业日常运营管理中,而这类参与受资企业的直接管理活动是投资者觉得对受资企业发展是有益的、很是必要的,这可以为受资企业带去更多价值,例如其可以助企业削减成本或开发市场从而增值。投资人对受资企业的管理活动包括了一切可以让企业增值的活动和同步进行的监督、控制活动。并购基金多采取这种投后管理模式。

(2) 控制风险型投后管理

股权基金管理人将采取一些紧密管理监督活动,从而缩小信息的不对称。对于受资企业,股权基金管理人往往要求保留有与其股权不相称的广泛控制权,以防止"道德风险"和"套牢"问题出现。创业基金和成长基金多采取这种模式。

7.1.6 投后管理的特点

股权投资的投后管理有如下基本特点:

第一,管理的主体是股权投资基金。投后管理是从股权投资基金的角度研究探讨如何对受资企业进行监控和服务,其管理的主体是股权投资基金。通常所谓的企业管理内容十分广泛,管理的主体是企业管理者;创业管理则是从创业者的角度探讨如何对创业过程进行管理,其管理的主体是创业者。

第二,管理的重点是战略和策略问题。股权投资基金往往通过在董事会中的席位影响企业的决策,通过在产品市场、原料市场和资本市场上的资源帮助企业发展,一般不过多涉及企业日常管理。企业的日常管理由创业者及管理团队来完成。

第三,管理的方式主要是间接的。通常,股权投资基金只与受资企业的高层管理人员接触,向他们提供一些有创意的经营管理思路或方法,很少或根本不与基层人员接触。换言之,股权投资基金是通过提供自己的经验以及广泛的社会联系来间接地管理受资企业的投资。

第四,管理的目的是实现增值。股权投资基金投资企业的目的是通过帮助企业价值增值,从而在短期内获得较高利益。股权投资基金是一种权益资本,它一旦与创业者签订合约后,两者就形成了成败与共、同舟共济的合作关系。股权投资基金积极参与受资企业的管理、提供增值服务,为的是帮助创业者办好企业;实施监控为的是规避企业发展过程中的风险,特别是创业者的道德风险。无论是整合管理、增值服务还是监控,其根本目的都是实现股权投资基金的增值。

7.2 增 值 服 务

7.2.1 增值服务的内容

增值服务指的是股权投资基金为受资企业提供的一系列旨在使企业价值增值的服务。随着股权投资市场竞争越来越激烈,除资金规模增长、业务领域拓展外,股权投资基金为了提高自身核心竞争力会不断提升自身提供增值服务的水平,从而赢得市场竞争,得到优质投资项目。

在实务中,股权投资基金的增值服务归纳起来可分为针对企业内部的投后赋能与布局企业外部的资源对接。内部增值服务具体内容一般包括:企业战略规划与管理咨询、帮助企业后续融资(后续融资、银行贷款的支持)。外部增值服务具体内容一般包括:提供外部关系网络、帮助实现并购或公开上市、危机处理等。

(1) 完善公司治理

受资企业的治理结构及组织架构是私募基金关注的重点,通常基金管理人可以针对这些方面提供合理意见与建议,帮助受资企业逐步建立规范的公司治理结构和治理机制。

(2) 提供管理咨询

提供咨询服务是指为受资企业提供战略、组织、财务、人力资源、市场营销等方面的建议。由于基金管理人对受资企业所处的行业情况比较了解,并且经验相对丰富,故经常作为管理顾问,帮助受资企业完善商业计划、改善经营管理、发现新的业务机会,同时也可以较早觉察到企业未来可能出现的问题,降低企业的运营风险。

(3) 助力后续融资

一方面,从公司初创到上市需要经过多轮融资,先进入的股权投资基金在后续融资中可以起到非常关键的作用。股权投资基金对企业的商业模式、业务状况、发展瓶颈及风险等有着细致而全面的把握,也了解投资业界不同投资机构的投资方向、投资逻辑和轮次以及当年的投资规划,因此在所投企业后续融资的资本对接方面,可以兼任起财务顾问的部分角色。

另一方面,股权投资基金往往与证券市场上的投资银行及其他中介机构联系密切,能够帮助企业选择合适的时机上市或者发行债券。

(4) 提供资源对接

在股权投资行业内有广泛联系的股权投资基金团队不但能为企业提供潜在投资者或债权人,还能借助自身外部关系网络提供许多能促进企业成长的战略性资源,这些战略性资源包括企业的供应商或客户、适合企业发展方向的管理型人才或技术型人才、为企业提供其他必要专业服务的专业机构,甚至是行业整合所需的并购目标企业等。

投资人可以为企业介绍合适的商业伙伴。大多数行业中,企业经营均会涉及采购程序与销售程序,因此适宜的供应商与产品经销商是企业极为重要的战略合作伙伴,经由投资人引荐的交易对象之间往往具有更高的契合度与信誉,从而能够帮助企业顺利进行生产、销售和提供售后服务,做好提升企业市场地位与公司价值的核心工作。比如,投资人帮助 VR(虚拟现实)类的项目对接 VR 媒体平台,文娱项目对接文娱频道等。

投资人可以为企业物色关键的专业人才。企业需要综合能力较强的 CEO 与财务管理人才来组建强有力的管理层,同时,销售人才、生产运营人才与技术人才和专家也是企业发展不可或缺的重要因素,股权投资基金可依据自身行业经验向企业推荐人选并在企业挑选时恰当地提供参考意见。

投资人可以为企业挑选会计师事务所、律师事务所以及并购对象。在许多项目投资中,股权投资基金都将自身先后投资的同行业公司进行了合并重组等,在进行平台投资时,并购对象的选择顺序也是极为重要的。

投资人可以为企业介绍资源以减少试错成本。在企业计划拓展一个新的业务领域时,投资人在新业务领域的资源可能有助于企业缩短学习时间,尽早展开业务布局。比如 A 企业 2016 年准备拓展网络大电影的业务,但从院线电影起家的 A 企业或许对大电影还是一个新手,而 B 企业是一直以大电影为核心业务发展的影视制作公司,那么双方的对接和融合,一来可以减少 A 企业对大电影领域不必要的摸索,另一方面,也为 B 企业后期将优质的网络大电影搬上院线荧屏做准备。双方协同互补,共同发展。

(5) 协助企业并购或上市

股权投资的增值基本是通过其在受资企业的股权退出得以实现的。股权投资的退出渠道主要是并购和发行上市。股权投资基金为了实现投资项目盈利,一般会参与受资企业的资本运营,帮助受资企业进行一系列并购或上市前的准备工作,包括但不限于推荐投资银行及其他上市专业机构、推荐并购目标、提供发行上市的建议等。这一过程也将带来受资企业自身的资本增值与规模发展。

（6）协助企业进行危机管理

相对来说，股权投资基金的投资团队一般具备更丰富的投资经验。股权投资基金企业需要随时注意被投企业可能出现的问题，当企业出现困难和危机时，股权投资基金会及时介入，帮助被投企业解决问题。在此过程中股权投资基金凭借专业的能力会帮助企业分析产生困难的根本原因，为其解决问题提供专业咨询，甚至是提供有助于解决困难的其他资源和渠道。

7.2.2 增值服务的组织模式

增值服务主要体现在投后管理环节，针对性地帮助企业解决发展中遇到的问题以获得资本增值，然而实际上增值服务是贯穿基金运作的多个环节的。在尽职调查环节，投资人也在同期进行目标企业的增值服务需求评估，后期可以根据此阶段发现的短板对企业存在的问题出具管理建议书。在投资退出环节，投资人可以引荐新的战略投资者以及中介机构，这种增值服务既可以提高企业自身发展水平，又能帮助股权投资基金获得较好的退出收益。

增值服务给企业带来多重收益的同时，也给股权投资基金带来了优势。股权投资基金通过给企业提供增值服务帮助企业成长为优质企业，从而降低自身投资风险，并且在企业价值提升后提高退出回报（见图7-2），这样的能力也为股权投资基金谈判压价时增加了谈判砝码，提高了自身竞争力与对潜力企业的吸引力。

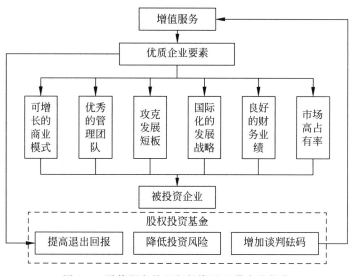

图 7-2　增值服务给股权投资基金带来的优势

活跃于中国市场的股权投资机构负责项目投后管理、提供增值服务的人员配置模式分为投资团队负责制、投后团队负责制、专家顾问团队负责制、投资与投后联合团队负责制(如图 7-3 所示)。

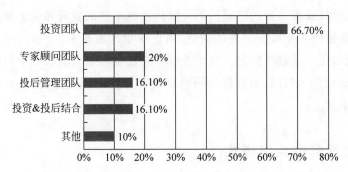

图 7-3　活跃于中国境内的 VC/PE 机构增值服务模式
数据来源：Zero2IPO Database。

国内投资机构大多采用投资团队负责制的增值服务模式。项目负责人从项目初期开始接触企业，对企业情况更为了解，能够为企业提出更具有针对性的咨询和建议。劣势则在于，投资经理需要将精力分散到众多流程中，无法集中精力进行项目甄选和投资。

投资规模较大的投资机构往往建立投后专业服务团队，组织招揽专业化人才，完善服务体系，严密监控受资企业的发展动态，加大力度提供更好的增值服务。这也是股权投资机构发展到一定阶段，拥有足够的投资项目，在专业化分工上的客观需要。这一模式的优势在于投资项目负责人可以逐步淡出企业的后期培育工作，将更多的精力投入潜力项目的挖掘开发中去，劣势则在于项目需要在投后环节更换负责人，加大了被投企业与投资机构的磨合成本。

投资与投后联合团队负责制将以上两种模式结合，投后管理团队很大程度上起到了协调资源和督促的作用，投资团队也会付出一定精力进行具体项目的投后服务和管理方面的工作，帮助企业发展壮大。采用"投资＋投后团队"提供增值服务，为企业提供的增值服务具有系统性和针对性的特点，对于被投企业帮助最大，对于机构综合实力及人员能力要求也较高。

除了上述提到的三种增值服务模式，目前市场上还存在的一种增值服务方式是在机构内部建立专门的专家顾问/咨询团队，为被投企业提供如 ERP(企业资源计划)、人力资源管理体系等"嵌套式增值服务方案"。

7.3　经营监督

7.3.1　经营监督的内容

在投资之前，股权投资基金必须决定想获得对企业经营管理多大的参与度。许多股权投资基金会一定程度地积极参与企业管理,有的甚至还在基金管理公司内部设立专门部门进行有效监督,并聘请专门的管理咨询人员负责这项工作,扮演积极股东的角色。积极股东角色的投资机构在投资实施之后,投后管理团队和投资团队将会一起工作,花费一定精力对受资企业的经营持续关注。具体来看,经营监督的内容包括:

(1) 监督协议条款执行情况

在投后管理阶段,基金管理人应当根据执行情况对投资协议中的条款进行分类汇总,定期持续跟踪协议条款的执行情况,保护双方的合法权益。当发现项目存在重大风险或出现极端情况时,应当立即采取补救措施。

(2) 参与受资企业的重大经营决策

股权投资基金(并购基金除外)一般不以掌控受资企业的控股权和经营权为目的,但为了受资企业的经营方向不偏离约定的目标,可在投资协议中约定在受资企业的董事会占有一个或一个以上的董事会席位,拥有一票否决权,通过参与受资企业股东大会(股东会)、董事会和监事会,并以提出议案或参与表决的方式,对受资企业的经营管理实施监控。

企业定期召开的董事会会议上,股权投资基金代表可以与管理层面对面讨论企业经营管理中的重要事项。会议的首要内容应该是对企业近期财务业绩进行讨论,对前期业绩和未来预测进行解释。股权投资基金通常特别关注财务数据,因为财务数据比书面文件更具说服力。

(3) 监控受资企业财务状况

投资后对受资企业的财务状况进行监控是基金管理人对受资企业风险监控的重要途径之一,在监控的基础上需对受资企业进行财务分析,以便及时发现生产经营中的重大变化并及时采取补救措施。为实现这一方面的监控,基金管理人可在投资协议中要求受资企业定期报送财务报表或者委派财务总监到受资企业。

财务报表可以揭示企业的财务状况和经营成果。在缺乏财务报表的情况下,投资者很难对企业的经营状况作出理性判断。迟到的财务报表对于股权投资基金来说可能是一个即将或者已经发生问题的警告信号。如果没有及时收到财务报表和与经营相关的其他报告,那么股权投资基金就需要及时与他人取得联系以查明缘由。财务不仅需要及时,其准确性和真实性也很重要。出于各种动机很多企业会在年底对财务报表进行"调整",做出良好运作的效果,使股权投资基金放松警惕。

(4) 保存好投后管理档案

股权投资基金的投资记录是把握企业和行业最新动向信息和加深企业理解的关键,必须保证关键信息被准确记录。例如相关的财务记录文件、董事会文件、基础法律文件等管理档案,方便日后股权投资基金能够快速追踪和查询。

7.3.2 经营监督的方式

股权投资基金对所投企业的经营监督是持续性工作。为保障这项工作的效率，投资机构需要在自身的组织设置、人员配备、机制建立以及与所投企业的沟通方面做好扎实的工作。

（1）组建投后管理团队

已具规模的股权投资机构应该在内部设立专门的投后管理部门，并配备专业的投后管理人员，每一个投后管理人员有明确的工作范围和职责，保证每一个受资企业得到适当的投后管理。

投后管理团队与投资团队在投后管理中应密切配合，投资团队不应在投后阶段将所有问题都甩给投后管理部门。大多数投资机构都秉持投资经理负责制，即投资经理直至项目退出前都应对所投项目负责，以确保退出收益最大化。

所有的投资机构可能都会遇到少数企业拿了投资款后，不配合或者难配合的状况，从而人为加大投后管理的难度。遇到这种情况时，在不影响企业正常业务的前提下，投后团队不要再靠单薄的力量啃硬骨头，必要时需要发挥团队整体的力量，联合投资团队负责人一同尽力解决，确保资方的投资利益。

（2）建立投资项目管理系统

投资项目管理系统是对立项阶段之后的项目的基础信息搜集、录入、分析、报告的信息管理系统。系统搭建后，可以分别从基本信息（工商变更等常规资料汇总）、财务状况、业务状况、融资需求及进展、当前问题及策略等几个维度来定期回访企业，一般以月或者季度为单位更新管理系统。项目管理系统应能自动生成定期报告，以呈报给投资机构管理层或者投资管理部门。

基金管理人对受资企业监控的指标包括：

经营指标。对于业务和市场已经相对成熟稳定的企业，应侧重于业绩指标，如净利润；而对于正在积极开拓市场的企业，则侧重于关注其成长指标，如销售额增长、网点建设、新市场进入等。

管理指标。管理指标主要包括公司战略与业务定位、经营风险控制情况、股东关系与公司治理、重大经营管理问题、危机事件处理情况等。

财务指标。财务指标主要包括资金使用情况、三大财务报表、会计制度与重大财务方案、进驻财务监督人员的反馈情况等。

市场指标。市场信息追踪指标主要包括产品市场前景和竞争状况、产品销售与市场开拓情况、经第三方了解的企业经营状况、相关产业动向及政府政策变动情况等。

定期更新项目管理系统的信息可以通过如下方式获取：

- 受资企业提交的定期报告。

- 定期参加受资企业的股东会、董事会。相应负责人对议案进行详细研究论证,这是投资人参与并影响受资企业的重要方式。
- 长期保持对受资企业的关注和了解,以及对于受资企业所处行业、市场、上下游企业等的准确分析和把握。
- 不定期电话沟通或现场调研。

（3）建立投后诊断机制

投后管理人员应该定期对受资企业提交的财务报告进行分析研究,及时发现受资企业出现的任何问题,并随时要求受资企业做出解释或者提出相应解决方案。

针对走访过程中企业提及的或者在分析研究中发现的问题,投后管理人员需出具具体的诊断报告,和企业负责人一同确定解决方案或者给予所需的帮助。在定期诊断时,企业所面临的问题或者需要的帮助也分为轻重缓急,投后管理团队需酌情处理,必要时联合投资团队负责人一同解决。

（4）建立分级管理机制

基于基础运营工作所提供的数据,股权投资可以依据企业的业务运营状况、企业状况、投融资需求及进展、团队状况等维度的数据,将企业分为 A+、A、B、C、D 五个等级,并通过每次企业回访实时更新,动态滚动发展。对于不同分级的项目,资源对接力度和关注角度实行差异化应对。随着投资的项目数量逐步增加,分级管理有助于投后人员精力聚焦化。

处于 A+层级中的企业,其商业模式已经较为成熟,团队较为完善,且具有优质的造血能力,可以自行有效地规划未来路径。企业知道自己想要什么,也知道自己的问题该如何得以修正。对于这个层次上的企业,投后人员往往仅需要定期的基础回访,并尽可能地针对企业的需求提供资源帮助。对于这个阶段上的企业,相比较于投后人员,项目负责人往往兼具更重要的顾问角色。

处于 A 和 B 层级中的企业,应该是早期股权投资机构的重点资源资本对接的对象。在这个层级中,企业的商业模式基本完善,但还需要进一步打磨,以有效地解决市场中可能存在的痛点问题,团队比较完善。运营逻辑和融资规划都需要密切与企业负责人探讨。无论是资本运作,还是资源扶持,投后人员都需要、甚至比企业负责人更了解商业痛点和需求点,从而未雨绸缪予以帮助对接。

处于 C 层级的企业,一般在天使轮/种子轮左右,企业的商业模式还比较欠缺,往往盈利变现等渠道未打通,不具有造血能力或者造血能力很差,团队结构也不够完善。那么对于这个阶段上的企业,投后管理人员需要做的工作,比如引荐优秀人员、与企业负责人探讨商业模式等,防止企业掉落至 D 层,尽可能地协助企业进驻 B 层。考虑到摸索商业模式的周期有可能会比较长,在这个阶段上,需要及时进行资本对接,防止资金链断裂。

对于 D 层级的企业,尽快并购或者选择退出,不需要投入太多精力。

(5) 确立投后沟通机制

投后沟通机制关系到投后管理能否正常进行以及风险监控目的能否实现,应在投资人与受资企业进行投资谈判并在签署投资协议的过程中议定,投资人必须在正式投资协议中明确其相应管理权利。常有三种方式可以选择：

- 派驻董事,因为投资人一般进行的都是财务投资并不追求控股,故一般只能派驻一名董事,虽然无法掌控董事会的通过事项,但可较深入了解企业重大事项。
- 派驻财务负责人,由于财务决策比较紧密地联接了企业各项经营活动,故派驻财务负责人或副职负责人亦非常重要。
- 不派驻人员,而由受资企业按约定时间定期报送反映企业财务报告,且在重大情况发生时及时通报相关情况。

7.4 整合管理

非控股型股权投资项目的投后管理大体上可以止于增值服务和经营监智。但对并购基金而言,在收购完成之后,投资人会着手对被收购企业进行内部整合。

通常在整合之初,并购基金会通过改组被收购企业的董事会、委任新的首席执行官(CEO)和首席财务官(CFO)来获得对该企业的实际控制权。

在整合实施阶段,并购基金会组建一个整合小组来负责整个整合工作。整合小组通常包括三方面成员：并购基金委任到被收购企业主持工作的高层管理人员,被收购企业部分原高层管理人员,富有经验的股权投资基金成员。整合小组直接向股权投资基金项目负责人汇报,定期或不定期地召开会议,组织、策划和领导整合的具体工作,发现、研究和解决整合进程中的重要问题。

并购基金参与投资项目的运营管理是全方位的：从最初的财务控制与组织结构调整,到逐渐推进的人力资源整合、流程再造、优化供应链管理、改善质量体系等方面。

在内部整合完成后的运营阶段,并购基金会带领企业持续改善管理、提高效率,进行行业内资源整合,提高企业竞争力和经营业绩,从而持续增加企业价值。

7.4.1 战略整合

对企业而言,发展战略是指企业根据自身面临的外部环境和自身的优势,对企业未来的发展方向所进行的自主选择和自我规划。发展战略是股权投资基金在收购之前就已经思考的问题。股权投资基金首先会关注行业的总体发展趋势与竞争格局、被收购企业目前的市场地位和潜在的后续性的收购指标,进而了解企业现行的管理制度与运行机制、现有的管理团队的发展愿景与管理概念、核心管理成员的行业影响力与个性特征。

在收购完成后,股权投资基金会与管理团队一起详细制定企业的发展战略,包括市场定位、长远目标和阶段性目标,并通过调整组织机构和优化管理团队来保证战略计划的实施。为保证被收购企业发展战略的可操作性,还需要将发展战略分解到各个战略业务单位层次,例如对产品的开发、采购、物流、制造和销售等部门设定战略目标,根据筛选出来的最佳工作方式制定市场营销组合、价值链和组织管理的具体工作计划。

厘清发展战略是对投资项目的战略发展进行目标设定、阶段设定、实现路径等战略规划的修订和优化。除此之外,投资管理人可以帮助企业明确市场定位。明确市场定位需要对投资项目的市场需求、竞争对手、消费者特点及分布、潜在的市场需求和消费者进行深入调研和分析后,对于企业的产品及服务进行重新定位。

在一个案例中,目标公司是某白酒生产企业,该企业拥有著名的品牌、辉煌的历史。经股权投资基金调查发现,该企业品牌管理混乱,在同一品牌下,既生产高档白酒也生产大量低端白酒,并提出"农村包围城市"的口号,将市场开发重心向农村地区偏移。股权投资基金认为这样的品牌价值得不到充分利用,应将其发展战略调整为:提升品牌形象,将产品定位在中高端白酒;将市场开发重心调整到消费能力更高的城镇地区;以该企业为平台调整中原地区过剩的白酒产能,并与川酒、贵酒形成"三足鼎立"的竞争格局。

7.4.2 组织整合

股权投资基金参与投资项目的治理改善主要是建立符合现代企业制度的激励机制、约束机制,使投资项目的治理结构日趋完善,逐步达到企业上市的要求。

公司治理结构是公司制企业的核心,公司治理结构具体表现为公司的组织形式和管理制度。组织制度包括股东大会、董事会、监事会和经理层各自的分工与职责,建立各负其责、协调运转、有效制衡的运行机制。管理制度包括公司基本管理制度和具体规章,是保证公司法人财产始终高效有序运营状态的主要手段。

一般来说,股权投资基金投资的项目公司的治理结构多少会存在一些问题,有些问题是制度层面的,有些问题可能和企业原有的人际关系、历史遗留问题等有关。利用股权投资基金投资进入的良好时机,目标公司可以和投资的团队里应外合,建立起更加有效的治理结构。在这个组织整合过程中,主要涉及以下三方面。

(1) 调整组织结构

股权投资基金应尽快制定决策机制、决策程序,确保权责明确;在一到两周内任命公司高级管理层,并在随后数月内选定中级管理层,以保证各级组织机构顺利调整。新的组织机构要能保证企业以更有效率、更稳健的方式运行,从而保证企业发展战略的实施。

(2) 调整激励机制

激励机制是对符合组织目标的行为所给予的肯定性评价与奖励的制度。股权投资基金在收购目标公司之后通常会考虑实施管理层股权激励或业绩分享等激励机制,以此来稳定管理团队并激励他们为创造更多的企业价值而努力工作。

(3) 改善绩效管理

企业竞争从未像今天这样激烈，提高公司绩效、激励员工也是投后管理需要考虑的一件大事。要做好员工绩效管理工作，需要引入现代企业人力资源管理的理念，结合企业及员工的实际状况不断调整和完善，针对企业在开展员工绩效评估工作中出现的问题，提出以下三点具体措施。

① 提高员工绩效管理能力。当前，企业竞争十分激烈，要与世界和国内著名企业同台竞技，激发员工的绩效十分重要，而开展员工绩效管理正是解决这个问题的有效载体。实践证明，通过开展员工绩效评估，使员工能了解自己的工作表现，帮助员工搞清楚应该做什么和为什么要这样做，使员工有机会参与公司管理，发表自己的意见，提高工作热情和创新精神，为提高企业经营管理水平，增强核心竞争力发挥作用。

② 进行绩效考核培训。绩效考核本身往往比较复杂，牵涉到企业的方方面面，而且与被考核者的利益密切相关。通过培训，不仅使受训者对系统的组成及各部分之间的有机联系非常了解，而且对实施绩效考核系统的意义认识清楚，熟悉考核标准，掌握考核方法，使绩效考核思想深入员工心中，消除和澄清对绩效考核的错误及模糊认识。使员工认识到绩效考核不是管理者对员工挥舞的"大棒"，也不应成为无原则的"和稀泥"式，考核不是为了制造员工间的差距，而是实事求是地发现员工工作的长处、短处，以扬长避短，有所改进、提高，真正使他们在公司管理的各个层次发挥牵引力。

③ 企业实施绩效管理不是一蹴而就的事情，必须要建立一套有效的绩效管理体系。因此，坚持全面的、系统的与辩证的观念，切实把绩效管理落到实处，应成为企业开展绩效管理工作的基点。

7.4.3 业务整合

在收购完成后，股权投资基金会根据实际情况着手对被收购企业在业务层面进行整合和支持。业务层面是企业的核心，关系着企业的盈利能力、成本控制，极大地影响着企业的价值。这部分的内容主要包括以下方面：业务运营层面、流程再造层面、完善质量体系、改善供应链管理，从而实现业务层面价值增值。

(1) 业务运营

股权投资基金通常会利用其遍布全球的资源与渠道支持被收购企业实施其发展战略，包括技术支持、销售支持以及其他支持。

在技术支持方面，股权投资基金会利用已有的平台投资的技术资源来帮助被收购企业引进新技术、调整产品线和培训技术人员。股权投资基金也会为被收购企业购买更先进、效率更高的设备提供资金支持。在一个案例中，股权投资基金收购了机械零部件制造企业。当时该企业的主要产品是为摩托车制造商提供配件，其客户是日本的著名摩托车制造商。股权投资基金收购后，为了改变该企业产品线过窄、客户集中度过高的情况，从股权投资基金旗下的美国汽车部件制造商那里引进了先进的生产工艺,并为被收购企业的铝压铸汽车部件产品开辟了海外销售渠道。

在销售支持层面,股权投资基金会利用其在海外广泛的渠道帮助被收购企业开辟海外产品市场。特别是在中国进行的后续性收购或绿地投资,基本都是为股权投资基金旗下的跨国公司在中国寻找制造基地,被收购企业的产品多数都销往海外市场。同时,股权投资基金也会帮助被收购企业开辟国内市场。一种方式是将先进的产品或特种用途的产品与应用技术引进国内市场,另一种方式是将先进的营销理念与方法用于国内市场开发。在一个案例中,股权投资基金在上海投资了一个塑料管厂,该厂生产用于保护光缆的塑料管套,然后将美国的产品工艺引进中国,中国当时还没有这个产品的生产技术与应用。当时中国高速公路和国家通信主干线建设迅猛发展,铺设光缆技术不高,费时费力而且需要重复劳动,成本很高。这项技术的引进为光缆铺设安装带来了一次革命,股权投资基金的项目负责人为此付出了很大的努力,上至说服邮电部领导,下至培训现场施工工人,甚至提供包装运输解决方案,为企业提供销售支持。

其他方面,股权投资基金也会帮助被收购企业与地方政府以及业内专家建立具有独特价值的沟通渠道。特别是拥有外商投资者身份的股权投资基金,通常会得到地方政府的欢迎。在收购完成后,股权投资基金会着手帮助被收购企业建设 ERP(企业资源计划)系统,以对企业加强内部控制、协调各部门间业务和决策等方面提供支持。

(2)流程再造

流程再造是一种通过内部资源重组以便更有效率地满足客户需求的技术手段。包括对企业的生产流程、销售流程、采购流程等进行修正和优化,帮助企业降低投入,提高产出,实现产、供、销的优化组合。

在收购完成后,股权投资基金是否会对被收购企业实施流程再造是需要慎重考虑的。一方面,从美国企业已有的实施流程再造的案例来看,成功率并不高;另一方面,股权投资基金不是每个行业的专家,根据自身经验提出的流程再造方案不容易获得被收购企业管理团队的认可。一种妥协的方案是流程改善或流程优化,它仅对部分流程做局部性调整,更加缓和。

流程再造或流程优化通常发生在下列情况中:被收购企业的业务流程是在各部门专业分工基础上自发形成的,没有从战略、组织、人力资源、绩效考核等方面来系统地整合,部分流程是多余的、不经济的,运行效率低;被收购企业的业务流程没有实现标准化;被收购企业没有形成以主营业务为核心的管理体制等等。

股权投资基金在收购制造型企业后会更多地关注生产流程。在一个案例中,股权投资基金收购了一个电机制造商,该厂的电机组装工艺分为五道工序。收购时该厂应用的流程是按照工序设计分批生产的,这种方案下,一旦在客户端出现某个问题,则在每个生产环节都可以看到积压着很多的在产品。有时客户要求更改设计,而接到客户通知时已经组装完毕,那么生产出来的产品就有可能报废。股权投资基金认为这个流程的设计有很多弊端,在收购这个公司之后,股权投资基金就开始研究怎样从流程设计上进行改造以提高生产效率并灵活适应客户需求的改变。经过分析,企业原有的松散的 L 型生产布局改造成生产单元组成的 U 型布局,五个工序被局限在一个很小的空间内,从原材料进场开始,物料就在一个小的空间里运转。在这种方案下一旦发现问题,马上就可以纠正并进行调整,将损失控制在最低限度,同时提高了场地的利用率。一开始,企业原有人员并不接受这一方案,在股权投资基金的建议下,他们做了一个小规模试验,实测结果用数字说服了管理团队支持股权投资基金的流程再造方案。

(3) 完善质量体系

产品或服务的质量可以被定义成符合标准的程度,这个标准可以是比较主观的客户满意,也可以是量化的技术指标或参数。一个成熟的企业都有自己的质量体系,即为实施质量管理所需要的组织结构、程序、过程和资源。质量体系将所有影响质量的因素都采取有效的方法进行控制,从而减少、消除特别是预防不合格的产品或服务的发生。质量管理,包括质量控制、质量保证、质量方针、质量策划和质量改进等概念,是通过质量体系运作的。

早期的质量管理仅限于质量检验,仅能对产品的质量实行事后把关。但是好的产品并不是检验出来的,因为检验并不是创造利润的过程,而是一个成本的发生过程。最好的结果应该是根本不需要检验,通过在线过程的控制,生产出来的产品就是优良的产品。因此应该从质量控制体系中完善产品质量控制,降低成本。

图 7-4 主要从质量故障原因分析角度,通过实例简单介绍股权投资基金对质量管理方面的一些见解。

当产品出现质量问题时,股权投资基金首先会和管理团队分析、检查设计是否合理。比如下面这个关于产品设计的案例。世界两大高尔夫球车品牌商 Easy Go 和 Club Car 在中国的销售并不是很成功,虽然行销全球。主要原因是由于产品的设计不符合中国的实际情况。中国的高尔夫球场要求打球者下场时必须有球童伴随。为满足球场内行驶的需要,进口商在球车的后桥上自行焊制了托板,但是这种焊制托板的产品并不能让球车良好地完成自己的使命。这并不是制造的问题,而是在设计的时候没有考虑到使用环境,要想将球车推向中国市场,必须重新设计后桥的承重才行,但是由于中国市场容量较小,国外企业也并不愿意付出高昂的成本改变设计。而中国有一个制造商做到了这一点,从而赢得了中国市场 70% 的占有率。

材料能够满足设计的要求也是一项要点。在国内,很多产品的瓶盖常常需要费很大力气才可以拧开,而且往往拧开后拉扯不断。这是设计和材料的问题。相反的,喜力啤酒(瓶装)的瓶盖则可以用手轻松打开。还有,在唐人街,很多华人喜欢买中国出口的酱油,它们很正宗,但是购买中国出产的酱油最大的问题就是瓶盖打不开,这使很多美国消费者对于中国酱油望而却步。

股权投资基金及管理团队关注加工工艺是否完善。比如当某个区域市场技术水平

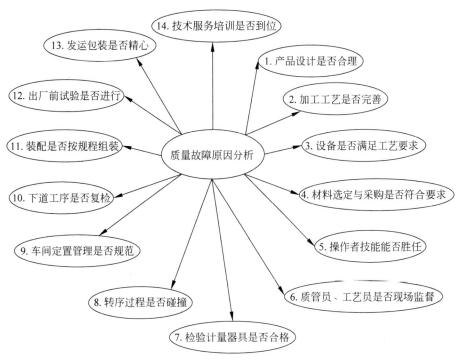

图 7-4　质量故障原因分析

不达标的时候,股权投资基金能从其他区域帮助企业找到最合格的供应商。

计量器具的合格程度也十分重要。股权投资基金会帮助被收购企业与客户洽谈,要求客户在提供的图纸上标明哪些是关键部位,对尺寸进行明确要求。同时有一个常见的问题,就是全部部件都控制在公差范围内,却不能完成一个产品,这是由累计公差造成的。因此产品零部件的精准性要求很高,计量器具十分重要。

最后出厂时的产品检验,以及对于员工的技术培训的到位程度也非常重要。一些重工业企业,如果产品出厂前没有进行产品的合格检验,就可能造成很大的事故,导致人员伤亡、财产损失。合格的员工可以提高产品的合格程度,减少产品各个环节中误差的发生。

(4) 改善供应链管理

供应链是一种围绕核心企业的网络关系,其内涵和外延比采购要广泛很多,但主要部分仍然是采购过程。供应商可以帮助制造企业生产出高质量的产品。因此股权投资基金通常会在收购完成后帮助被收购企业选择合适的供应商。在供应商的选择上,股权投资基金主要会从战略层面、操作层面、制度层面考虑供应商的选择问题。

在战略层面上,股权投资基金会帮助企业分析并决定零部件供应是由企业内部制造还是选择外包;其次,在选择外包方式下,需要进一步决定是与单一供应商还是与多家供应商保持长期采购关系。就外包方式而言,选择多家供应商可能给企业提供选择的灵活性和可靠的供应保障，但是每多选择一个供应商就会相应增加企业开发供应商的成本，此外，同一个零部件选择多个供应商也降低了单批采购数量，达不到量产的情况下，会增加企业的采购成本。

在操作层面上，股权投资基金有时也会参与被收购企业的采购订单、供应合同、租赁协议、装备采购等谈判活动。股权投资基金利用其旗下的组合公司的技术、信息与供应商网络的能力，可以帮助被收购企业获得比其自身谈判更为有利的交易条件。

在制度层面上，股权投资基金还会帮助被收购企业建立高效采购体系的长效机制，其中最重要的内容是优化采购决策平台和完善采购管控制度。优化采购决策平台的内容包括：建立采购费用的研究机制；部署一个跨部门的物料采购团队；建立对供应市场和采购来源进行分析的机制；建立标准化的采购询价流程；等等。

此外，还会通过完善管控制度的方式，来加强对于采购的监管。主要包括以下三个层面的内容：制定采购战略，明确企业内部合理的集分权采购组织结构；根据采购组织及管控模式确定适宜的采购岗位，制定清楚明确的岗位说明书和采购职责描述；根据公司的发展战略和阶段性目标，设立采购组织和个人绩效考核指标体系，同时对如何获取和保持采购技能制定战略计划并付诸行动。此外还要完善对于采购人员的管理。

7.4.4 人力整合

企业间的竞争在一定程度上是人力资源的竞争，尤其是管理人员、技术人员和熟练工人。股权投资基金完成收购后，需要尽快稳定被收购公司员工情绪、稳定员工队伍、整合人力资源，从而保障企业生产经营正常运作。股权投资基金收购后的人力资源整合工作应以被收购单位的发展战略为导向，并采用最为经济的手段实施。

在完成收购后，股权投资基金需要与被收购企业的原管理团队密切合作。有原管理团队参加的项目协调小组是保障被收购企业在整合阶段稳健运营的领导机构。对核心人才，包括中高层管理人员、掌握关键技术的人才以及骨干销售人员，项目协调小组必须尽力挽留，这是人力资源整合的工作重点。项目协调小组要通过灵活的形式与被收购企业员工沟通、交流，让员工清楚整个收购的大致情形，如收购的起因、目的、股权的变动、未来的发展方向等。在充分沟通并了解被收购企业的人力资源状况后，应尽快出台调整被收购企业的原有员工的全面政策，对计划留用的员工要尽快安排具体岗位，对计划辞退的员工要按照法律政策的相关规定做好劳资清结和补偿工作。在实现平稳地过渡后，新企业管理层要着手全面提升企业的人力资源：内部整顿，加强培训；外部招聘，吸收优秀人才。

人力资源整合的成败是关乎股权投资基金收购成败全局的战略性行动，其最大的阻碍在于企业文化差异和利益关系的调整。新企业的管理层既要把握既定的原则、坚定地实施人力资源整合计划，又要掌握一定的灵活性，果断处理某些突发事件，保证企业的正常运营和良好的社会关系。应该从企业文化入手，对企业的员工素养、行为模式、价值观、思维模式等取其精华、去其糟粕，进行制度建设、物理固化和思想统一，帮助企业取得长期发展的精神动力。

7.4.5　财务整合

现代公司制企业中，所有权和经营权分离，产生了所有者（股东）、决策者（董事会）、执行者（经理人或管理层）之间的委托代理关系。在所有者、决策者和管理层之间存在着信息不对称问题。企业经营管理人员通常比所有者和决策者更充分地了解企业日常运作的信息。所有者需要通过企业的内部与外部控制来约束和控制经营管理人员的行为，从而保证企业发展目标的实现和保护自身利益。

股权投资基金在收购目标公司后居于公司控股地位，有权任命最高经营管理者和委派财务总监，在征得少数股东认同后共同管理公司。通过委派关键管理人员，股权投资基金获得对被收购公司重大财务事项的审批权和对业务的控制权，不仅涉及利润分享，还涉及产品线调整和产销等方面的控制。

财务控制是程序控制，即公司的所有业务和财务活动都必须按既定程序办理。就方法论而言，财务控制主要表现为授权控制、预算控制和审计控制。授权控制是指对单位内部部门或职员处理经济业务的权限控制；预算控制是按照一定的标准和方法，对企业一定时期的生产经营和财务活动作出的事前计划和安排，包括筹资、融资、采购、生产、销售、投资、管理等经营活动的全过程；审计控制主要指内部审计，即在一个组织内部对各种经营活动与控制系统进行独立评价，以确定既定政策的程序是否贯彻、建立的标准是否有利于资源的合理利用以及单位的目标是否达到。按财务控制的对象分，财务控制具体包括实物资产控制、成本控制、风险控制等方面。一则可以提升目标公司的财务管理水平，二则为目标公司在未来公开发行股票建立合规的财务系统，扫清IPO道路上的财务障碍。

（1）改善资产质量和负债结构

通过资产负债表股权投资基金的项目实施人员可以深入了解目标公司的负债状况、负债结构以及对企业未来长期发展和公开发行股票的影响，并可以向项目公司管理层提出改进意见和措施，保证项目的负债状况、负债结构符合公司利益和股权投资基金退出的利益。

主要关注项包括净资产比率、固定资产净值率、流动比率、速动比率、每股净资产。

（2）开辟融资渠道

作为目标公司的股东，股权投资基金的项目实施小组有义务利用自身资源帮助目标公司开辟新的融资渠道，促进企业成长。

（3）实施预算管理和成本控制

实施预算管理和成本控制是股权投资基金对目标公司进行财务重组的重要内容。

通常，股权投资基金会派出自己的专业人员担任目标公司的财务总监，主要目的就是对目标公司的预算管理和成本控制进行监管，促使目标公司按照投资协议的融资额度和使用计划使用进入的资本，达到既定的经营目标。

7.5 投后管理组织方式

7.5.1 投后管理的组织体系

组织是保障任务完成的重要手段。投后管理有别于投前管理，通常有以下组织与职能分工，以不同层次从事相应的投后管理工作。

投资决策委员会（投委会）。基金管理公司的投委会决定投资的项目一般也要由其决定退出。投资后项目除非有重大价值变化，投委会通常不再直接参与投后管理事务的决策，以投后管理项目组或专职部门负责具体的工作为主。

投资管理项目组。一般由公司分管高管、团队负责人、项目经理、风控部（或投后管理部、法务人员）、其他部门（财务等）组成，具体的投后管理工作由项目组承担。

投后管理专职部门。一些机构为了克服项目组过于袒护自己所承做项目的弊端，内部专设投资管理监督服务的部门，以促进对所投项目更为全面的了解或提供更多的专业性增值服务。

投后管理项目组或专职部门具体职能包括但不限于以下几个方面。

① 投后管理小组的设立、变更、撤销。有部分大投资基金有专门的投后管理部门，对于其他企业来说，每一个项目投出之后就是项目小组的成立之时，以跟进具体工作的落实，明确相应的责任，不留空档期，其中明确项目经理作为第一责任人的角色尤其重要，最好还有B角。每个项目都应有投后管理小组，并确定相应的议事规则。

② 投后管理小组成员的调整。由于分工、专业匹配、人员进退等因素，管理小组要适时调整，以保持工作的连续性。

③ 提议对受资企业董事或监事的变更及有关权限的授予或调整。若是有董事、监事席位的，经营层要委派相应的人员，并对他们的履职内容、程序进行规定。

④ 受资企业股权结构变化、出现较大的资产减值、承担较大金额债务或提供较大金额对外担保、管理层股权激励、经济补偿等一切与经济权益调整相关或虽不涉及经济利益调整但存在权利放弃的事项。

⑤ 涉及被投资项目非经济权益调整相关的日常投后管理事项。如协助办理标的企业要求的一些法律手续或是资格要求等。

⑥ 其他项目管理日常事项的处理。

7.5.2 投后管理的绩效评价

由于项目存续时间长,不确定性大,基金业从业人员变动频繁,许多投资经理等不到项目退出可能已经离职。如何将"募、投、管、退"融为一体加以评价投资经理的业绩需要一开始就有顶层规划,其中涉及投后管理成果的衡量也要纳入业绩评价的重要一环中去。

(1) 指标设定。衡量投后管理的好坏也要有一些指标的设定,比如投资报告中预期指标实现情况、能够单列的项目管理费用的大小、项目增值或贬值情况、股权的流通性、收现与收益情况。

(2) 成果应用。基金经理薪酬通常由基本年薪、年度绩效薪酬、长期(分成)奖励组成。在项目退出之前,主要应当与其年度绩效薪酬挂钩。

(3) 年度绩效薪酬的比重。为了增加整体工作的责任性以及保障投后工作有效开展,不建议将基本年薪定得过高,特别是投资经理,一旦基本年薪过高即能过上高枕无忧的生活,会减少对项目成功与否的关心度,甚至出现急功近利或逆向选择等不良现象。基本薪酬即保证正常的基本生活,体面的生活要靠绩效年薪,优越的生活则要靠基金整体收益分成部分。根据投资团队的职级,从高到低绩效年薪可以为基本年薪的100%至50%不等,并根据年度的投后工作考核结果(分值)计算。例如:某投资总监年基薪是40万元,那他最高的年度绩薪可以设为40万元,如果考核分数只有80分,年绩薪就是32万元。若某投资经理的基薪是25万元,年绩薪最高可设为20万元,如果考核为100分,可得20万元绩薪。绩效薪酬作为基金管理过程中的奖励方式比较合适。

(4) 奖励薪酬。通常,在满足投资人的本金与优先回报后,管理机构可以拿到余下收益的20%作为业绩报酬,经营团队全体可以拿到该报酬的30%。比如:某基金本金投入10亿元,总计优先回报5亿元,项目全部退出获得了20亿元,显然支付上述两项后仍余5亿元,若20%为管理收益,则管理机构可以提取1亿元,若30%用于团队,则团队可以获得3 000万元。如果这个机构只有30人,人均100万元,而奖励主要面向管理层和投资团队,这一少部分人的奖励更为丰厚。关于这部分的分配,许多机构是以岗位计点数的办法加以累计,最终按总的点数分配,过程管理业绩也会被以点数的方法逐年记录,产生收益分成时一并兑现。所以投后管理不仅要事关当年的绩效薪酬,也应关乎最终的奖励薪酬,使员工的近、中、长期的利益有一个预期和分步实现,以维护团队与管理的稳定。

(5) 奖励点数。理论上跟"募、投、管、退"四个环节都有关系,一些机构对"募"和"投"是单设奖励的,投资之后的点数主要考虑投后管理与退出工作。点数一般根据岗位的重要性、贡献度为基本系数,结合年度常规考核结果,特别年度专项贡献分(可设为1～20分,不参与年度绩薪的分配)来累加计算。比方前述某投资总监年度考核是80分,又有专项贡献分10分,假定其岗位系数为0.4(岗位系数可以从1～0.1设定),则当年的奖励点数是(80+10)×0.4=36点;如果没有专项贡献分,奖励点数为32点。每年对全公司的点数统计,直到兑现,分成取得收益越多,每一点就越值钱,反之,点数虽多也不值钱。

7.6 中国的投后管理

7.6.1 投后管理现状

我国的股权投资基金投后管理环节较弱,但正逐渐受到重视。投后管理不足一方面与中国的国情及企业文化有关,中国的创业者往往会对股权投资基金参与管理有抵触,不能与股权投资基金进行良好的合作;另一方面与股权投资基金提供投后管理服务本身的困难有关,因为投后管理业务对人才综合性能力要求较高,招募困难且工资负担较高。

根据清科研究中心《2013年中国 VC/PE 机构增值服务专题研究报告》的调查显示,中国的股权投资机构仅有16.1%设有专业化的投后管理团队[①],后续服务主要还是投资团队负责制,缺乏专业的投后管理团队。对于投后管理始终保持比较被动的状态,只是例行查看企业报表等,很少积极主动参与到企业的经营与战略调整中去。随着时代发展,一些股权投资机构在投后管理团队建设上有所发展。投中集团《2015中国 GP 调查研究报告》显示,2015年,有42%的股权机构开始扩充现有投后管理团队,5%的机构开始新设投后管理团队。对我国中小企业股转系统挂牌的九鼎投资、中科招商、同创伟业等8家投资机构的内部组织结构图进行分析,了解其投后管理部门的设立情况,具体情况如表7-1所示。

表 7-1 投资机构投后管理部门设置情况表

投资机构	基金总实缴金额/亿元	是否设有专职化投后管理团队	投后管理部门名称	下属部门
九鼎投资	214	是	投后管理委员会	创投投后一部、创投投后二部、创投投后三部、PE投后部、并购部
同创伟业	81	是	投后管理部	项目管理部、增值服务部
天图资本	41	是	投后部	—
浙商创投	29	是	投后管理部	—
硅谷天堂	85.6	增值服务部门	并购整合决策委员会	—
中科招商	274	增值服务部门	IPO管理部、并购服务部	—
明石创新	5.4	否	—	—
久银投资	10.1	否	—	—

数据来源:投中集团2015中国GP调查研究报告。

---

① 清科研究中心《2008年中国VC/PE机构投后管理调查研究报告》显示,投资机构设置专门投后管理团队的比例已由2013年的16.1%提高至2018年的70.3%,但机构的投后管理人数占总体人数的比例较低。

可以看出,资本实力比较雄厚的九鼎投资设有专业化的投后管理部门,且投后管理部门又进行了细化;同伟创业、天图资本、浙商创投也分别设有投后管理部门;硅谷天堂和中科招商虽然没有专业的投后管理部门,但其设置了相应的增值服务部门,履行了投后管理的职责。一些大的投资机构已经具备了初步的投后管理意识并且进行了相应的组织机构设置,但股权投资在我国起步较晚,中小投资机构数量众多,往往缺乏专业化的管理人才,在投后管理上还存在空白。

目前我国增值服务存在的问题主要体现在以下几个方面(见图7-5)。

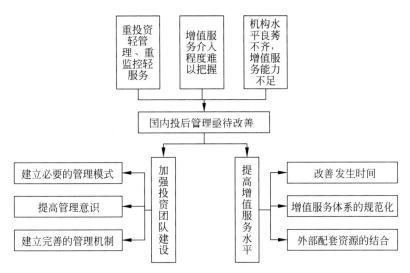

图 7-5 投后管理现状及改善

(1) VC/PE重投资轻管理、重监控轻服务。国内中小板、创业板的快速成长,给股权投资行业带来了"赚快钱"的历史性机会,吸引了各行各业的海量资本涌入,伴随而来的是行业的"粗放经营",VC/PE行业出现"短平快"的特征。资本市场的高收益,使得投资机构往往把主要精力放在了寻找PRE—IPO项目上,投完之后即静待其上市,并在解禁期结束后套现走人,很少有人去关注企业自身的发展情况,没有心思去搞好投后管理,没有压力及动力全力为被投企业的中长期发展提供增值服务,即使提供增值服务,也主要围绕着被投企业如何上市方面。与大量涌入的资本相伴的是数量相对有限的后期项目资源,随着投资竞争日益激烈,VC/PE大量精力用于对后期项目的争取上,没有时间、精力及意愿做好投后增值服务。在增值服务过程中,更看重对企业各种发展指标的监控,但对于利于企业长远发展的服务提供较少。增值服务过于追求短期目标,忽视企业长期发展目标。

(2) 增值服务介入程度难以把握,易导致越俎代庖,同企业产生矛盾。为企业提供增值服务的本意是要在企业发展过程中给予被投企业指导,希望其能够成功发展。但是这里可能存在的问题是:其一,相对于全职投入的企业家团队,投资方需要在各项增值服务以及基金运作的其他环节上,如下一期基金的募集、新投资项目的筛选、尽职调查、谈判及投资退出等,投入大量的时间和精力。投资人需要将有限的精力投入多家不同的被投企业,因此,其战略意见的正确性、时效性以及促使企业家团队有效实施相关战略的能力均有可能存在问题。其二,投资方介入被投企业的重大战略决策有可能对企业的正常运作造成负面影响,过多的介入甚至会带来企业内部治理的混乱,造成越俎代庖,喧宾夺主,使得企业形成依赖,影响被投企业的成长,进而也不利于机构顺利退出。同时,投资方如果强势介入重大战略问题还可能引起被投企业管理层的反感,损害双方的感情,导致后者对新战略的消极抵制,不利于双方的进一步合作。

(3) 机构水平良莠不齐,增值服务能力不足。2017年底,我国股权投资机构数量超过19 112家,其中有很多投资机构是"半路出家",没有多少专业的股权投资经验,心态也比较浮躁。处于成长期、后期的项目大多有一定的管理基础,而很多投资机构自身就没有管理的经历和能力,对已投项目也没有研究能力,无法为这些被投企业提供具有针对性的增值服务。此外,目前我国股权投资业内以财务型投资机构为主,产业型投资机构较少,增值服务重短期利润,轻长期目标。尤其是在企业发展中后期进入的投资者,很多是纯财务型投资人,投资经理缺乏对企业的管理经验,也很难向企业提供产业战略等方面的咨询服务。

7.6.2 投后管理改善建议

出色的增值服务能力是股权投资基金成功的必要条件,也是股权投资基金机构的核心竞争力。在国外,优秀的股权投资基金机构,除了投资团队之外,一般都有专门的运营团队为所投企业提供增值服务,甚至有些还成立了专门的公司。

例如,TPG(德太投资)在全球的150多人团队当中,负责给所投企业提供增值服务的运营团队大约有50人。此外,TPG还有一个100多人的专家库,为TPG所投企业提供运营建议和实践指导。又如,KKR专门成立了一个子公司Capstone,人数大约有50人,专门为所投企业提供现金、收入、成本、组织架构和战略制定等五大方面的增值服务。这些优秀股权投资基金机构的运营团队成员,在企业经营管理方面有着丰富的经验,有些甚至是世界500强企业的前高管。

借鉴国外的成熟经验,中国投资机构的投后管理可在以下方面寻求改善。

(1) 加强投后管理团队

优秀的投资团队是股权投资基金机构的基础。只有建立了富有经验的投后管理团队,股权投资基金机构才有能力提供出色的增值服务,才能做好投后管理。

投后管理团队需合理配备投资,突出核心专长。例如,对于受资企业每季度财务报表审查、企业发展报告等常规内容可由专职投后管理团队或财务、法务部门负责,而在市场、技术等方面,则需要投资团队持续跟踪,选择具有不同知识和经验的人才组建小组,为企业提供全方位的增值服务。此外,投后管理团队需不定期地针对受资企业出现的问题及时进行讨论并及时改进问题,进行市场调研,与相关管理人员进行沟通。

(2) 完善投后管理机制

完善投后管理机制需要做到以下几点。

第一,信息报送。要求受资企业定期将每月的财务报表提交给投资人,投后管理人员应该对受资企业每月提交的财务报表进行分析研究,并与之前的资料进行同比和环比比较,实时发现受资企业出现的任何问题并随时要求受资企业做出解释以及提出相应解决和应对办法。

第二,定期参加受资企业的股东会、董事会。受资企业在召开股东会、董事会之前都会将相应的议案发给投资人,相应负责人必须对议案进行详细研究论证,这是投资人参与并影响受资企业的重要方式。若想充分发挥审核功能,则相应负责人员必须长期保持对受资企业的关注和了解,以及对于受资企业所处行业、市场、上下游企业等的准确分析和把握。

第三,不定期电话沟通或现场调研。针对在第一项或第二项工作中发现的问题要及时与受资企业管理层进行沟通,电话沟通是最为简便的方式,但是仅仅电话沟通有时候得到的信息是不充分的,故需要现场调研,并与相关管理人员进行面对面沟通。

(3) 构建增值服务体系

股权投资机构所投资的全部项目如果协调好的话,可以形成一个小生态圈,通过生态圈内外部资源的支持或交换,可降低整个项目组合的风险,提高投资的成功率。

增值服务体系的构建应该与投资机构的投资战略相协调,需要机构以全局的目光审视投资的组合策略和增值服务中的整合策略。增值服务体系的构建,首先,要对内部资源进行识别,然后在此基础上确定可用的内部资源和需要借用的外部资源。其次,投资机构需要从战略协调、投资人才组合和现有资源评估和选择上采取不同的构建策略,充分考虑投资阶段、投资方式、时间、精力和角色定位等因素,选择合理的增值服务范围和运作力度,降低可用资源的运作成本和投资风险。再次,从尽职调查、资源调配、效果监控与反馈到退出,都需要结合已建立起来的增值服务体系综合考虑,保证增值服务策略在项目投资前中后期的协调一致。最后,对于投资机构不擅长的增值服务部分,机构需协助企业引入第三方专业机构,解决专业问题。

(4) 整合外部配套资源

不同的机构增值服务的能力不同,具有不同的经验和优势,选择优势互补的其他投资机构联合投资,能够为企业提供更全面的增值服务。

其中,股权投资与孵化器和产业投资人资源整合是一种可借鉴的模式。孵化器在创业企业的成长早期具备很强的增值服务能力,其主要功能是以科技型创业企业为服务对象,通过开展创业培训、辅导、咨询,提供研发、试制、经营的场地和共享设施,提供政策、法律、财务、投融资、企业管理、人力资源、市场推广和加速成长等方面的服务,以降低创业风险和创业成本,提高企业的成活率和成长性,因此孵化器对扶持创业企业起步和成长非常有效，具有股权投资机构增值服务难以比拟的优势。产业投资人由于有着强大的产业背景，可以在被投企业的成长后期提供源源不断的资源支持，甚至将被投企业融入其价值链中，从而使投资的退出途径更加灵活。一旦股权投资与产业投资、孵化器嫁接在一起，各自的优势就可以得到充分的发挥，增值服务体系中的各种外部资源更多地转化为内部资源，资源结构从分散走向紧密，资源的调配将更加顺畅地运作。增值服务架构将显得更加开放，可用资源更加丰富，增值服务能力更加齐全、清晰。在这样的投资模式下，增值服务体系形成了顺畅的内部运作机制，大大降低了被投企业在成长过程中的各种风险。目前国内君联资本和宏碁创投的运作模式已经具备了三者融合的雏形，值得其他机构在运作中借鉴。

本章小结

本章主要介绍了投后管理方面的知识，着重讲解股权投资基金增值服务，这是对于被投企业价值增值可以发挥较大作用之处。对于并购基金，在收购后还往往协助受资企业实施整合，整合内容主要涵盖了战略整合、组织整合、人力整合、财务整合、业务整合等。本章后半部分分析了我国目前投后管理的现状与不足，并提出相应的改进建议。

本章主要内容如图 7-6 所示。

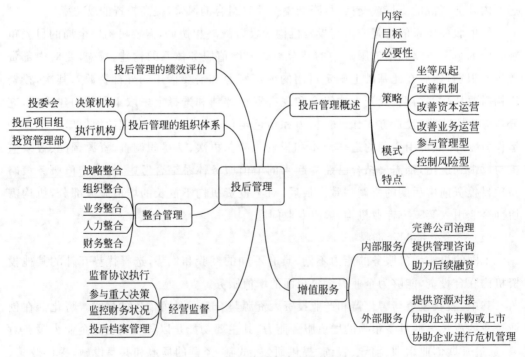

图 7-6　投后管理的内容结构图

关键术语

投后管理(post-investment activities)
增值服务(value-added services)
整合管理(post-merger integration)

练习思考题

1. 结合本章所学,谈谈你对投后管理含义的理解。
2. 对于股权投资基金增值服务,你有何认识?
3. 如何设计股权投资基金整合管理方案?
4. 结合我国与全球投后管理现状,请思考针对我国投后管理问题的对策。

案例分析：欧瑞投资的投后管理

欧瑞投资从 2008 年开始关注 Unipower 集团公司,对其及所处行业,均进行了深入的调查、分析,并于 2009 年 10 月根据投资协议对新成立的环宇塞尔新能源公司投资人民币 4 000 万元。

欧瑞基金投资 Unipower 集团成立新公司后,通过对新公司的资本运作和日常运营两方面向其提供增值服务,积极培育和管理新公司。经过三年的精心培育,经历了 2012 年动力电池行业重新调整后,2014 年估值是股权投资部分 900 万美元(初始投资 600 万美元),已经充分体现了投资后的增值,Unipower 在行业中的排名也相应地从第七升到了第五。

案例公司背景介绍

投资方简介

欧瑞投资(欧瑞投资 PLC)是一家同时进行自有资本投资(2 亿美元)和管理基金投资(2.5 亿美元)双重模式的国际私人股权(private equity)投资公司,总部位于中国北京,在蒙古乌兰巴托市设有分公司,并在伦敦证券交易所上市(证券代码:OPP),同时拥有美元和人民币两个品种的投资资金。并通过股东的长期共同投资协议,拥有超过 20 亿美元的投资能力。

被投资方简介

Unipowey 集团创立于 1982 年,是中国二次电池产业的开拓者,拥有从电池材料配件制造到电池生产的完整产业链,能够大规模生产各类二次电池,长期为德国博世、美国百得、香港 TTI、日本牧田等众多国际知名客户提供各种动力电池。Unipower 集团承继了三十年在二次电池和电池材料领域所积累的专利技术和丰富经验,所设计制造的大容量、软包装、叠片式、贫液态锂离子电池系列产品,实现了"把安全设计进产品"的设计理念，一致性更好，使用寿命更长，安全性更高，能够360°任意摆放，极大提高了系统空间的利用率，是国内外用户广泛应用于各类电动车辆和储能系统的首选电池。

欧瑞投资 Unipower 后的增值服务及跟踪管理

欧瑞投资凭借其多年的专业能力服务经验，为企业提供增值服务，包括海外业务拓展、境内外融资、海外扩张、引进国际人才，国际并购等增值服务的理念就是在帮助被投资方分担风险的基础上提升企业的价值并最终达到投资方和被投资的双赢。

增值及管理服务是投资后管理流程中的重要组成部分，其目的就是实现企业价值增值，欧瑞投资凭借丰富的社会资源网络和广阔的人脉为 Unipower 提供了涉及企业的融资服务、经营管理以及业务拓展等增值服务。经营管理方面为企业寻求行业内优秀的职业经理人，组建专业的会计管理团队，重新聘请了经验丰富的财务总监。协助企业应用和完善 OA（办公自动化）系统，规范内部管理。在业务拓展方面，2011年3月欧瑞追加投资至1 500万美元（600万元股权投资，900万元融资贷款）支持公司在电子汽车市场和电能储蓄市场重新定位。制定在岸、离岸重组计划以促进国内外上市计划的推行。欧瑞投资在提供增值服务业务方面所具有的优势，在投资 Unipower 项目过程中已经使得项目有了公司规模仅在一季度内便成长一倍的效果。

案例启示

面对私募投资行业越来越激烈的市场竞争，不可避免地引发项目估值水平偏高，相比于早期股权投资基金投资项目只看重目标企业现有的价值，现在越来越多的股权投资基金机构已经开始重视投后管理在投资流程中价值创造的重要作用，这说明了股权投资基金投资行业理性投资理念的本质回归，通过提升目标公司的未来成长性来实现股权投资基金投资的价值增值。

在日益激烈的市场竞争的形势下，股权投资基金机构的规模发展到一定阶段后，使得更多的股权投资基金投资者深刻意识到，针对目前普遍采用的项目经理负责制存在的投后管理增值服务的欠缺问题，设置专门的投后管理团队是股权投资基金投资专业化分工的需要，也是规避投资风险和确保预期收益率实现预期的客观需要。

参考文献

[1] 孙喜伟,著.股权投资基金基础知识[M].北京：北京大学出版社,2017.
[2] 欧阳良宜,著.私募股权投资管理[M].北京：北京大学出版社,2013.
[3] 宋鹏凯.风险投资中投后管理的研究分析[D].北京：对外经济贸易大学,2016.
[4] 欧英.私募股权投资后管理研究[D].北京：对外经济贸易大学,2015.
[5] 廖文剑,著.私募股权投资的全流程管理[M].北京：中国经济出版社,2017.
[6] 卢明明,著.一本书读懂私募股权投资[M].北京：人民邮电出版社,2016.
[7] 朱顺泉,著.私募股权投资理论与应用[M].北京：清华大学出版社,2016.
[8] 潘启龙,著.私募股权投资实务与案例[M].北京：经济科学出版社,2016.
[9] （美）费尔达·哈迪蒙,著.路跃兵,刘晋,译.风险投资、私募股权与创业融资[M].
[10] 窦醒亚,王胜兵,著.股权投资基金实务操作指引[M].北京：法律出版社,2014.

［11］郭宝生.我国股权投资基金投后管理研究[J].经济视角,2013.
［12］马小慧.私募投资公司投资项目流程分析——以英国欧瑞投资基金公司投资Unipower集团为例[D].北京:对外经济贸易大学,2014.
［13］欧英.私募股权投资投后管理研究[D].北京:对外经济贸易大学,2015.
［14］谭祖卫,蔡莹.政府基金与社会基金投后管理比较研究——以中关村政府基金为例[J].商业时代,2014.
［15］魏雪梅.论私募股权投后管理[J].财经界(学术版),2013,(18).
［16］李寿双.中国式私募股权投资[M].北京:法律出版社,2008.
［17］隋平.股权投资基金[M].北京:中国经济出版社,2012.
［18］包善驸.论新常态下私募股权的投后管理[D].北京:首都经济贸易大学,2017.
［19］张瑞君,任莉莉.私募股权投资投后管理研究[J].财务与会计,2017,(10):24-25.
［20］厉娜.私募基金的投后管理研究[J].会计师,2016,(22):67-68.
［21］朱明艳.股权投资基金项目投后管理探索研究[J].中国总会计师,2016,(11):126-127.
［22］彭秀玲.私募股权投后增值服务项目研究[D].长春:吉林大学,2015.
［23］蒋维.股权投资基金投后企业财务风险管控研究[D].上海:华东理工大学,2015.
［24］魏雪梅.论私募股权投后管理[J].财经界(学术版),2013,(18):87-88.
［25］吴家明.清科集团:创投业将进入投后管理新时代[N].证券时报,2012-02-02(A09).
［26］侯立军,顾立人.企业战略整合:构建和谐伙伴关系[J].生产力研究,2007,(24):131-133+145.
［27］周元成.试论并购企业的战略整合管理[J].科学与管理,2006,(3):37-39.
［28］秦剑.企业并购的战略整合[J].财经科学,2005,(5):153-158.

8 投资退出

学习目标

- 理解投资退出的动因
- 了解投资退出过程
- 理解投资退出策略
- 理解各退出策略的优劣
- 理解退出决策的内容

8.1 退出的动因与过程

没有退出就没有回报,所以投资人投资之初就关注投资退出。所谓投资退出,是指投资人在投资后把握受资企业价值最大化的时机出售股权而获得投资收益的过程。

8.1.1 退出动因

(1) 兑现投资收益

股权投资基金投资的目的是获得特定阶段的增值收益,并不打算无限期陪伴企业。当企业发展到一定阶段后,股权投资基金就要出售自己持有的股权,从而实现投资收益。

由此可见,股权投资基金的投资目的不同于战略投资者。对于战略投资者来说,投资一家企业的目的是获取一定的经济资源,如技术、市场、品牌等,并通过与本企业资源的整合以实现协同效应。

(2) 控制投资风险

投资人在投资环节虽然经过严格的流程和谨慎的操作,但信息不对称问题不能完全克服,不可控的不利变化在投资后难以避免,投资时间跨度决定投资者不得不面对一定的投资风险,当这些风险足以损害到项目的预期收益时,股权投资基金就必须立即考虑通过退出终止投资。从某种程度上讲,退出是投资失败纠错的措施。

8.1.2 退出过程

(1) 退出机会识别

退出追求的目标是获得最大化的收益,因此退出机会识别实质上是对最大化退出收益时机和方式的识别,它是回答什么时候退和怎么退的问题,而这两个问题往往是交织在一起的。

一般来说,受资企业的股权变成上市公司的股份(通过 IPO 或者与上市公司换股)是股权价值最大化的方式,其中一级市场非流通股权变成二级市场流通股份的流动性溢价是一个重要原因,但是股权资本化可能耗时弥久,如果以贴现的视角看,更早获得变现收益可能获得更大的现值,所以投资人需要在退出方式与退出时机之间权衡,把握价值最大化的机会出售股权而变现潜在收益。

对特定的投资人而言,退出收益最大化并一定选择受资企业由成长期过渡到成熟期的时点,或者 IPO 后锁定期结束之后的时点。因为在退出之前,投资人能够估计的仅是预期退出收益,他难以把握 IPO 失败的风险、IPO 后资本市场步入熊市的风险、受资企业业绩因产业周期转差或突发负面事件影响而失速下跌的风险等,这些风险都可能影响贴现率进而影响退出收益,所以我们会看到投资人在受资企业下一轮更高估值募资时或 IPO 前退出的现象。另外一种情况,当受资企业经营失败而挽救无望时,投资人尽早止损并"落袋为安"可能是更好的策略。

在提交给投资决策委员会的退出建议方案中,投资团队应预先设定若干投资退出机会,而投后管理团队则应持续跟踪受资企业的动态并判断适当的退出机会是否临近。

(2) 退出方案设计

Lieber(2004)认为现实的、详细的、前瞻性的退出计划对退出的成败至关重要。

退出方案应对不同的退出机会的预期收益和可能风险进行评估,需要特别关注退出相关的法律法规和税收政策的变化,确认退出的程序及监管审核或审批的关键节点,并制定应对风险的计划和预备保障退出的资源。

退出方案的设计需要明确方案执行相关人的角色与任务。退出的准备和实施需要动用投资机构多个部门的人力资源,清晰地界定参与者的角色与任务有利于保障退出的有序实施。

(3) 退出准备

退出方案如果涉及向机构投资者转让股份,那么,退出之前,还需要受资企业配合准备大量资料,包括行业及产品市场的分析与预测、未来战略规划、历史财务报告和项目可行性研究报告等,这些资料构成了对企业价值进行评估的基础。由于在退出实施过程中,潜在的受让人需要对公司进行尽职调查,因此还需要受资企业准备满足尽调要求的说明性材料。这个过程可能需要持续几周或数月,但具体时间取决于公司的规模、范围和复杂程度以及现存的文件系统。

（4）退出实施

经过一段时间的准备和对潜在受让人的分析，退出过程可以开始实施。基金管理人会将已经准备好的信息提供给潜在的竞价者。在退出实施过程之初，保密协议的签订非常重要，这体现了信息的价值。

在退出实施阶段，必须确保竞价者和顾问能获得其必要的信息且能选择性地接触公司管理团队，这一过程的具体内容因退出方式的不同而存在很大的差异。

收到不同竞价者的报价后，股权投资基金与其顾问会对不同退出方式和报价进行综合评价，这一过程一般要持续几周的时间。

通过几个回合的协商和讨价还价，交易达成并交割，公司的法律和产权关系发生变更。

（5）退出后评价

积累退出经验对于以后的退出过程相当重要，因此实践中，股权投资基金对完成的交易进行总结和回顾是必要的。

尽管可将退出过程分为五个阶段，但是实际操作过程中，前后两个阶段之间界限十分模糊，各个阶段的持续时间受到退出方式、退出环境以及公司特点的影响。

8.2 退 出 策 略

股权投资的本质是资本运作，退出是实现收益的途径，同时也是进行资本再循环的前提。一般而言，股权投资基金退出主要包括首次公开发行、股权转让、股份回购和清算退出四种方式。通常，在退出投资决策之前，基金管理人就应当拟定了具体的退出策略。

8.2.1 退出策略概述

（1）首次公开发行

首次公开发行（initial public offer，IPO）指受资企业成长到一定程度时，通过在证券市场首次公开发行股票，将非流通股权转换成可流通股票，实现资本增值。以 IPO 为退出策略是指受资企业 IPO 后投资人择机售股退出兑现收益，它往往是股权投资基金的首选，因为这种退出方式一般会为早期投资人带来丰厚的回报。例如，2014 年 5 月 22 日，京东在纳斯达克上市，发行价为 19 美元。作为其投资者之一的今日资本，在京东上市后仍占 7.8% 的股份，以上市当日市值 280 亿美元计算，当初 3000 万美元的投入，获得 21 亿美元左右的持股价值。

中国公司 IPO 的主要途径有境内直接上市、境内借壳上市、境外直接上市、境外间接上市四种。

境内直接上市，主要包括境内 A 股主板、中小板、创业板和科创板上市。此外，全国中小企业股份转让系统设立以来，在新三板挂牌后退出也成为一种选择。

境内借壳上市，是指项目公司反向收购境内证券市场上市公司，以实现上市。

拓展阅读 科创板与主板、创业板的区别

境外直接上市，是指境内的股份有限公司直接以国内公司名义向国外证券主管部门申请发行登记注册，并发行股票（或其他衍生金融工具），向当地证券交易所申请挂牌上市交易。比如在香港证券交易所发行的 H 股，在纽约交易所发行的 N 股，或在新加坡发行的 S 股等。

境外间接上市（也称红筹上市），一般是指由企业的投资者（或实际控制人）在境外注册一个为境外上市目的而成立的海外控股公司（通常是在英属维京群岛、开曼群岛、百慕大群岛成立的税收豁免型公司或香港公司），通过海外重组，将企业权益（包括股权或资产）的全部或实质性部分注入该公司，并以该公司为主体在海外上市。红筹上市的特点在于公司海外注册，海外上市，但主营业务在中国内地。之所以将其称为红筹上市，是由于中国内地被称作"红色中国"，所以海外投资者习惯将上述类型的上市公司称作红筹上市，将其股票称作红筹股。

在境内外上市各有优劣。境内上市在发行价格、股东财富增值、上市成本、后续管理以及国家政策的支持方面往往更有优势。很多行业境内发行市盈率和二级市场市盈率都高于境外；而在上市成本上，境内上市的成本通常低于境外上市；境内上市在后续管理上优于境外，且受到更大的政策扶持，尤其是我国对"红筹上市"模式的相关政策数度收紧，为中国企业海外上市增加了很大的不确定性。

拓展阅读 红筹上市变局

但境外上市也有其占优势的一面。境外上市的成功率更高，因境外发达资本市场上市实行备案制，而境内上市则多为审核制；此外，境外资本市场的资金供给也更充裕，利于企业上市后的再融资。

境外上市的两种方式中，红筹上市较境外直接发行上市又有以下优点。

① 从法律适用上，可以避免居住国和拟上市地的法律相抵触的问题，且易被各方接受。红筹上市的主体是海外控股公司，因此该公司本身应适用离岸公司登记地法律，操作中通常选择的离岸地均是在开曼或百慕大等英美法律关联地区，有关法律与中国法律相比，更容易被国际投资人、美国监管机构和交易所理解和接受。而以境外发行上市的公司来说，必须无条件地适用中国法律，特别是外商投资企业法律，由于中国外商投资等法律相对于英美公司法尚有差距，因此，对公司法律乃至中国法制的投资安全性的考虑，往往影响国际投资人对企业投资的判断。

② 在股权运作方面更为方便。由于红筹上市的股权运作全部在海外控股公司层面完成,而海外控股公司股权的运作实行授权资本制,包括发行普通股股票和各类由公司自行确定权利义务的优先股股票、转增股本、股权转让、股份交换等的大量股权运作事宜,均可由公司自行处理,并可授权海外控股公司董事或董事会决定,因此具有极强的灵活性。而在海外控股公司层面上,股东和私募中外部投资人的出资及相对应的股东权利和义务,均可由各方自由协商确定,这在吸引和引进海外资本时,极具灵活性,对在企业融资过程中灵活满足包括股东和私募投资人在内的各方的要求,具有非常重要的意义。

③ 可以享受更多税收优惠。海外控股公司最广为人知的,是离岸地政府对海外控股公司除收取有关注册、年检等费用外,不征收任何税收,这样,就使上市主体将来进行各类灵活的资本运作的成本大大降低。

④ 实践中可以取得更满意的股价。海外直接上市企业适用中国国内的法律和会计制度,国际投资人的认可度不高,而红筹上市适用离岸地法律和会计制度,更易被国际投资人理解和认可,因此实践当中往往取得更好的股价。

(2) 股权转让

股权转让是指投资者可以通过向项目公司的其他股东或第三方转让所持有的股权而退出原有的投资。股权基金选择股权转让退出,主要原因是项目公司未来短期内难以实现 IPO 或并购退出,但项目公司处于上升期,且具有一定盈利规模,还具备一定投资价值。因此股权转让是股权基金可以保障一定收益情况下的成功退出方式。根据进行股权交易的主体不同,股权转让包括离岸股权转让和国内股权转让两种情况。

① 离岸股权转让。为方便在境外退出投资,投资者通常在一些管制宽松和税负较轻的离岸法区如百慕大、开曼群岛、英属维尔京群岛等地注册一家控股公司,作为一个壳公司(shell company)进行对华投资,而投资者通过持有壳公司股权,间接持有在中国的外商投资企业的股权。这种壳公司的设置为该等投资者日后对外商投资企业的重组提供了法律方面的方便:该等投资者决定退出在外商投资企业中的投资时,无须出让在中国的外商投资企业的股权和取得中国有关主管部门的批准,而只需将用于对国内投资的境外壳公司或持有的壳公司的股权转让出售给其他投资者。在上述的股权转让交易安排下,由于发生股权变更的是外商投资企业的股东而非外商投资企业本身,因此只适用境外壳公司所在司法区的法律和接受该司法区的监管部门的管辖。

② 国内股权转让。股权转让的另一种方式是投资者在中国境内通过直接出售其持有的受资企业的股权而退出投资。股权转让的对方可以是其他境外投资者,也可以是国内的投资者。特别地,对于外商投资企业的股权转让,应遵守中外合资企业、中外合作企业和外商投资企业的相关法律、法规。例如,对于中外合资企业的股权转让,合营一方向第三者转让其全部或者部分股权的,须经合营他方同意,并报审批机构批准,向登记管理机构办理变更登记手续;合营一方转让其全部或者部分股权时,合营他方有优

先购买权；合营一方向第三者转让股权的条件，不得比向合营他方转让的条件优惠，否则转让无效。

除此之外，依据收购方的性质不同，股权转让分为出售和同业转售。其中，出售（trade sale）主要是指交易另一方为战略投资者，当战略投资者收购项目公司时，投资人借势退出，因此也被称为并购退出。例如，雀巢于2011年收购徐福记60%的股份，从而使得霸菱亚洲得以退出。而同业转售（secondary buy-out）则是指股权转让的接手方为股权投资基金等财务投资者，在欧美成熟市场它一直是股权投资基金的重要退出渠道之一。

（3）股份回购

股份回购（share repurchase）是指项目公司或相关人通过一定的途径购回投资者在本公司所持股份的行为。当创业企业发展成熟后，股权投资基金既不能通过IPO退出也不能以股权转让方式退出时，股权投资基金通常有权以事先确定的价格和交易方式，要求所投资的创业企业回购其所持股权。当创业企业不愿意股权投资基金将本企业股份转让给第三方时，也会主动要求回购股权投资基金所持的公司股权。若企业具有较好的发展潜力，企业的管理层、员工等有信心通过回购股权对企业实现更好的管理和控制，从股权投资基金处回购股权，属于积极回购；若股权投资基金认为企业发展方向与其基金的投资增值意图不相符合，主动要求企业回购股权，则对企业而言，属于消极回购。

通常情况下，股份回购式不是一种理想的退出方式，股权投资基金在投资开始时都会要求目标投资公司的控股股东将其持有的股份进行质押，有的甚至要求实际控制人承担相应担保责任；而股权投资协议中回购条款的设置其实是股权投资基金为自己变现股权留有的一个带有强制性的退出渠道，以保证当目标企业发展达不到预期时，为确保股权投资基金已投入资本的安全性而设置的退出方式。

按照回购主体的不同，股份回购可以分为公司股东回购、管理层回购（MBO）、员工回购（EBO）和项目公司回购。其中，又以公司股东回购为主。股东回购是指根据股权投资基金和项目公司的控股股东或实际控制人签订的股权回购协议，由项目公司控股股东或实际控制人按照商定价格购回股权。为了确保公司股东能回购股权，股权投资基金一般要与受资企业的控股股东签订协议，约定在满足一定条件的情况下，股权投资基金有权要求控股股东回购自己的股权。2008年，九鼎投资以3 000万元人民币收购日照三川果汁有限公司20%的股权。之后，九鼎接触到同行业一家德国企业想要并购三川果汁部分资产。在此交易后，三川果汁的企业管理层用交易所得将九鼎手中持有的20%的股权进行回购。以转让价格计算，九鼎该笔投资的复合收益率为30%。

（4）公司清算

公司清算（corporate liquidation）是股权投资失败后的退出方式。当企业出现重大问题而没有继续发展的空间，抑或持续经营会带来更大损失，其他投资者和企业管理层、原有股东等也不愿意接手时,只有果断对目标企业进行清算,才能及时收回资本,避免损失扩大。在股权投资基金几种退出方式中,清算退出是股权投资基金最不愿意采取的方式,只有在目标企业前景堪忧或者客观上已经资不抵债的情况下,基金公司才会不得已而为之。一旦启动清算程序,基金公司能够收回投资成本已经是较为理想的结果,获得保底收益基本是一种奢望,更多的时候,清算退出意味着基金公司将遭受部分甚至全部损失。通过破产清算方式退出,往往意味着投资的失败,可能会引起外界对该股权投资基金投资能力及市场判断力的质疑。

公司清算主要分为解散清算和破产清算。解散清算一般不存在资不抵债的问题,清算时除了结束企业未了结的业务,收取债权和清偿债务以外,重点是分配企业剩余财产,调整企业内部各投资者之间的利益关系,相对于破产清算而言成本较低。而破产清算的原因是资不抵债,因此,清算时主要是调整企业外部各债权人之间的利益关系,即将企业有限的财产在债权人之间进行合理分配。若股权投资基金采取优先股的形式,其清偿顺序优先于普通股,最后获得的清偿价值会高一些;若是采取可转换债券的方式进行投资,在清算时债权的支付要优先于股权。股权投资中的清算退出,多数是破产清算,少数是解散清算。

8.2.2 退出策略比较

对于股权投资基金而言,IPO 退出收益高且社会效益大,无疑是最佳退出方式。

股权转让与 IPO 退出相比,所需时间相对短一些,交易完成后即可实现退出,并且对企业的发展规模、财务业绩连续表现、企业类型等方面无特别限制。在资本市场低迷时期,转让退出的优势尤其明显。

股份回购虽然本质上也是一种股权转让,但其区别在于股权转让的主体有所不同。而除了企业 IPO 后功成身退,IPO 失败后,多数股权投资基金会选择"股权回购"当作退路。

清算是股权投资基金各方最不愿采用的一种方式,但却是投资失败后最好的退出方式。当投资失去实现预期回报的可能时,股权投资基金就应当果断退出,尽早收回资金用于下一轮的投资,以期最大限度地减少损失,使机会成本最小化。

具体而言,各种退出策略皆有自身的优点与缺点,分列如下。具体退出方式的选择应综合考虑优缺点及企业的具体情况而定。

(1) IPO

优点:上市后获得投资收益最高,其收益来源是项目公司的利润分配和资本利得。当企业 IPO 成功,原始股东持股价值将暴增,这无疑会让企业家产生动力,因此内部激励效应最优。

缺点:IPO 前期准备工作繁多,上市手续又比较烦琐,退出时收益不确定性大。另外股权投资基金因锁定不能在IPO后立即退出变现,因此资金循环周期长。同时外部宏观环境,尤其是股市的走势对投资收益率的高低和项目退出成败影响很大。

(2) 股权转让

优点：①此种退出策略高效灵活。相比较IPO漫长的排队上市苦等窗口期、严格的财务审查、业绩的持续增长压力,转让退出程序更为简单,不确定因素较小。转让退出在企业的任何发展阶段都能实现,对企业自身的类型、市场规模、资产规模等都没有规定约束,双方在经过协商谈判达成一致意见以后即可执行并购,迅速实现资本循环,有利于提高股权投资基金的资本运作效率,减少投资风险。②此种退出在交易完成后,即可一次性全部退出,交易价格及退出回报较为确定。而IPO退出则要等待1~3年不等的上市锁定期,即使到了解禁期也要考虑到被投公司上市后的股价波动,可能要分批次才能够实现全部退出,届时上市公司股价难以得知,增加了退出回报的不确定性。③转让退出可缓解股权投资基金的流动性压力。对于股权投资基金来讲,相对于单个项目的超高回报,整只基金尽快退出比清算要更具吸引力,因为基金的众多投资组合中,某一个项目的延期退出将影响整只基金的收益率,如若没有达成当时与投资者间的协议承诺,后续基金募集等将受到重大影响。

缺点：①潜在的实力买家数量有限。股权转让往往涉及资金量较大,市场上潜在的购买者数量有限,时常不容易找到合适的交易对手,或者出价可能不具有吸引力。②收益率较IPO低。由于市场的变化甚至是信息的不对称,为了能迅速退出可能导致股权价值被低估。③企业管理层可能对股权转让持反对意见。股权转让完成后,企业的产权或者控制权可能会发生转移,原先的管理层需要与新股东重新磨合,从自身利益考虑可能会出现抵制转让的情况,使未来简单的过程复杂化。

(3) 股份回购

优点：①交易过程简单。股权回购只涉及创业企业或创业企业家与股权投资基金两方面的当事人,是发生在企业内部的产权转移,明晰的产权关系和已合作长久的双方会使回购交易简便易行,交易周期通常较短。②股权回购可以把外部股权内部化,使创业企业保持充分的独立性。③投资者资本安全得到保障。在项目公司难有大作为的情况下,一味死守意味着对机会成本的浪费,回购可以保证资本安全并使其重获自由,为投资者带来更大收益。

缺点：①若股权投资基金的退出在项目公司业绩大爆发之前,则错失了潜在的投资收益。②此种退出方式项目公司将面临减资的问题,对企业的信誉会有影响,并且股权回购一般需要大量资金,会提高项目公司的负债率,不利于企业发展。

(4) 公司清算

优点是能在投资失败时将损失尽可能减少。缺点是公司清算通常难以收回投资成本。另外,清算较为费时,面临烦琐的法律程序。

8.3 退出决策

8.3.1 退出时机

股权投资项目退出时机选择受多种因素影响。宏观层面上,影响投资项目退出时机选择的因素包括产业周期、证券市场活跃程度、产权交易市场成熟程度以及相关的政策法规等。从微观层面上讲,影响因素包括股权投资基金存续期、投资协议、项目公司经营状况、投资者和企业家的偏好等。下面就几个关键影响因素进行分析。

(1) 产业周期

分析各类行业在各自发展阶段上的时间规律,是把握退出时机的重要方面。例如,某行业的成长期通常为一年,而一年后仍未有进入扩张期的迹象,此时就应该考虑立即退出。即使转让价格不高,对该投资而言甚至是负收益,但投资基金资金退出时机的选择,取决于所投资公司整个投资组合收益的最大化,而不是追求个别项目的现金流入最大化。

(2) 企业生命周期

一般的企业发展过程包含种子期、初创期、发展期、扩张期及成熟期5个阶段,具有显著的生命周期特征。总体来说,第三个阶段即发展期前后是风险投资基金退出的最佳时机。因为在此之前企业还需要资本注入,特别是由于其现金流量为负,而一般投资者不愿意投资前景不定的企业,此时选择退出非常困难;而后由于企业的成长较为稳定,获取超额利润的机会已不大,风险投资基金滞留就没有意义。

如果将发展期或扩张初期的项目,出让给那些风险偏好稍低的成长基金,由于每年有可预见的收益正好符合了这一类投资者的需要。通常成长基金退出的时机应是企业成熟期的初期。此时的企业留有一定的想象空间,其退出的价格可能比成熟期还要高。

(3) 项目公司经营状况

所投资企业股权增值状况是决定投资项目退出时机选择的重要因素。股权投资基金通常根据投资项目预先设定盈利标准,项目盈利能力是否符合预期是影响退出时机的一个直接因素。除了那些经营不正常或出现亏损且扭亏无望的投资项目要积极部署退出外,基金还应对目前虽能维持经营、但项目盈利能力较差的项目主动考虑退出。

约翰·康德(John Cadle)和ICR公司(International Capital Resources)公司的评估专家列举了在企业各个发展阶段中创业投资者认为可以接受的回报率(不考虑主观因素):种子期的期望综合年回报率为60%~100%,开发期为50%~60%,扩张期为40%~50%,盈利期为30%~40%,快速增长期为25%~35%。当企业由小到大顺利地成长时,企业所面临的研发风险、制造风险、市场风险、财务风险、管理风险依次减弱,企业的股权大幅度增值。投资基金通过向企业提供增值服务和对企业实施运营监控来促进企业的成长,动态地掌握企业的股权增值状况,一旦确认继续持有企业股权的边际成本大于预期的边际收益,投资基金就要着手实施从所投资项目退出。

8.3.2 退出程度

股权投资退出程度指的是股权投资基金对于投资项目是完全退出还是部分退出。部分退出意味着股权投资基金只出售部分股份,获得现金或有价证券,与此同时持有余下部分;而完全退出是指股权投资基金出售其全部股份,并获得等值现金或有价证券。

从理论上来说,股权投资最佳退出程度是用能恰好使投资收益最大化时的退出股权部分占总股权的比例数值来衡量。退出程度的选择应综合考虑已退股权价值、剩余股权净现值(NPV)、咨询收入、交易成本等指标,按照持有部分成本与预期的持有期资本增值对比来权衡退出的程度。现实中,股权投资基金选择部分退出的动机可能包括:保留的部分股份可以传达给新投资者受资企业质量良好的信号,从而使股权投资基金的股权转让价格接近受资企业的真实价值;对于优秀的企业,部分退出比完整退出可以使股权投资基金承担较小的机会损失;部分退出可以帮助股权投资基金,建立绩效记录来吸引新的资金,并增加当期的资金流动性,以便取得一个平衡的潜在利润。

退出程度的决策主要考虑如下影响因素:

(1) **投资项目总量**。股权投资基金拥有项目公司的股份,因此会运用自己在董事会的席位,提供管理和咨询服务来提高企业的价值。随着股权投资基金筹集到更多的资金,他们要做更多的投资并且需要向那些项目公司提供更多咨询服务,从而获得更多的咨询收入以及红利。但是对于股权投资基金,提供咨询服务的能力在短期内是一定的,结果是股权投资基金将会选择部分退出从而投资于新的项目。

(2) **经济形势的变化**。不断变化的经济环境对股权投资基金退出程度有较大的影响。当经济形势可以清晰判断时,股权投资基金都倾向于选择完全退出;当经济形势不明朗时,由于股权投资基金不能有效地预测,他们将选择部分退出以降低风险。

(3) **税收和法律因素**。当股权投资基金选择退出程度时,必须对国家和地区的法律和税收因素加以考虑,因为交易成本在部分或完全退出时往往会有所不同。

本章小结

本章主要介绍了投资退出的动因与过程、退出策略的类别与比较、退出时机与退出程度的决策。

退出策略包括首次公开发行、股权转让、股份回购和公司清算。首次公开发行有境内上市和境外上市两种选择。股权转让可根据退出机制的不同划分为离岸股权转让、国内股权转让。根据收购方的性质不同划分为出售（其交易对方为战略投资者）与同业出售（其交易对方为股权投资基金等财务投资者）。股份回购按照回购主体的不同，可以分为公司股东回购、管理层回购、员工回购和受资企业回购。公司清算包括解散清算与破产清算。四种退出策略的比较可参阅表 8-1。

表 8-1 四种退出策略的比较

类型	优点	缺点
IPO	1. 回报高 2. 内部激励效应最优：原始股东持股价值最大化	1. 上市手续烦琐 2. 股权投资者不能立即变现 3. 受外部宏观环境影响大
股权转让	1. 退出方案灵活 2. 交易完成后可一次性退出	1. 潜在买家数量有限 2. 企业管理层可能对股权转让持反对意见
股份回购	1. 交易过程简单 2. 可以把外部股权内部化 3. 资本安全得到保障	需要大量资金，会造成项目公司的减资和企业负债率升高等问题，不利于企业发展
公司清算	在投资失败时能尽量减少损失	1. 通常难以回收投资成本 2. 过程费时，法律程序烦琐

退出时机的选择需要考虑产业周期、企业发展阶段以及经营状况等。

退出程度分为完全退出和部分退出，退出程度主要由投资项目总量、经济形势的变化、税收和法律因素决定。

本章主要内容如图 8-1 所示。

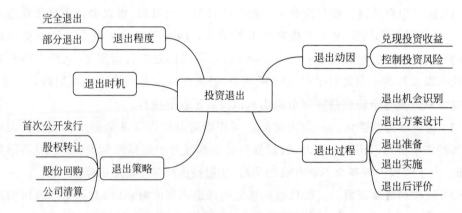

图 8-1 投资退出的内容结构图

关键术语

首次公开发行（initial public offer）

出售（trade sale）

同业转售（secondary buy-out）

股份回购(share repurchase)
公司清算(corporate liquidation)
管理层回购(management buy-out,MBO)
员工回购(employee buy-out,EBO)

练习思考题

1. 如何选择股权投资基金的退出时机？
2. 以新三板挂牌作为退出方式，与首次公开发行有何差异？
3. 首次公开发行中境内市盈率高的原因是什么？

案例分析：IDG 退出腾讯

IDG 公司概况

IDG 技术创业投资基金(以下简称 IDGVC)于1992年由全球领先的信息技术服务公司——国际数据集团(IDG)建立。IDGVC 总部设在北京，并在上海、广州、深圳以及美国的波士顿和加州硅谷设有分支机构。曾投资的企业包括携程、百度、搜狐、腾讯、金蝶等多家优秀的企业公司。

腾讯公司概况

2004年6月16日，国内即时通信领域的龙头老大——腾讯顺利实现在香港联交所主板上市(股票代号700)。成立7年以来，腾讯从最初的QQ即时通信软件到IPO时完成了面向在线生活产业模式的业务布局，构建了QQ、QQ.com、QQ游戏以及QQ移动手机门户这四大网络平台，实现了几何级数字的发展奇迹。2009年9月8日，腾讯市值折合约300亿美元。这一数字高于同日纳斯达克收盘时，雅虎市值的203.35亿美元、eBay市值的281.7亿美元，紧随亚马逊的市值349.33亿美元、Google的市值1451.86亿美元之后，跃居全球网络股的季军。然而，在腾讯不为人知的背后，却交织着太多股权投资基金的故事，既有错失机会的苦涩，也有成功后的喜悦。

IDG 投资之路

1999年下半年，受网易海外融资的启发，马化腾拿着改了6个版本、20多页的商业计划书开始寻找国外风险投资，最后碰到了IDG和电讯盈科数码。IDG和电讯盈科共同与腾讯签下220万美元的投资合约，IDG和电讯盈科分别持有腾讯控股总股本的20%，马化腾及其团队持股60%。在第一笔投资的支持下，腾讯迅速发展。腾讯的高速发展势头引起了来自南非的MIH公司的关注，在成功收购电讯盈科所持20%股权后，又向IDG伸出了橄榄枝。

腾讯投后发展

2000年底中国移动开通了移动梦网。马化腾把握机会，果断地与移动梦网合作，采用"二八分成制"下电信运营商获得收入的20%，腾讯获得80%，推出了移动QQ服务，依托庞大的忠实用户群，腾讯轻而易举地在移动梦网业务中取得了巨大的份额。随后，腾讯开始逐步限制免费的QQ页面注册，这一举措在2001年底为腾讯带来了1 022万元的利润。此时的腾讯进入快速发展的轨道。

IDG退出之路

2001年正是全球互联网泡沫破裂的时候，众多互联网公司纷纷倒闭，在这种形式下IDG担心腾讯公司受影响，决定早点退出腾讯以保全收益，在2001年6月IDG转让了13%的腾讯股份，获利约1000万美元。MIH从IDG手中收购腾讯控股13%的股份后，IDG还持有腾讯7%的股份。2002年初，腾讯继续发展，接连推出了QQ行、QQ秀、短信和彩铃等产品。2003年8月，就在腾讯实现上市前的前10个月，IDG再次低估了腾讯的潜力，腾讯创业团队将IDG所持剩余股权悉数购回。至此，IDG完全退出腾讯。

绩效评估

2004年6月16日腾讯在香港交易所主板首次公开招股的发售价定为每股港币3.7元，发行数量占总股本的25%，香港零售发行部分获得67亿股的认购申请，超额认购达158倍。上市集资净额估计约为港币14.378亿元，折合11.9亿元人民币。如果IDG选择IPO上市退出，按发行价计算，将获得1.2亿美元收入，增值50倍以上，年化收益率为31.2%。而IDG在2001年6月和2003年9月将其持有的20%腾讯股份分别转让给MIH公司及腾讯管理层，获得2 000万美元以上的收益，选择股份转让退出方式资本只增值了10倍左右。这样来看IDG在腾讯发展形势一片大好和即将上市之际退出，错失了获得更大收益的机会。

案例分析

2001年是互联网泡沫破裂的时候，许多上市的互联网公司惨遭退市，甚至破产，资本市场对互联网公司避之不及，互联网公司的股值一跌再跌。许多像腾讯一样的优秀的互联网公司也被错杀，虽然它们还在高速增长，还有着高额利润，但是却不被资本市场认可。按照IDG的决策模式，一般的项目如果能获得10倍以上的回报，又没有看到太大的发展空间，就要考虑退出的问题，IDG过高地估计了市场风险，担心互联网泡沫殃及腾讯，因此选择了以股权转让的方式部分退出腾讯。IDG将腾讯13%的股份转让时就获利1000万美元，实现了近10倍的收益，尽管IDG从腾讯退出时获利丰厚，可以算得上是一次成功的股权投资案例，但是从IDG退出后腾讯的表现来看，却是一次决策失误的投资。虽然当时全球网络经济快速下滑是不争的事实，但是腾讯却处在高速发展的时期，成长空间十分广阔，显然IDG没能看到腾讯的与众不同，对当时的经济形势过于悲观，做出了退出的决定，IDG显然在决策时由于低估了腾讯的实力造成第一次失误。

2003年8月，IDG又在腾讯上市前10个月将余下的7%的股权卖给腾讯团队，这一举动再次低估了腾讯的潜力。我们都知道股市对于资产有放大的作用,像腾讯这种优秀的公司,上市以后价值将不止倍增,但是 IDG 却决定将手中的股权转让给腾讯管理层,这是 IDG 的第二次失误。

参考文献

[1] 李娟,张然.解密私募——中国的盈利模式和策略[M].北京:电子工业出版社,2012.
[2] 彭海成.中国私募股权基金退出机制研究[D].武汉:华中科技大学博士学位论文,2012.
[3] Lieber D. Proactive Portfolio Management[J]. The Journal of Private Equity,2004,7(2):72-82.

9 母 基 金

学习目标

- 了解母基金相对于一般股权基金有何优势
- 了解母基金有哪些投资策略
- 理解母基金投资组合配置的方法
- 了解从哪些方面来构建母基金投资组合
- 了解如何筛选基金管理人

9.1 母基金的优势

9.1.1 私募股权母基金的概念

私募股权母基金(private equity fund of funds,PE-FOFs)是指以私募股权投资基金作为主要投资标的的投资基金。私募股权母基金通过两级投资来配置资金,即通过对股权投资基金进行投资,从而对股权投资基金投资的项目公司进行间接投资的基金。

国际上,母基金主要是指基金中的基金(FOFs),但是国内实践中拓展了母基金的内涵,将政府引导基金也包括在内。本书所指母基金,采用国际通行的概念,不包括政府引导基金,在国内也被称为市场化母基金。

在私募基金的产业链中,FOFs 的位置介于普通合伙人(GP)与有限合伙人(LP)之间,FOFs 和普通直投基金扮演的角色的最大不同在于,前者同时扮演了 GP 和 LP 的双重角色:面对投资者时,FOFs 担任 GP 角色,为投资者管理资金并筛选 PE 进行投资;而当面对 PE 时,FOFs 又担任 LP 的角色,化身各家 PE 的投资人。

私募股权母基金的投资结构参见图 9-1。

9.1.2 私募股权母基金的起源

私募股权母基金于 1975 年起源于美国,并在 20 世纪 90 年代,伴随 PE 资本在美国

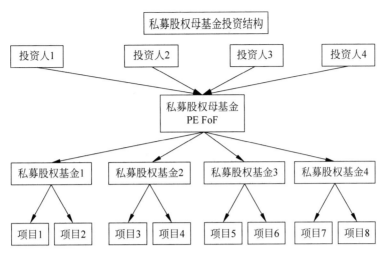

图 9-1 私募股权母基金的投资结构

的大规模兴起而渐成主流。目前,母基金已经成为 PE 的主要投资者之一。根据 Preqin 预测,全球私募股权母基金市场规模高达 3 810 亿美元。截至 2016 年底,母基金在管资产规模在整个私募股权行业的占比约为 13%,主要集中在欧美等资本市场发达的国家。

根据母基金研究中心发布的《中国母基金全景报告》,截至 2017 年 12 月 31 日,2017 年中国母基金全名单共包括 277 只母基金,总管理规模达到 16 152 亿元,计划总管理规模 44 173.57 亿元。2017 年也被称作是私募股权母基金发展的元年。

9.1.3 私募股权母基金的优势

母基金相对于一般股权投资基金要多收取一层管理费,那么母基金为投资者创造的价值来自哪里呢?

(1) 分散风险

FOFs 可以成为降低风险的有效投资工具。在一个高风险、高回报的行业当中,FOFs 通过对不同投资阶段、地区和策略的 PE 基金进行投资,降低新技术、新团队、新市场和经济周期等诸多因素的负面影响,使投资组合多样化,从而达到降低非系统性风险的目的,实现低风险却相对高收益的稳健回报。

优秀的母基金可以通过筛选业界翘楚的私募基金,使他们各自的投资哲学与方法论以产品形式汇总到母基金中来,再通过自身的主动管理与结构设计实现第二层专业管理,从而为母基金层面的最终出资人提供"双保险"。

根据英国权威咨询机构 Preqin 对全球母基金的长期跟踪研究,与投资单只基金相比,私募股权母基金收益回报特征如图 9-2 所示。

从图 9-2 中可以看到,单只基金回报概率较大的区间为 -12%~30%,并且波动性很大,存在很大的亏损可能性。但是母基金回报概率较大的区间集中在 6%~36% 之间,并

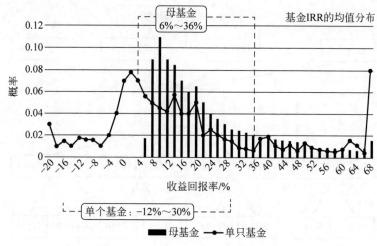

图 9-2　私募股权母基金收益回报特征

数据来源：Preqin。

且几乎没有亏损的可能性。根据国内外的成熟经验，优秀的母基金能够长期获得中低风险之下的中高回报。

该结论也被 Weidig、Kemmerer 与 Born 的研究证实：投资母基金的 IRR（内部回报率）大部分情况下为正，且大概率分布在 6%～20% 之间，而投资单只 PE 在有一定概率收获 70% 以上高回报的同时，大部分收益分布在 6% 及以下，且有相当概率收获负回报，这种现象在统计学上被称为"肥尾效应"，指极端行情发生概率增加，稍有不慎就可能造成大幅震荡。由收益分布可以明显看出，投资母基金比起单只 PE 更为稳健（见图 9-3）。

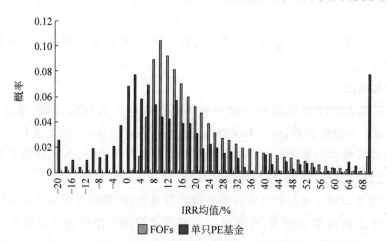

图 9-3　FOFs 与单只 PE 基金 IRR 比较

数据来源：The Risk Profile of Private Equity Fund of Funds，Weidig。

（2）较高收益

根据美国与欧洲两地成熟市场的经验（见表 9-1），投资母基金的性价比也高于单只

PE——无论是创业投资基金还是并购基金,母基金的经风险调整后的收益都显著优于单只 PE。

表 9-1 欧美创业投资基金与并购基金收益风险对比表　　　　　%

		创业投资基金		并购基金	
		单只 PE	FOF	单只 PE	FOF
美国	平均 IRR	21.32	21.4	10.83	15.29
	IRR 中位数	8.37	16.14	8.54	14.03
	标准差	54.57	15.64	26.19	7.72
	收益/风险系数	0.39	1.37	0.41	1.98
欧洲	平均 IRR	8.82	9.12	13.71	15.82
	IRR 中位数	4.35	8.15	10.27	14.91
	标准差	27.47	5.53	20.97	5.27
	收益/风险系数	0.32	1.65	0.65	3.00

数据来源:The Risk Profile of Private Equity Fund of Funds,Weidig。

(3) 高效遴选

股权投资行业公开信息较少,不同基金的投资业绩差异很大,因此,选择优秀的 PE 基金进行投资需要较强的专业知识。例如,前期调研、尽职调查和投资管理等工作都需要专业人才来执行。FOFs 依靠广泛的关系网络、强大的投资数据库专业的投资团队和谈判能力,可以获得较强的议价能力,能有效跟踪各 PE 基金的投资情况,对投资的 PE 基金进行监督。

(4) 专业管理

私募行业鱼龙混杂,进入门槛虽低,但生存门槛极高,需要极强的专业素质才可胜任管理工作。普通投资者若盲目押注单只 PE,不仅需要承担高风险与低流动性,更难以跟踪投中与投后管理进程,在较长的投资周期中不免显得被动。母基金作为投资人的 GP 与私募基金的 LP,一方面可以充分发挥行业经验与专业性,统筹优化所投项目成功率以及投中、投后管理,另一方面又可以充分聆听投资者多方面需求,为缺乏经验的普通投资者提供私募股权领域的一揽子解决方案。

(5) 跟投机会

跟投(co-investments)是 GP 赋予主要 LP 的一项福利,即主要 LP 有权利(但不是义务)在 LP 份额之外跟随投资于基金投资的某些具体项目。之所以说它是一项"福利",是因为对于 LP 来说,跟投有两点好处:一是是否要跟投是由 LP 自主决定的,因此 LP 可以通过跟投选择来适当调整资产配置结构,增强在某些优选资产领域的配置比例;二是跟投部分通常是免收管理费的,其业绩报酬的分享比例也有所降低,从而可以在相同情况下提高收益。

比如摩根士丹利旗下的私募地产基金(Morgan Stanley Real Estate Fund VIII)就规定:在首轮募集中承诺出资额在 1 亿美元以上的主要投资人,将获得在 1.5 亿美元以上投资项目中的跟投权利,跟投机会的总额为"项目投资机会超过 1 亿美元以上的部分",但不超过"项目总投资机会的 50%",若有多个主要投资人,则按主要投资人的承诺出资比例来分享跟投机会,主要投资人放弃的跟投机会 GP 可以自由决定是由基金接手还是转拨给其他主要投资人;当跟投机会出现时,GP 会给主要投资人 10 个工作日的时间来决定是否有意参与跟投,如果有意参与,GP 还会再给出 20 个工作日让主要投资人审阅尽职调查等资料以最终确定是否参与跟投,跟投部分 GP 不收取管理费,业绩报酬的分享比例也从原来的 20%下降到 10%。

（6）特定领域投资机会动态覆盖

除了购买新成立基金份额外,母基金还可购买已成立而在二级市场转让的基金份额,这也使得母基金得以灵活配置投资策略,实现对特定投资领域投资机会的动态覆盖。

9.2 母基金的投资策略

目前市场上的母基金主流投资策略主要有三种,一级投资,即购买新成立基金份额的策略；二级投资（secondary investment,即二手份额投资）,即购买已成立且在二级市场转让的基金份额或后续出资份额的策略；母基金直投（direct investment）,即母基金将一定比例的资金直接投资于企业的策略。此外,也有大型母基金将三种策略动态结合,构建平衡的"F+S+D"策略。

9.2.1 一级投资

母基金一级投资的要义是精选优秀 GP。对于母基金来说,要想完成一级投资的"本职工作",挑选 GP 时需要慎之又慎——详细评估子基金管理人,选择符合国家政策的投资方向,分析投资团队的能力、投资逻辑与储备项目的一致性等,都是增加一级投资胜率的关键筹码。

而这些头部 PE,往往拥有优秀的管理人以及最为符合国家政策导向的优质项目,尤其是前 5%的头部 PE,在业绩区分度方面更是傲视群雄。PE/VC 投资业绩区分度参见图 9-4。对于这些优质的头部 PE,母基金只需通过充分尽调,在"估值排雷"后择时、择项目进入,便能搭上"头部业绩"的顺风车。

因此,未来能否从头部 PE 处获取资源,将成为母基金挑选 GP 能力与一级投资能力的重要参考。而头部 PE 规范的运行模式与可溯源的历史收益,能够充分发挥母基金投资的稳健性,实现双重专业管理与双重分散风险。

9.2.2 二级投资

母基金二级投资（secondary investment）是指从投资者手中收购股权投资基金份额

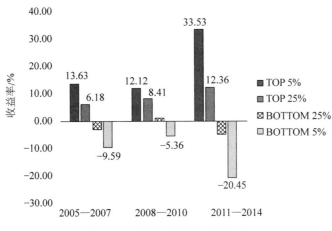

图 9-4 PE/VC 投资业绩区分度

或投资组合的投资。由于私募股权投资的周期较长,部分股权投资基金投资人往往出于调整投资组合或流动性考量,在中途将所持有的基金份额或投资组合转让给其他投资人,该交易过程中形成的市场被称为私募股权二级市场,对应的基金产品称为 S 基金。

根据《2018 中国 PE 二级市场白皮书》,全球 S 基金总募集规模占基金募集规模已达 8%,且不论从募集完成规模还是募集完成数量,全球范围内 S 基金近十年总体呈上升趋势(见图 9-5)。相比之下,目前国内 S 基金目前募集数量与募集规模不及国外的 1/10,发展潜力巨大。

图 9-5 2008—2017 年全球 S 基金发展趋势

数据来源:《2018 中国 PE 二级市场白皮书》

近年来,FOFs 二级投资业务的比例不断增加,主要基于以下原因。

第一,价格折扣。由于股权投资基金份额或投资组合缺乏流动性,转让方通常希望尽快实现资金回流,因此,二级市场的交易一般都会有一定的价格折扣,使投资二级基金往往比投资一级基金获得更高的收益。来自 Preqin 的数据也证明,S 基金的净 IRR 中位数大概率跑赢其他私募基金,且该趋势在近三年持续拉大(见图9-6)。

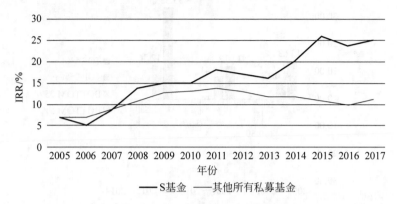

图 9-6 2005—2017 年全球 S 基金与其他所有私募基金净 IRR 中位数对比

数据来源：Preqin。

第二,抵消 J 曲线影响。一级投资由于其较长的投资周期与较慢的项目成熟速度,内部收益率(IRR)呈现"先低后高"的 J 形曲线,而二手份额的股权投资基金由于大多已积累了数年运营时间,项目成熟度较高,从而在二手份额转让时内部收益率(IRR)已渡过"前低",而呈现 J 形曲线后半段"后高"的特点(见图9-7),可以有效抵消 J 曲线的低谷区域对母基金整体收益率造成的波动与影响。

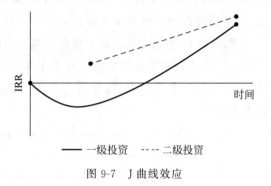

图 9-7 J 曲线效应

第三,分散起始年份投资。母基金在手握资金进行一级投资时,往往一次性将大多数资金投向存续期相同(且较长)的子基金,这也造成母基金在投资的前几年难以产生足够的现金回报,此时母基金可以通过存续期较短的 S 基金投资,适当分散各项目存续期,缓解"扎堆投,扎堆退"的现象,从而为投资者争取更早、更稳定的现金回报,提升母基金的整体流动性(见图9-8)。

第四,确定性较高。在一级投资业务中,母基金在投资时,子基金尚未进行投资,因此还不知道其投资资产组合,只是基于对子基金管理人的信任。但是在二级投资业务中,FOFs 投资的是存续基金,其管理人的投资风格与旗下项目的运营状况都已较为清晰,因此比起一级投资的"盲选",母基金通过 S 基金进行二手份额投资可以较为精准地接触到心仪的管理人,从而有效提高母基金的项目成功率,并且可以更加合理地估计它的价值。

通常基金份额的转让模式是竞标或协商确定,这也对买方提出了较高要求,需要买方非常熟悉市场环境,能及时获取交易机会,并迅速、准确地为基金份额进行定价及完成交易。

与全球市场相比,人民币的二级基金市场仍处于发展初期,但根据中华股权投资协

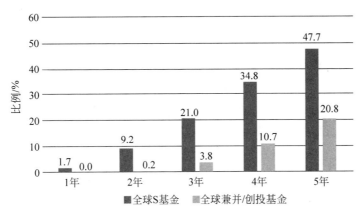

图 9-8　S 基金与一般 PE 五年内分配资本比例（中位数）

数据来源：Preqin。

会的统计（见图 9-9），已有约 1/3 的投资人表示有转让基金份额的需求，并且有超过 40%的管理人所管理的基金中出现过有限合伙人转让其基金份额的情况。

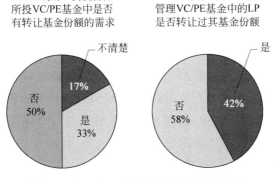

图 9-9　CVCA 二手基金份额转让调研结果

数据来源：Preqin。

在欧美市场上，每年有 3%～5% 的私募基金份额进入二级交易市场，全球最大的母基金 Adams Street 旗下的美国市场母基金，每只母基金计划投资于 60～75 只子基金，其中 70%～80% 的投资通过一级市场认购完成，其余 20%～30% 通过二级市场的份额转让来完成。一些著名的二级投资母基金为投资人贡献着相对稳定的丰厚收益。二级市场作为一种新的退出渠道，较大程度地满足了现有投资人的流动性需求。

从国际视角来看，二手基金份额市场在美国已经发展了很长一段时间，特别是在 2004—2007 年，美国私募业发展迅速，基金二手份额交易市场变得尤为活跃，新锐优秀基金给投资人更多的选择，因此很多投资人开始出让自己之前持有的优秀基金份额，从而腾出资金追寻更符合他们关注的新领域的基金管理者。在国内，随着中国创业创新的热潮升级，越来越多的投资者涌入早期股权投资的浪潮中，但仍有大批的潜在投资人对私募股权类基金局限的流动性和漫长的回报周期存有顾虑。

发展中国私募类基金二手市场是对国内投资结构的一种完善,而且需求是相当巨大的。首先,股权投资这块蛋糕即便诱人,但长达七八年的锁定期让不少投资人望而却步;其次,时代的发展瞬息万变,新的投资领域和新锐基金管理人层出不穷,为了跟上一个又一个风口,一些投资者们更偏向于提前锁定投资收益,腾出资金投放在新关注的领域;最后,对基金管理者来说,解决投资人资金流动性问题可以大幅度降低募资的难度。

因此,为了满足提前锁定收益、降低资金成本和时间成本,份额转让的需求非常之大。而在国内专注于私募股权类基金二手份额的市场尚未成型,目前还存在诸多问题亟待解决,其中最突出的问题是资产如何定价来确认二手份额转让的价格。由于市场上还没有一套公允的定价体系能够得到买卖双方的认可,即使有基金希望将份额进行转让,但是当涉及如何进行资产审计、如何定价的时候,却无法拿出一个具有信服力的评估方案被买卖双方共同认可,在谈判的过程中往往很难达成一致,导致交易无法完成。从实践来看,大部分母基金都将二手份额转让作为机会性业务,而非常态的业务板块。

9.2.3 跟进投资

除了将资金投于子基金,母基金同样可以充当PE,进行直投。母基金直投的形式包括"跟投式直投"以及"独立直投"。跟投是指FOFs在对子基金进行投资的同时,也参与对子基金所投资项目的直接跟投。由于母基金在一级投资过程中已接触到足够多优秀子基金GP,母基金完全可以站在巨人的肩膀上进行跟投,从而大幅提高投资成功率。同时,母基金在投资子基金的过程中,通过不断的项目尽调与对优秀子基金理念价值的多轮筛选、吸收与综合,自身管理团队也将取得长足进步,从而也具备了从PE视角发现优质项目的嗅觉与能力,能够进行独立的直投。

(1) FOFs跟投策略的价值

在FOFs投资中,跟投策略削减了FOFs双层取费的成本压力,子基金层面的管理费与业绩提成将被直接去除或者打折,并通过优质项目的跟投,显著提升私募股权投资部分配置资产的回报倍数,同时改变了整体投资组合的收益风险平衡性,在中低风险下,产生超过一般子基金的中高回报(见图9-10)。

跟投策略的成功执行有两个重要前提:首先是选择优质项目的能力,即已被市场验证的直投能力。很多基金的成功,是因为少数项目的成功带来了这个基金的成功,如果母基金不能在基金推荐的项目中选择到确实好的项目,则选择跟投可能就没法达到目的;其次是有足够多的项目可供选择,这要求拥有良好、广泛的GP关系网。相较于个人投资者,专业机构能够更加便利地积累直投经验与能力,在成本控制上更易实现规模经济效益,项目获取上更加具备可持续性。

在子基金完成一些金额较大的交易时,基于自身投资集中度的限制或希望加强与投资人关系的考虑,通常会向其基金投资人提供共同投资机会。由于FOFs管理人可以与

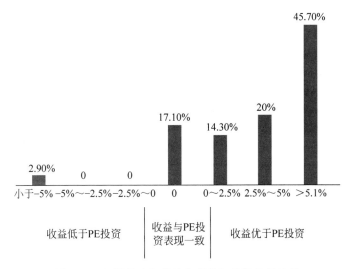

图 9-10 跟投策略与传统私募股权投资收益比较

数据来源：Preqin，诺亚研究。

注：数据为 Preqin 问卷调查 LP 得到的数据，柱状体下方数字区间为"跟投收益减去 PE 投资收益"，柱状体上方数字为对应的 LP 数量的占比。例如，有 45.7% 的 LP 认为其跟投收益比 PE 投资收益高 5.1% 以上。

子基金就共同投资的项目情况单独沟通管理费和业绩报酬，甚至无须支付费用或业绩报酬，因此可以提升 FOFs 的整体回报。共同投资机会是各基金投资人非常关注的要素，子基金在选择项目的共同投资人时，会偏向有良好品牌、行业资源、迅速决策的机构作为其共同投资人。通过共同投资项目的合作，也有助于加强母基金与子基金之间的相互了解。

对 LP 在基金中所扮演的角色，据投中信息调研数据进行推测，约 50% 的投资人倾向于进行适当比例的跟投，只有约 8% 的 LP 表示不会进行跟投（见图 9-11）。这反映至少有一半的 LP 在作为出资人的同时，还是很希望 GP 能够提供更多的跟投机会。

在实际操作中，FOFs 经常和它所投资的子基金对优质的项目进行联合投资，而 FOFs 在这些投资中扮演跟随/跟进的角色，让子基金作为领投方来管理这些投资。在联合投资前，FOFs 通常是从子基金那里获取尽调报告，但在必要情况下也会同子基金管理人一起对项目进行尽调。在联合投资实际执行中，FOFs 投资额度通常较小，且可能不参与投资谈判，只是跟随领投方进行投资，包括享有与领投方相同的投资价格，以及投资后的权利与义务。

联合投资能力的高低是反映 FOFs 管理人投资管理水平的一项重要指标，并对提高 FOFs 回报率、缩短现金流周期以及帮助 FOFs 更深入了解子基金管理人的投资水平具有重要的意义。同时，母基金也希望获得其他的业务机会，或者通过投资有经验的子基金来锻炼、磨炼自己的队伍。

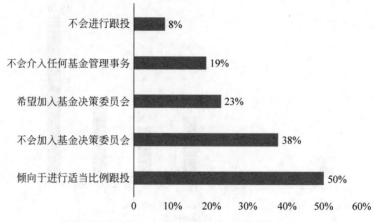

图 9-11 LP 在基金管理中所扮演的角色

数据来源：CVSource，2016-06。

（2）跟进投资的条件

首先，FOFs 想要获得联合投资的机会，需要在投资子基金的投资协议中事先明确 FOFs 的跟投权。跟投权主要包括跟投额度、跟投价格、跟投方式以及跟投后享有的权利与义务等。拥有跟投权对 FOFs 来说是比较有利的，因为 FOFs 可以利用跟投权比较容易地获得一些优秀项目的直接投资权利。

举例来说，表 9-2 为某私募股权子基金的有限合伙协议中关于联合投资的约定。可以看出，联合投资主要由子基金管理人来主导，FOFs 管理人要获取跟投权，需事先与子基金管理人共同协商决定。

表 9-2 某私募股权子基金的有限合伙协议中关于联合投资的约定

联合投资：
在本合伙企业存续期内，普通合伙人可自主决定向其他投资载体（包括但不限于关联投资载体）提供与本合伙企业一起向被投资企业进行投资的机会（"联合投资"），联合投资金额的大小、有关时机及其他条件均有普通合伙人自行决定。除本协议关于投资限制的约定外，对于任何涉及本合伙企业的投资项目的联合投资机会，普通合伙人有权自行决策并对联合投资总额进行分配

数据来源：宜信财富研究。

其次，联合投资应符合 FOFs 自身基金协议、投资策略、FOFs 直投项目评判标准等。一般来说，FOFs 在有限合伙协议中需明确投资到私募股权子基金中的比例，剩余部分才可用于直接投资等其他投资方式，这部分比例通常较小，要求 FOFs 管理人更加谨慎地筛选联合投资标的。

此外，有限合伙协议中通常还会约定 FOFs 的投资行业、领域等，即无论是投资于子基金还是直接投资于项目，均需在限定的投资范围内，不能单纯地因为项目优秀而进行投资。FOFs 对直投项目也有一套明确的投资标准。除了投资规模有限制以外，有些 FOFs 还会考虑拟投项目所处阶段、投资风险等因素，FOFs 虽然是作为跟投方，仍需对投资企业进行全面判断,以确保联合投资的项目符合自身的投资布局及投资要求。

(3) FOFs 联合投资策略

FOFs 通过在恰当的时机选择联合投资于优秀项目,可以达到减少信息不对称、缩短投资周期、提高投资收益率等效果。通常 FOFs 选择联合投资的项目要符合以下三种情况:

第一种,拟进行联合投资的项目能较好地补足 FOFs 现有投资组合的短板。在这种情况下,采取联合投资的方式比投资于子基金从而间接地投资于该项目,能更加有效地完善 FOFs 的投资组合。如已投资项目中包括某一产业链上游和下游的企业,但缺少中间环节的企业,通过直接投资于该企业,能够提高该产业链上所有企业的成长性。

第二种,拟进行联合投资的项目,能与 FOFs 的已投资项目组合形成较好的协同效应。这种情况下,FOFs 已投项目本身构成了投后增值服务的重要组成部分,通过直接投资某一优秀的协同项目,能够对该项目的发展起到极大的推动和辅助作用,在较短时间内提升企业价值,取得事半功倍的效果。

第三种,拟进行联合投资的项目可以预期在较短时间内退出并获得可观收益。FOFs 投资子基金的周期通常较长,现金回流较慢,直接投资项目可以缩短 FOFs 投资的现金流周期,减少资金压力,同时,项目获得的可观收益也能够直接体现到 FOFs 的收益水平上。

(4) 跟投团队的组织

前面提到,跟投策略执行成功很重要的前提是自身具备选择优质项目的能力。因此,通常当母基金筛选并投资了股权投资基金之后,在投后管理阶段会以基金为单位来划分管理权限。但从实践来看,采用了跟投策略的母基金为了磨炼自己的队伍,往往按照行业来组织团队。

9.2.4　FSD 投资

FSD 策略的要义在于通过精选头部基金管理人,在母基金本源业务上精益求精,保证稳健运营;通过 S 基金提高灵活度,补足母基金流动性;再通过精准直投,提升母基金收益爆发性。

相对于传统母基金模式,妥善采用"F+S+D"策略,可以在很大程度上解决母基金投向不透明、缺乏流动性以及缺乏爆发性的三大痛点,而能真正熟练应用"F+S+D"策略,实现"三剑合璧"的母基金,将更有望在如今我国的母基金行业趋于同质化的竞争格局中脱颖而出。

9.3 母基金的投资组合配置

9.3.1 配置策略的构建方法

(1) 自下而上法

自下而上法是建立在母基金对子基金管理人进行调查研究基础(fund manager research-based)之上的一种基金组合构造技术,其着重点在于母基金对所有投资机会进行筛选并从中挑选出由最佳基金管理人所管理的基金。

采取自下而上法是因为:在基金收益呈偏态分布的情形下,人们广泛认为基金管理团队的质量是决定基金绩效高低的关键因素,其重要性要远远大于基金行业或地区投向的分散化程度。

(2) 自下而上法操作流程

自下而上法的起点是所谓的"基金筛选技术(screening technique)",即首先在所有基金中识别出合适的投资机会,然后再对识别出的基金进行详细的尽职调查和分析,并根据投资吸引力大小进行排队,继而从中挑选出排名靠前的基金进入投资组合(见图9-12)。

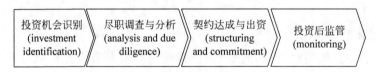

图9-12 母基金组合构造的自下而上法

按照这一方法,母基金作为子基金的LP,更关注的是子基金的基金管理人是否优秀、其所从事的活动与其核心能力及母基金的兴趣范围是否一致,而较少关注基金的行业投向、国家或地区投向、风格类型及这些因素之间的相互关联。

通常,母基金的这些关注点都会反映在对子基金的尽职调查过程、有限合伙协议(LPA)条款以及投资后的监管中。

(3) 自下而上法的优缺点

由于自下而上法的基本要义是对候选基金进行排队评级(ranking),其优点是简单、实用、易于理解并有利于提高收益率,因而在母基金管理实践中被广泛使用。

然而,这一方法亦有缺陷:基于其机会主义导向,这一方法很可能导致基金组合的不平衡,从而使母基金投资组合的实际风险远大于预期。

(4) 自上而下法

与自下而上法不同,自上而下法(top-down approach)是以策略研究为基础的(strategy research-based)。按照这一方法,母基金在构造组合时首先着眼于行业投向、国家或地区投向、基金风格类型及发展趋势,而不是单个基金的筛选。

(5) 自上而下法操作流程

自上而下法的起点是宏观经济条件分析,然后基于这一分析来决定母基金的策略性资产配置,即在可能的情境下,决定母基金在行业、国家或地区以及基金风格类型上的投向组合以实现最大收益。

通常,在进行策略性资产配置时,评估的主要指标既包括政治、经济和汇率风险,也包括某一市场对股权投资的接受范围和外部环境对创业活动的支持程度。此外,尽职调查规则、会计和税收问题、执法能力以及有吸引力的投资机会和退出机会的可获得性也会纳入评估范围。

策略性资产配置决策做出后,接下来的工作是进行出资规划,而这主要取决于母基金的风险承受能力、可投资资金以及与子基金的接触程度。

出资规划做出之后,基于现金流预测和压力测试的最终投资策略即可做出。

紧接着,便是按照既定的投资策略寻找合适的基金进行投资(见图9-13)。

图9-13 母基金组合构造的自上而下法

(6) 自上而下法的优缺点

很显然,自上而下法有利于解决自下而上法在构造基金组合时的不平衡问题,从而得以通过分散化策略降低投资风险。但其缺点也十分明显:

首先,自上而下法并不能解决基金组合中各子基金组合的权重问题。

其次,严格符合自上而下法策略性资产配置要求的基金组合在现实生活中是不存在的:在基金管理实践中,找到足够多的、满足母基金事先制定的组合目标要求的、优秀的基金管理人并非易事。而事实上,在某个特定的行业中,优秀的基金管理人通常只有1~2个,而且他们通常每3~4年才会募集一次资金。

(7) 混合法概念及操作流程

混合法(mixed approach)是将自下而上法与自上而下法相结合使用的一种组合构造方法。通常做法是:

首先,采取自上而下法对整个市场宏观的、未来的收益情况进行分析预测,关注不同国家或地区、相同投资年份以及行业的分散化情况。

其次,通过自下而上的微观研究方式专注研究个体的投资情况,针对基金进行定量和定性分析。由此实现风险分散和收益提升的结合(见图9-14)。

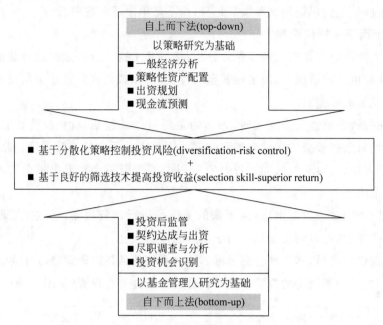

图 9-14 母基金组合构造的混合法

9.3.2 配置的原则

配置投资组合的关键原则,在于从理念到执行层面贯彻以下四点:

(1) 整体设计

在考虑对单个股权投资基金投资之前,考虑整体资产配置。须先明确母基金层面的投资逻辑、风控逻辑,然后再着手子基金的选择。

(2) 分散风险

不断深化对资产配置的认识,组合的分散分配并非为了分散而分散,而要了解行业间的相关性、不同投资主体间的相关性,对不同的投资策略进行主动配置。

(3) 前瞻布局

私募投资后几乎没有流动性,调仓的代价非常高,因此投进去的时候,对未来六七年的整体趋势要非常清晰,这才能真正体现投资组合的概念。从某种意义上来说,资产配置是最高层面的风控。

(4) 动态平衡

资产配置不是固定不变的,母基金内部应该建立实时调整的机制。通常的方式是,每年召开两次合伙人大会,主要对组合的整体表现和每个资产类别的表现进行评估。这些会议主要结合当时的市场情况,对每个私募股权资产类别进行深入分析,以找到影响重要投资机会的各种因素。例如,目前母基金在各个行业配置如何,都是哪些项目,要对整个市场和技术以及技术的发展情况做一个复盘,比如哪些技术、哪些细分行业已经成熟了,可能会达到一个快速增长的阶段,像 AI 这方面的项目如果判断已逐渐成熟,那就可能要增大比例;哪些领域已经过热,估值炒得太高了,投资比例是否需要调整。通过对每个资产类别的规模大小、行业分布、风格特点与基准水平进行比较,投资委员会站在回顾过去和展望未来的角度,对组合管理进行评估。这样的组合评估可以起到评估前期业绩和制订未来战略计划的作用。

9.3.3 配置的结构

母基金最大的价值之一在于分散投资风险,通过对不同投资阶段、地区和策略的 PE 基金进行投资,控制新技术、新团队、新市场和经济周期等诸多因素带来的负面影响,使投资组合多样化,从而达到降低非系统性风险的目的,实现低风险却相对高收益的稳健回报。因此,如何构建投资组合是母基金的重要命题。

有人将母基金投资的核心思想比喻为"赛马"。赛马有三要素:赛道、骑手和马,缺一不可。而对于母基金而言,"赛道"就是要构建股权投资组合。母基金在面对不同阶段、投资地域和特定行业的股权基金时,应该如何配置资产"赛道"来构建投资组合,以最优化平衡收益和风险,是十分重要的。而"骑手"则需要母基金来筛选优秀的基金管理人并寻找出其投资能力的驱动因素,这尤其体现在对基金管理人团队的考察上。"马"对于母基金而言,就需要识别基金本身回报的驱动因素。同一个基金管理人旗下基金的回报情况也不一定相同,如何评估基金回报的驱动因素,例如基金规模、储备项目等,并结合外部市场和内部基金设计,展开全面的尽职调查,是母基金投资决策中的重要环节。

现代投资组合理论一般都会用严格的数学方法设计投资组合,但私募股权投资行业具有特殊性,包括数据的获取、存续期问题、绩效衡量的标准问题等,无法通过现代投资组合理论进行收益、风险、波动性、相关性等分析,因此无法根据历史数据构建一个普遍意义上的模型。另外,更重要的是,由于股权投资基金的收益一般不呈正态分布,这些数据不能完全对应一些不确定因素所产生的结果。因此,在私募股权投资领域,投资人需要按照自己构建的设想来逐步优化投资组合,以满足自己的需要。

为了构建良好的投资组合,从实践来看,以下几个方面需重点考虑。

(1)行业配置

基金管理人根据团队的不同背景和经验会选择不同的行业策略,一般来说,基金管理人会选择行业领域发展迅速、市场潜力巨大、未来 3~5 年存在大量投资机会的行业,GP 也会选择符合区域战略发展方向的行业,例如,有的基金选择医疗健康行业,有的选择清洁技术行业,有的选择信息技术行业,有的选择互联网行业或者几个行业的组合。基金管理人对自己熟悉的行业领域会有较深刻的认识和理解,因为专业性强,同时积累了丰富的行业经验和人脉资源,容易获得较多优质项目资源,对项目的判断能力较强,同时也有利于为被投企业提供增值服务。

总的来说,在一个行业的投资案例越多,就越容易形成该行业的投资优势,也越容易形成所投资企业之间的协同效应和资源整合,从而获得更多更高盈利的机会。对LP而言,也越来越倾向于选择专注某行业GP的股权投资基金进行投资,以达到行业的多元化配置和专注深度挖掘的平衡。

（2）投资阶段配置

根据投资阶段的不同,股权投资基金分为天使投资基金、创业投资基金、成长基金和并购基金四种类型。不同类别的股权投资基金显示出不同的风险特征,处于越早期投资阶段的基金,其预期的投资风险较大,预期的回报率也越高;而随着投资阶段的后移,投资风险逐渐降低,但预期投资收益率也逐渐减少。

从市场上投资机构的偏好来看,股权投资依然侧重于天使资本、创业投资、成长资本和并购交易四种交易类型,预计这四种类型的基金依旧会占据私募基金募集市场的主导地位。

从实践来看,在考虑投资阶段分布的时候,一方面会考虑风险和收益的平衡,另一方面更重要的是考虑现金流。早期基金回本时间平均是7.5年,成长和成熟期大概是4.5年。除了满足投资人阶段性、流动性需求之外,投资阶段的搭配能够平滑J曲线,对母基金的投资收益有重大影响。

（3）地域配置

基金管理人结合基金的投资特点,会考虑投资标的企业的集中度,同时基于对不同地域的了解和不同地域行业发展状况的不同,会侧重选择重点的投资地域。不同地域和国别的覆盖能使投资多元化,同时使风险分散化。

从实践来看,目前国内母基金在区域上通常都没有做限定,基本上由股权投资基金自主决定。从最终结果来看,国内所投基金和项目集聚在北、上、深三地。此外,相比较而言,近年一些市场化母基金增加了海外资产配置,但总体上看仍比例很小。

（4）基金类型

按基金管理人（GP)成立时间长短来看,可以分为白马和黑马。所谓白马,是指已经有一定品牌知名度、行业排名靠前的知名,在团队管理、过往业绩、公司治理、投资策略等方面都很完善;所谓黑马,是指新设立的基金或历史业绩较短的基金管理人,特别是从知名机构出来成立的团队,这类私募股权投资基金管理人的合伙人可能过往就职于成熟基金,个人已有完整的投资业绩,或来自企业,有资深管理经验,但团队整体作为独立基金管理人进行运作的时间较短,未来能否延续过往优秀业绩的不确定性较大。此类团队作为基金的"创业者",往往冲劲更足,也有机会取得更好的成绩。从国际范围来看,有一个延续的标准,即在投资基金的时候,母基金基本上30%~40%的比重会投到黑马基金。

诺亚研究对"白马"和"黑马"的划分依据是成立时间,成立时间超过7年的管理人属于"白马",成立时间小于7年的管理人属于"黑马"。黑马GP之所以会得到大家的普遍重视,在于黑马GP带来的高回报,有些母基金管理人甚至提出"看到别人看不到的黑马,这个就是核心竞争力"。

根据诺亚研究的报告,通过长期覆盖跟踪研究全市场超过10 000家私募股权投资机构,在每个重点布局的行业中,通过"投资阶段"和"成立时间"交叉分类,对GP分类评级,评级包括定量和定性评价两个维度。定量评价主要围绕项目退出表现、项目投资情况和管理资产规模等方面进行。其中,评价退出表现的指标主要有项目退出累计数量、项目退出累计规模、项目退出回报倍数、内含报酬率(IRR)、退出效率(参见表9-3)。

表9-3 七个行业中分类评选出的五星级管理人数量

	PE白马	PE黑马	VC白马	VC黑马
文化传媒	21/167	27/217	15/125	17/137
TMT	41/329	105/843	75/604	132/1060
消费服务	24/197	21/173	26/212	24/192
医疗健康	29/235	27/216	40/324	25/200
制造业	34/271	32/251	64/456	31/243
能源	37/298	25/208	46/371	20/159
金融	16/133	21/172	19/151	20/166

注:每组数字中后一个数字为该类别的GP总数,前一个数字为该类别的五星级GP数量。
数据来源:诺亚研究:私募股权投资评级系统(2.0版)。

(5)数量配置

由于私募股权投资高风险、高回报的特点,与其他所有类别的资产一样,股权投资基金也具有两大类风险:一类是市场风险或称系统风险,另一类是资产本身所具有的非系统性风险或称特异性风险。前者是无法分散掉的,后者是可以通过分散投资来分散掉的。为了规避非系统性风险,同时不错过某些产生极高回报的投资机会,设定一定数量的基金构建的投资组合是必要的。但从另一方面讲,随着组合的分散度增大,风险虽然降低了,但收益也减少了,因为分散化的最终结果会导致收益率变为平均值。一般成熟的LP机构投资者每年至少投资5只以上的基金来分散非市场化的风险。同时,还应建立对子基金投资金额的范围标准,避免过度分散投资或过度集中投资。投资规模的制定应主要考虑以下因素:

第一,项目的管理成本。基金投资过程中,项目初筛、尽职调查、投后管理都涉及FOFs管理人大量人员和资源投入,因此,母基金单笔投资规模不宜过小,以确保回报高于项目的管理成本和机会成本,同时也避免单笔投资的回报贡献不显著。

第二,集中度。避免因为FOFs业绩过于依赖单一子基金管理人或单一行业而产生的集中度风险。

第三,子基金的募资规模。

（6）周期配置

市场永远有周期性，根据市场周期性的高点低点，重新调整组合投入和退出的时间点，所得的回报率会有很大差异。从实践来看，起始年份（vintage year）是影响一个基金业绩回报最重要的因素之一。

投资组合的构建要考虑投资节奏，必须是能够经过周期波动考验的。举个例子来讲，一个母基金5年的投资期，主要投资TMT、先进制造、生物医药、消费品、企业服务等行业。每年母基金在各个领域都有一个指导的配额，在各个领域上要布多少子基金、多少直投项目，确保整个节奏是比较平稳地推进，就不太容易受周期的影响。

当某个行业特别受追捧的时候，投资成本上升得非常快，估值水平很高。例如人工智能，它会突然间成为热点，导致所有项目不管好与不好，在估值上都会被破坏，那么这种情况下母基金能不能不投呢？不能，但也不能投得太快。如果在热点的时候节奏放得太快，就会出现问题。也就是说要保持稳定的节奏，这样风险就不会积聚，风险被摊在整个投资期里面了，可以保证母基金不会在高点进得太多，在低点也会有一些进入。

（7）流动性配置

母基金的周期一般都长达十年以上，根据资金来源的不同，母基金可能存在短期流动性需求。母基金可以考虑通过增加债权投资、定增以及不同投资阶段配置来实现流动性需求。下面以一个十年周期的母基金为例，在考虑流动性需求的基础上，在五年投资期内其资产配置可能如下：

在股权投资基金配置上，开始较大比例配置早期基金，然后逐年递减，因为它需要的投资期限比较长；较小比例配置成长基金，然后逐年加大比例，它们的投资期限比较短。前三年通过定增类、Pre-IPO类直投项目或者债权类项目来支撑返还的现金流，从第四、第五、第六年Pre-IPO类直投股权项目已经基本上可以贡献出来现金流，第 t 年以后就可以获得早期基金、成长基金陆续贡献的现金流。

9.4 基金管理人筛选标准

对有限合伙制基金而言，基金管理人是GP；对公司制基金而言，基金管理人是该基金的管理公司。以下我们以有限合伙制基金为例来说明。

基金管理人的筛选标准因投资人的背景和风格不同而差异较大，但不论什么类型的投资人，对基金管理人的筛选标准有一些共性的地方，我们概括为TIPS，即团队（team）、机制（institution）、业绩（performance）和策略（strategy）四个英文词的首字母。

9.4.1 团队

站在机构LP的角度看GP，很多时候跟GP看项目类似，对人的判断是重中之重。

市场变幻不定、有冷有热,投资方向也可能在基金的投资期内有所调整;对 LP 来说,最关键的就是找到他们认可和信任的基金管理人,由其来判断市场,把握投资和退出的节奏。与做直接投资不同,做直接投资可以分析产业和财务指标,有很多定量的数据做参考。但是母基金是通过 GP 团队去执行投资策略,判断 GP 团队,要包括团队合作经验、背景和激励等很多定性的判断。

(1) 团队合作

在合作这个层面,最重要的是团队的核心领导人。优秀的 PE/VC 机构应该是一个团队而非个人,如果几位合伙人有互补的背景且互为伙伴关系,通常会更有竞争力。比如有过创业经历、公司高管经历,或拥有多年投资经验等。多元化的背景往往意味着机构作为一个整体有更高的全局观,也更能调动不同领域的资源。当然,在几位资深成员中有一位占主导地位的情况也不鲜见。尤其在国内,这种"核心人物"模式比欧美普遍得多,这与东西方文化差异有关。比如国内的红杉、弘毅等知名机构,在外界看来都有一位绝对的领袖人物,凭借其个人过去的创业和投资经验,成为整个团队的向心力。这一点并不绝对,必须警惕"关键人物风险"(key man risk)。

在考量这类机构时,LP 们会着重衡量这位核心人物是否为其他几位合伙人的"精神领袖",是否构成合伙人之间的"向心力"。这种向心力可能体现在背景经历方面,比如该核心人物此前分别领导或影响过团队中的另外几位合伙人,他是所有人经历的共同交集,并且招揽了其他合伙人加入机构。在这种情况下,其他成员对他个人权威的服从使团队更具凝聚力和稳定性。相反,如果领导人物只是年纪较长、名气较大或在融资能力上胜过他人,故而在话语权和利益分配中占绝对主导,同时 IP 在与合伙人们进行一对一访谈过程中,并不感觉其他人在投资理念、战略方向上完全认同或服从于这位领导人,那么,对于团队的长期稳定性,LP 就会持怀疑态度。

团队的稳定性也是重点考察的方面,如果团队是新组建的,过去交集比较少,可能稳定性会差些,如果过去都很熟,是老同事、老朋友或者同学,而且以前合作了很多年还愿意在一起,这种经过磨合的团队相对会好一点。

LP 们往往会细心观察合伙人之间的互动。比如,基金的 LP 年会就是一个很好的机会,可以洞察合伙人们在台上台下如何交流互动。此外,GP 合伙人与 LP 开会时的相互配合,甚至是细微的眼神交流,也会透露很多信息。而做背景调查时,LP 也会询问被投企业或联合投资机构所观察到的合伙人的互相配合情况、团队的凝聚力等。

除了主要合伙人之外,也要考察整个团队的配置,即所谓的团队深度,第二梯队是谁,他的能力怎么样。

另外,团队规模不是越大越好,但也绝对不是越小越好,要有一个适中度,但总体来说,团队需要少而精,越是精干的团队,越是能够创造好的业绩,团队规模太大,相互之间的沟通和联系量会呈几何倍数增加,也会让整个团队的管理不够聚焦和有效。

对于联合投资管理(CO-GP),业界的看法存在一定分歧,其优势和缺陷都很突出。

优势主要体现在互补性方面,首先投资合作可优势互补,双方在项目的搜集、筛选、考察等方面以及基金的设计、募集、投后管理方面都有专业的团队,项目必须符合双方对项目的各项要求才可进行投资,从而规避和降低了基金的投资风险。同时GP双方均有各自熟悉的市场与领域,各自利用熟悉的市场来开展项目,将合作优势最大化,整合双方资源、共同合作,必将事半功倍;其次,投资和风控实现"双保险",双方均在基金项目的所有流程中全部参与,不但包括具体项目的节点推进上的合作,还包括两方管理人业务与风控的配合以及项目的协调与落地。在合作过程中,双方GP在管理制度、操作流程等制度上进行共同把控,集合了双方对项目的管理要求,纠正了项目进程的偏差,在制衡合作的体制下完成项目的募投管退;再则,管理架构具有互补性,双方投资和风控人员将共同确定目标项目的投资标准、交易架构设计、合作原则等,确定基金的管理、项目的监管、账户监管、收益分配等投资管理运作事宜,以确保项目运作过程中严格按照双方对项目的投决和风控要求来进行项目的筛选、决策、投中与投后的管理、项目的退出等一系列的投资管理工作。

相比之下,其缺陷主要在于管理风险,当出现问题时,更容易出现争利、推诿等情况,如果没有合理的机制管控,那么两个GP可能都不会负责,从而导致项目失败。因此,内部风险的存在降低了CO-GP的吸引力。

(2) 团队经验

团队经验首先要考虑团队成员的经历、募资渠道的多元化程度,经过完整的募投管退流程的管理经验。其次,也要考察投资与风控流程是否完整,投资流程是否规范,相关制度是否健全,尽调流程是否细致,对项目是否做过充分的了解和行业研究后再决策。母基金从以上这些方面考察团队的经验和管理能力。

白马基金的优势在于首先具有核心竞争力和持续成长潜力,核心竞争力包括团队经验丰富,可利用资源广泛等,持续成长能力一般会根据基金的储备项目丰富度和挖掘项目的能力进行考察。其次,白马基金一般已经成立一段时间,对内对外的规章制度都比较完善,因此投资决策流程的规范性、信息披露的及时完整性都会更好一些。最后,从表现上看,白马基金的业绩较好,同时也具有成长性。

白马基金由于自身的局限性同时也存在着劣势,白马基金主要面临规模问题,由于其规模较大,可能达到数十亿规模,在项目的投资上会追求稳定性,收益暴增的概率较小,同时规模过大也可能导致决策时滞的产生,影响投资效率。

黑马基金的优势和缺陷都比较显著。由于黑马基金往往是新设基金,为了创立品牌,内部具有更大的压力和动力将项目做好。其次,黑马基金的效率较高,有更大可能性抓住"独角兽"。最后,黑马基金的规模一般也比较小,往往几亿的投资就可以掌握很大话语权。

但由于基金新设,很多方面不完善,黑马基金也面临着更高的业绩风险,可能由于项目投资标准不完善造成失败,也有可能管理者能力有限,同时,制度的不完善也带来了一定的管理风险。

对于此前无直接投资经验的团队来讲，LP们通常会持十分保守的态度。LP圈里常说的一句话就是：我们投"新基金"，但不投"新投资人"。当今的市场，纯粹投行、咨询、二级市场或产业背景的团队，要从机构LP处募资是有很大难度的。创业者转型为投资人的机构可能是唯一的例外。这一模式在国外已被印证，包括硅谷著名的早期基金管理人安德森·霍洛维茨（Andreessen Horowitz）、美国著名风险投资家彼得·蒂尔（Founders Fund）创办的基金公司等顶级机构，都是"创业者转型为投资人"的成功典型。在国内，红杉中国的创始人沈南鹏、软银中国的创始人薛村禾、北极光的创始人邓锋等，此前也均是成功的创业者。

（3）团队背景

对于团队有产业背景的基金，比如一些实业或金融集团旗下的PE、VC基金，以及LP们的接受程度不一而同。一些母基金对这类基金会持相对谨慎的态度；但有些母基金出于自身的产业背景等原因则相对开放。

谨慎的理由是：第一，团队独立性可能受限，投资决策可能受母公司的战略影响而非单纯出于投资收益角度判断，这与LP的利益不完全一致。例如，最近几年，国内医疗基金、文化基金等行业专注型基金风生水起。其中有独立运作的GP模式，也有与上市公司绑定的Co-GP模式。就后者而言，上市公司的资源形成了一个明显的差异化优势，但这并非只有好处没有坏处：与上市公司资源绑定的前提是基金的投资策略为上市公司的业务布局服务，而上市公司设立基金的初衷显然不是财务回报，同其他财务回报诉求的LP容易产生冲突。第二，这类基金往往有相当一部分管理费或业绩报酬会流向母公司，导致团队获得的业绩激励相比市场化机构偏低，因而长期看可能面临人才流失问题。第三，外界可能将团队视为母公司的同盟，从而导致他们在一些特定项目上处于劣势。比如，一些创业者可能早期不愿拿有产业背景的投资机构的钱，以免站队。

当然，以上倾向并不绝对。例如，有联想背景的君联和弘毅资本、复星旗下的一些美元基金、新希望集团旗下的厚生投资等，均获得了美元LP的出资。这一方面是由于LP们认识到母公司的政府和产业资源可以为基金带来切实的优势，另一方面是这些基金的团队相对独立和进行市场化运作。一般来说，如果母公司在基金的出资占比低于50%，业绩报酬和管理费占比低于30%～40%，母公司委派人员在投委会不占或只占个别席位，LP一般不会单纯因为基金"背靠大树"的性质而将其拒之门外。

（4）团队激励

在激励层面，主要就是看业绩报酬激励机制是否完善。关于利益分配机制，原则上LP倾向于更为分散、分享型的模式，这也是从团队的长期稳定性和内部人才培养出发的。当然，基于资深合伙人此前对机构的贡献，其所占业绩报酬可能是新一代合伙人的若干倍（比如2倍、3倍甚至5倍），这无可厚非。但LP十分重视业绩报酬分配的变化趋势，即随着新基金的不断设立，新旧两代合伙人的业绩报酬差距是否明显缩小。比如，若从此前的 2～3 倍缩小到 1 倍一内,则这一变化通常被视为有利于人才的保留和激励。此外,在新老合伙人的代际交接上,如果上一代合伙人愿意分享其在基金管理公人层面的部分股权,通常也会被视为团队顺利接力的正面信号。

最近几年国内许多机构均出现了中层的频繁离职,LP 们也更加关注中层团队的利益分配问题。此前很多机构会为中层人员设立一个混合的业绩报酬池,比如 10%～15%,但不明确界定个人的分配比例;但现在 LP 们可能更倾向于看到,在整个业绩报酬分配中为一些关键的中层人员设定固定的业绩报酬比例,如 1%～5%不等。

如果有些机构内部有专门的投后管理团队,那么 LP 也倾向于看到投后管理团队获得一部分业绩报酬(哪怕份额不高)。如果希望运营团队像投资团队那样对项目有主人翁意识,而非能帮则帮地被动参与,那么让他们参与到投资成果的分享中来往往是最好的方法。

9.4.2 机制

私募基金的运行机制涉及基金投资的整个操作过程。概括来说,影响基金机制的主要因素有组织形式、资金来源,而基金的机制是否良好主要体现在决策机制、风控机制、激励机制等三个方面。

(1) 组织形式

PE 融资是建立股权投资基金的第一步,首先要考虑的就是设立 PE 的组织形式。PE 的组织形式对以后资金的募集、投资运作、经营管理、退出以及最后分配收益都会产生深刻的影响。应该针对现行的法律环境、募集资金的难易、基金的管理成本、管理人与投资者的责任权利关系以及退出方式的选择等慎重选择合适的组织形式。目前,世界上比较普遍的 PE 组织形式主要有公司制、信托制与有限合伙制三种形式。

公司制 PE 优势在于具有资合性,股权转让及人员变动不会给基金带来直接的影响,稳定性高;另外,法律制度完善,有利于有效保护投资者利益。

公司制的劣势首先是基金管理人可以作为受托投资顾问的方式控制公司的管理权,但公司的最高权力机构为股东会,作为基金份额持有人的股东仍能够左右决策,从而对管理人的决策造成影响,因此若股东会未能充分授权给基金管理人的话,可能影响基金有效的投资决策。其次,公司制基金的运营管理应遵循《公司法》,而《公司法》对于公司的约束更为明确、具体,从而减少了公司自行管理的灵活性,《公司法》对公司对外投资有一定的约束,会造成资金的限制,延长决策时间,降低基金收益率。再则,税收问题可谓公司制投资基金的一大缺点——双重纳税。一为公司就其取得的投资收益缴纳 25%的企业所得税,二为作为股东的基金份额持有人基于公司的盈利取得的红利缴纳 20%的个人所得税。基金运营成本增加,投资人利润空间缩减。这里需注意的是,创投基金因受到国家政府的扶持会有一定的税收优惠。最后,公司制 PE 的投资人退出受制于公司法,公司制企业的本金返还需要通过减少注册资本,有大量的限制,比如必须实缴所有注册资本才可以进行减资。

信托制是属于三方委托理财形式,属于契约型基金,安全透明,只是投资者不会和项目方发生关系,只是一种单纯的理财形式而已,收益相对过于固定。契约型基金不是法律实体仅仅是财产流动的通道,可以有效地避免双重税负,其所得课税由受益人直接承担,降低税收成本。从交易成本考虑,契约型基金因无须注册专门组织实体,因而不需要大量独占性不动产、动产及人员投入,运营成本低廉。信托财产具有相对独立性,基金的投资管理和运行不受委托人和受益人的干预。就集合信托来讲,不同委托人之间没有相互关系,个别委托人的变化不会影响基金的存续。因此,可以通过信托契约的专门约定实现投资人的灵活退出和进入。

信托制的劣势体现在存在 IPO 退出障碍,即证监会要求在 IPO 过程中须清理拟上市公司的信托股东,因而会导致股权不明晰。同时基金的流动性差,信托合同不属于标准化契约,其转让手续复杂,在二级市场上流通性差。最后也存在一定的道德风险,信托制投资基金的运作实际上并不由信托公司进行,而是由投资人另行委托的基金管理人运营和管理,但对于其又没有有效的约束机制,会面临一定的道德风险。

有限合伙制是现在 PE 行业最为流行的组织形式,构架简单,操作方便,灵活性强,人数控制得当,50 人以内即可完成备案,并且 GP 可以参与入资并承担无限连带责任,这样对于有限合伙人和整只基金来说,是一种客观的保障。有限合伙型基金具有有效的激励机制和约束机制,能够确保基金有效运作,实现利益最大化。GP 作为基金管理人,位于利益分配的最末端,只有利用其专业知识赚取超额预期利润才可以提取管理分红,但同时 GP 也对基金进行了少量的出资,也需要对投资的失败承担无限连带责任。因此,这种安排能够有效避免管理人为了追求高额利润而做出过于冒险激进的投资决策,防范道德风险。同时,有限合伙制 PE 融资结构灵活,通过合伙协议约定,合伙人在基金选好投资项目需要投资时才把资金交给基金管理人,可以最大限度发挥基金的时间效益;此外,LP 能够较为自由地转让其持有的基金份额,其他合伙人不享有优先受让权。最后分配及组织机制自由,可以针对同一基金下不同项目设置不同的投资人,项目独立核算;也可以针对同一个项目设置不同优先级的投资人。合伙基金层面,合伙人可随时分配收益,并可对分配范围、数额做约定,若采用公司制,则需在基金整体盈利情况下,方可对股东分配。

合伙制的劣势是所提供的投资者权利相比于公司制基金弱化,且有限合伙制可对资金的缴付时间及比例自由约定,如后续资金不能及时缴付,则基金不能正常营运的风险高于公司制。此外,有限合伙制因有更多的意思自治,可以有更多的差异化设计,实行差异化管理,从而增加了基金的管理难度。

(2) 资金来源

股权投资基金的资金来源主要受国家的经济政策环境影响,从 PE 基金的投资类型来看，主要分为机构投资者、个人投资者和富有的家庭。而从欧美发达国家来看，私募股权投资基金主要来源于机构投资者，其中主要包括商业银行、保险公司、政府机构等金融机构投资者，其投资比例到90%，个人投资者比较少，仅占10%。

资金的来源不同也会对基金的风格产生一定影响，个人投资者的风险偏好会对基金的运作产生影响，一般而言，个人投资者的风险偏好会更高，因此会要求更高收益，会使基金风格更加激进。机构投资者的资金来源一般较为稳定，对安全性的要求会更高一些，因此会影响基金的风格更加稳健。

（3）决策机制

不同组织结构的私募股权投资基金决策机制在方法流程上会存在差异，评价标准也应有相应变化，但评价核心都是其机制的合理合规性。

针对公司制私募股权投资基金应重点考察其相关制度能否保证投资决策的合规、稳健，通常完善的制度包括《从业人员行为准则》《公司内审工作细则》《投资决策委员会工作细则》《投资决策委员会人员任免办法》《项目立项标准指引》《项目投资标准指引》《项目投资保证金制度》《从业人员激励制度》等。

公司制和有限合伙制的决策机构一般都为投资决策委员会，投资决策委员会对公司股东/合伙人负责，以投票方式进行表决，一般情况下，投资决策委员会最少是3人，最多11人。

公司制私募股权投资基金投资决策委员会一般由董事会设立，由董事会委派或聘任相关管理团队担任。从实践中来看，公司制私募股权投资基金《公司章程》通常会规定，一般的投资项目由投资决策委员会来决策并报公司董事会和股东会备案，重大或金额较大的投资项目则必须由董事会决策，而超出《公司章程》规定的投资项目，则应当交由股东会讨论决定。

有限合伙制的私募股权投资基金投资决策委员会组成一般包括普通合伙人或有限合伙人推荐与有限合伙人无法律上利害关系的人员，最终经普通合伙人选定的委员组成，有时也聘请引入部分律师、会计师或行业专家。

每个公司在设立投资决策委员会的时候，都会先制定一个详细的制度。规定委员会成员人数、任命方式、决策流程等。目前国内流行的投资决策委员会成员，一类是由"董事长或总经理＋各部门总监＋基金经理"构成的，一般由董事长或总经理担任投资决策委员会的主席。另一类是基金公司行政人员与投资决策委员会隔离，投资决策委员完全由基金经理构成。

投资决策的核心制度一般是投资标准和投资流程。

投资标准是指私募股权投资基金企业会为拟投资项目设定一定的标准，只有符合投资条件的项目才会对其投资。投资标准的设定有利于防范风险。从私募股权投资基金本身的性质来说，投资标准设定的基本原则是项目投资的预期收益率达到或超过投资人的预期收益率，并且，该项目投资必须要有可行的退出渠道。从投资标准原则出发，私募基金投资企业可以根据自身的特点来制定具体的标准。比如说,对于专注于 Pre-IPO 业务的私募基金,其基本的原则应当是考虑市盈率和目标企业是否符合上市的条件,而对借壳上市的投资项目,应符合上市公司重大资产重组及上市公司定向增发股份购买资产的相关条件。对于打算通过并购退出的投资项目,需要考虑的是控制权处置的相关条件。

投资流程制度是私募股权投资基金所必需的制度,是私募股权投资基金保障投资安全的内部控制制度非常重要的一部分。通常来说,一个完整的项目投资流程包括项目筛选、项目立项、初步谈判、初步决策、尽职调查、风险分析、内部复核、终局谈判、终局评审、签署投资协议、支付投资款、交割股权、股权资产管理、投资退出等阶段。

(4) 风控机制

私募股权投资基金企业的风险控制大致来说包括两个方面:一方面是要控制所投资项目本身的减值风险,保证投资项目的增值可能性;另一方面是基金企业内部风险控制。

投资项目风险控制。为了降低所投资项目本身的减值风险,基金一般主要通过维护投资机构在受资企业中的利益和促进股权资产的增值两方面实现。为了控制投资项目风险,基金要关注《投资协议》的监督执行,充分理解投资协议条款的含义,分解各方的权利义务,督促各方按协议履行。基金应当保障自身股东权利实施,以股东的名义处理被投资企业的股东层面的事务,监督外派董事、监事的工作。从更积极的角度来说,基金还要能够通过提供增值服务来降低所投资项目本身的减值风险,为被投资企业的公司治理、经营销售、团队建设提供咨询服务,提供融资、收购兼并及券商入场前的上市财务顾问服务等。

企业内部风险防范。私募股权投资基金企业内部通常会设立风险控制部门,防范和控制基金运营中的各种风险。风控部门享有相应的职权,一般来说,风控部门有权向相关人员了解情况和制作询问笔录,有权查阅、复制或者暂扣有关的合同、发票、账簿以及其他有关资料。为了切实落实风控部门的监督职权,应当赋予其责令相关部门和人员立即停止违反管理制度的行为,对实施管理制度行为的相关人员提出奖惩建议的职权。

(5) 激励机制

股权投资基金依赖于专业团队对于基金的投资和日常的管理。因此,团队和关键人物的激励机制对基金整体发展有非常重大的影响。激励机制主要包括薪酬激励、股权激励和声誉激励三方面。

薪酬激励。私募股权投资基金对普通合伙人的报酬,分为固定报酬和变动报酬两个部分。固定报酬一般是按照私募股权投资基金的总额或已投资资金的 1%~2% 收取的管理费。变动报酬就是股权上市或出售后取得的一定比例(一般为 15%~20%)的收益提成,即剩余索取权。也就是说,普通合伙人有机会享有 15%~20% 甚至更高的投资收益提成,这可以认为是普通合伙人知识资本(专业特长、经验和业绩)的注入,从而要求的相应资本权利。这种采取期权形式的报酬结构,能够给普通合伙人带来很大的激励作用。

股权激励。股权激励也是基金投资者对于基金管理者的激励方式。基金管理者持有 GP 一定的股权或通过跟投的方式持有受资企业一定的股权,也就承担了一定程度的风险,这将会使基金管理者在使用股权投资基金的过程中更多地关注基金投资的收益。因此,股权激励对基金管理者稳健做出基金投资者所希望的行为有良好的激励和约束作用。基金管理者负责项目的净利润越大,其最终获得的股权也就越大,获得的收益也就越多,就会更积极做好自己的项目。同时,通过动态调整股权比例,可以起到动态激励的作用。

声誉激励。声誉激励的设计主要是基金投资者对基金管理者的激励。股权投资基金市场是个信息极不对称的市场,基金管理者是信息优势的一方,基金投资者是信息劣势的一方,但是有限合伙制的期限一般只有 10 年,而基金管理者的职业却是长期的,这要求他们需要持续地获得新的资金来源。为了缩减资金筹集成本,他们通常会向自己以前合作过的基金投资人筹资,然后再考虑其他基金投资者,当与他们合作过的基金投资者退出后,他们将面临更大的困难。因此,基金管理者虽然身为信息优势一方,但是为了长远考虑,他们会极力维护自己的声誉。

9.4.3 业绩

(1) 评估投资业绩的注意事项

现实中,当 LP 对 GP 私募股权投资业绩进行实际评估时,会遇到诸多棘手的问题。例如,在被问某 GP 的基金业绩如何时,对方可能给出一个再简单不过的答案——"不错,有 30% 的 IRR"或者"已经好几个公司上市了"。对这样含糊的答案,很难进行更深入的分析。

① 区别 alpha 和 beta。30% 的 IRR,这样的业绩好不好?这要看是哪一年的基金,什么策略。例如,如果是 2009 年的 VC 基金,那么,不管是中国还是美国,可能只能排到第二梯队(前 25%~50%)。2008 年、2009 年前后正好是移动互联网发展的早期,许多 VC 因为前期的布局而获得了丰厚的回报,30% 的 IRR 只能是正常范围内的业绩。再如,如果是 2000 年的美国 VC 基金,经历互联网泡沫破灭的洗礼,只要不亏钱就是赶超行业平均了,30% 的 IRR 在整个业界绝对是数一数二的卓越业绩。基金的年份就好像红酒,有好有坏。再厉害的投资人,也免不了受到市场影响,不管是宏观经济、估值,还是退出环境。因此,在衡量 GP 的业绩时,不能光看绝对数字,因为这是 alpha(相对于市场平均业绩的超额收益)与 beta(市场平均收益)的总和,而后者未必可持续。LP 必须深入挖掘,通过与相同策略、同年成立的基金做对比,分析 GP 的投资能力。

② 股权投资基金业绩的基准。正如上面所说的,在分析 GP 的投资能力、评价基金业绩回报水平时,建立股权投资基金的基准业绩是非常重要的。通常比较处于相同投资

阶段、相同投资地域、首笔投资款到位年份也相同的基金,需注意 J 曲线效应,各家机构的基金对比应该按照同样的起始年份来看。

在国外,机构有限合伙人协会(ILPA)每个季度都会公布私募股权业绩基准数据(见表 9-4)。目前,国内关于基金业绩回报数据不对称的现象比较严重,私密而割裂,缺乏统一的大型数据库,这使每支母基金都局限于自身掌控的信息,FOFs 团队做投资决策时所使用的工具十分有限。

表 9-4 私募股权业绩基准数据　　%

Benchmark Component	1-Qtr.	1-Year	3-Year	5-Year	10-Year
ILPA All Funds Index	3.69	13.14	8.96	11.51	9.12
ILPA US/CAN Private Equity	3.87	17.15	10.08	12.62	9.8
ILPA US/CAN Venture Capital	3.2	6.97	10.68	13.66	9.47
ILPA Europe PE & VC(USD)	4.41	11.32	6.47	10.3	7.12
ILPA Europe PE & VC(EUR)	2.95	18.69	16.95	14.99	9.48
ILPA Asia/Pacific PE & VC	4.76	10.31	14.42	13.5	12.35
ILPA Distressed	3.51	14.93	6.82	10.65	9.57
ILPA Natural Resources	2.03	21.06	−2.15	0.85	4.89
ILPA Fund of Funds	2.5	7.98	9.42	10.78	8.34
ILPA Secondaries	3.08	7.9	7.93	10.09	9.24

注:表中所列 2017 Q1 ILPA 私募股权业绩基准发布于 2017 年 8 月 8 日。表中数字为按美元计算的合并 IRR(pooled net IRRs)。

数据来源:ILPA Private Markets Benchmark Public Release,2017 Q1。

③ 早期 VC 基金的 IRR。为什么很多 VC 报回报的时候喜欢用 IRR,不用倍数?很简单,假设一个运行一年的早期 VC 基金,有几个项目融了下一轮,基金的账面估值变成了 1.2 倍,但此时 IRR 很有可能高达 30%。因为计算 IRR 的一个重要参数是存续年数,所以时间越短,IRR 就越容易被放大。1.2 倍和 30% 的 IRR,后者更加令人激动。

此外,有些 VC 或 PE 基金在成立头一两年只提供总内部收益率(gross IRR),而不是扣费后的净内部收益率(net IRR)。因为项目成熟需要时间,头一两年项目的增值可能还抵不上管理费和基金开支(要知道大部分管理费是按基金总规模而不是实缴资本收的)。这种情况下就会出现总内部收益率为正,而实际给 LP 的净内部收益率为负的情况。所以,当 GP 展示自己新成立的基金已有不凡的 IRR 时,LP 需要多问问是几年的成绩,多问问是总内部收益率还是净内部收益率。

④ 历史回报。很多老牌基金喜欢标榜自己的 historical IRR,即所有过往项目的复合回报。这是一个看似客观、全面的衡量标准,但越老牌的基金,这一数字可能就越"失真"。比如,某全球知名大 PE 机构的历史业绩是 30% IRR。在经过了近 30 年的大大小小的周期,这绝对是一个令人敬佩的成绩了。但这 30% 的回报,大部分产生于 20 世纪 80 年代中期到 2000 年中期这一欧美杠杆并购的黄金 20 年。换句话说,历史业绩过于"前置"(front-ended)。在此之后,随着 PE 行业渗透率提升、自身基金规模扩大等,该机构的

回报也呈结构性下滑。对其日后回报的合理预期可能是15%～20%。

一个投资机构之所以能存活几十年，从一期基金一路做到第十几期，必然基于出色的前期业绩。在评估这类基金时，对早期业绩的参考权重可以尽量放小，重点关注近两三期基金的情况。因为后者才真正反映了当前的市场情况、投资策略、竞争格局、团队能力。

国内GP目前最长的业绩周期一般在10年左右。但因为环境变化更快、市场周期更短、人员流动更大等原因，5年以前的过往业绩对未来的可参考性也要大打折扣。

⑤ 名义回报vs实际回报。基金的净收益是否就是LP实打实拿到手里的回报？当然不是。对于大部分LP，投资一个基金取得的最终收益往往要在基金的净收益上再打一个折扣，这个折扣有时可高达30%，但现实中却常常被忽视。我们都知道基金倍数(total value/paid-in，TVPI)的计算是基金总值除以实缴资本。但是对LP来说，投资一个基金的成本不只是实缴资本而已，还包括为了满足基金打款所留置的现金的机会成本。当然，这部分现金可以做一些短期的流动性理财，但其收益远远低于所投基金的预期收益，机会成本依然显著。同理，基金分配考察GP的投资策略，以确保业绩的可持续性。

除了定量地分析基金的收益外，还要关注过往投资基金数量。过往所募集的基金数量越多，相应的投资经验越丰富，其投资业绩也更佳。另外，团队成员数量也对基金收益有一定的影响。风险投资团队一般较小，尤其是初创时期，通常只有几人到十几人。但随着后续基金规模的扩大，团队规模也会随之扩张。团队规模越大反而对基金管理人的投资业绩有潜在的负向影响，可能是由于核心项目成员能力被稀释造成的。最后，基金规模也是考察收益时的一个重要指标。基金规模越大，业绩回报越会下降。如果GP此前回报优秀的基金规模明显小于当前，那么在更大的资本规模上，团队可能不具备足够的能力和优势来驾驭，在这一点上，LP在评估业绩时应该考虑周全。

（2）影响过往业绩的其他因素

影响过往业绩的因素，除了上文提及的计算方法、估值方法等因素外，还要考虑定性的影响因素，是基于团队技能还是运气、时机，抑或是政府支持。例如投资项目与地方政府、政策的相关程度，偶发性政策对于企业发展的影响。基金投资是团队行为，是否依赖于少数或关键人物而实现过往的业绩，一旦关键人物或少数人离开，过往业绩可能很难维持。同时，一支基金的明星项目固然重要，但失败的项目更值得了解，失败的原因和处理方法都将对基金未来发展有很大的影响。

（3）影响未来业绩的因素：储备项目

衡量基金能否持续发展的重要因素是拟投项目的相关情况。基金有了较为确定的拟投项目，在募资时更有针对性。母基金对于基金管理的拟投项目的评判标准应当考虑拟投项目的来源、行业构成、估值评价等多方面因素作为筛选基金管理人业绩的标准之一。

9.4.4 策略

策略,即 GP 的投资策略,包括配置投资资产比例、安排投资周期、专注的轮次、行业和地域。这些投资策略上的差异化优势主要是在行业里过去的经验、特定行业的监管优势、本土地域的资源、在早期项目中的项目搜寻能力等。

GP 需要有自己的行业属性和心得,以及充足的市场经验,经历过较长的经济周期,投资策略经过市场充分验证。股权投资有相当长的锁定期,所以投资前的分析就更重要。尤其是不同基金之间的相关性以及每个基金风格的不同,需要明确地进行判断,重要的是先识别选手到底是哪种风格,再就是看这个选手的风格是否会随着发展而动作走样。母基金在选择 GP 上的一个原则就是投资人需要"言行一致"。如果投资人言行不一致,则代表判断错误。风格越稳定,代表投资纪律越好,越长期。例如,有些 VC 的早期投资可能是"霰弹枪"的打法,单笔投资规模(ticket size)不大,在专注领域追求多元化。但成长期更多地是"狙击手"的打法,尤其是在特定行业(如金融等有一定门槛的行业)会更有用,项目不多但是每个都是优中选优,在这种策略下,就需要长期和系统化的研究能力支持。

投资策略的核心是产业洞见,即必须要有清晰的投资产业地图、GP 对行业的深刻理解、准确定位行业与细分领域的蓝海与红海,同时熟悉与了解行业的全产业链,对现在及未来的潜在竞争对手与趋势了如指掌,这样的 GP 才是专业 LP 最喜欢追逐的"明星"。

投资策略是一个非常重要的隐形门槛,因为当 LP 投资某个基金的时候是完全相信他才去投的,这时候看这个投资人过去的投资纪律和投资策略,就可能反映出他未来能不能持续按照他的投资策略和投资纪律来执行。好的基金管理人非常清楚自己能做什么不能做什么。风格漂移的基金管理人放在组合范围之内,对母基金来说就是不可预知的风险。定期而持续的跟踪也是非常重要的,母基金需要在此过程中挑选那些优秀的基金管理人,让其带领我们穿越这些不确定因素;而在这个过程当中,开始的选择很重要,选择之后就需要一份信心,同样也需要一份耐心来做长期的投资。

站在母基金层面上,对不同的投资策略进行布局,对相同的投资策略进行横向对比,优中选优,就是母基金实现主动管理、构建投资组合的核心之意。对投资策略的配置是在战略层面上,而对团队和业绩的考察更主要是在执行层面上,即考察的核心是团队能否执行其投资策略。虽然投资策略可能因为一些客观因素,比如市场的大幅变化,或者某些极端情况需要调整,这个时候需要做选择:撤资还是允许投资人改变投资策略,再做一些新的尝试。这些都需要经过再沟通,但绝不可因为后期可能面临的调整而放弃对投资策略的主动配置。

本章小结

股权投资母基金（PE FOF）是适合大型股权基金采取的一种投资策略，它具有风险分散、收益较高、高效遴选、专业管理、跟投机会、动态布局等优势。在具体投资上，可以采取一级投资、二级投资、跟进投资等基本策略。

母基金需要遵循合理的配置原则并采用适当的配置方法设计适合的投资组合，投资组合涉及行业配置、阶段配置、地域配置、管理人配置、风险配置、周期配置、流动性配置等多维度的权衡。

管理人配置维度隐含着基金管理人筛选标准，我们总结了一个 TIPS 筛选模型，从团队、机制、业绩和策略四个角度出发来实施筛选。

本章主要内容如图 9-15 所示。

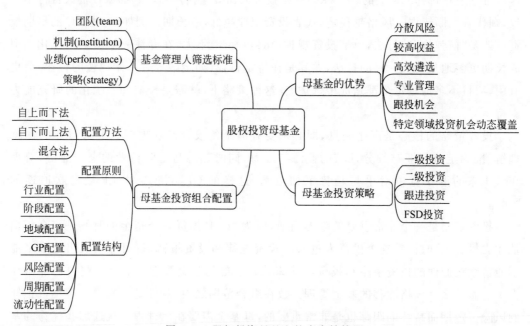

图 9-15　股权投资母基金的内容结构图

关键术语

私募股权母基金（private equity fund of funds，PE-FOFs）

二级投资（secondary investment）

直投（direct investment）

自上而下（top-down）

自下而上（bottom-up）

练习思考题

1. 相对于一般进行直接投资的股权投资基金,母基金有哪些优势?
2. 构建母基金的投资组合时,需要考虑哪些维度?
3. 请画一张图,列示筛选基金管理人需要考虑哪些方面。

案例分析:Adams Street 的资产配置框架

请扫二维码阅读。

案例分析　Adams Street 的资产配置框架

 参考文献

[1] 中国股权投资基金协会. 中国母基金实践指引白皮书(2017 年)[M]. 北京:首都经济贸易大学出版社,2017
[2] 路跃兵,杨幸鑫. 私募股权 LP:配置策略、投资实践与管理之道[M]. 北京:中信出版社,2017

教师服务

感谢您选用清华大学出版社的教材！为了更好地服务教学，我们为授课教师提供本书的教学辅助资源，以及本学科重点教材信息。请您扫码获取。

❯❯ 教辅获取

本书教辅资源，授课教师扫码获取

❯❯ 样书赠送

财政与金融类重点教材，教师扫码获取样书

 清华大学出版社

E-mail: tupfuwu@163.com
电话：010-83470332 / 83470142
地址：北京市海淀区双清路学研大厦 B 座 509

网址：http://www.tup.com.cn/
传真：8610-83470107
邮编：100084